바울과 함께 걸었네

**바울과 함께 걸었네**

초판 1쇄 발행 | 2020년 10월 12일

지 은 이 | 함신주
펴 낸 이 | 이한민
펴 낸 곳 | 아르카

등록번호 | 제307-2017-18호
등록일자 | 2017년 3월 22일
주    소 | 서울 성북구 숭인로2길 61 길음동부센트레빌 106-1805
전    화 | 010-9510-7383
이 메 일 | arca_pub@naver.com

홈페이지 | www.arca.kr
블 로 그 | arca_pub.blog.me
페이스북 | fb.me/ARCApulishing

책    값 | 뒤표지에 있습니다
I S B N | 979-11-89393-18-2   03230

아르카ARCA는 기독출판사이며 방주ARK의 라틴어입니다(창 6:15).
네가 만들 방주는 이러하니 … 새가 그 종류대로, 가축이 그 종류대로,
땅에 기는 모든 것이 그 종류대로 각기 둘씩 네게로 나아오리니 그 생명을 보존하게 하라 _창 6:15,20

아르카는 (사)한국기독교출판협회 회원 출판사입니다.

책으로 가보는
초대교회 성지여행

# 바울과
함께
걸었네

함신주 지음

아르카

'바울과 함께…'

출판사로부터 책의 제목을 《바울과 함께 걸었네》로 제안받았을 때 사실 겁부터 났다. 처음 목사의 길을 걷겠다고 부르심에 순종했을 때부터 사도 바울은 그저 먼발치에 앞서 계신 분이셨다. 그저 그 발걸음만 조심스럽게 따라 걸어도 목회자로서 삶은 성공일 거라 믿었다. 그런데 '바울과 함께'라니, 무례하면서도 가당치 않다. 한참이나 이 제목 앞에서 고민했다. 하지만 이것만큼 내 인생에 가장 영광스러운 것이 어디 있을까? '바울과 함께'라….

일전에 선교단체에서 훈련받았을 때 치열하게 복음을 살아내는 것에 대해 고민한 적이 있었다. 바울과 내가 다른 점이 무엇일까? 내가 가진 복음이나 그가 가진 복음이나 그 내용은 여전히 동일한데 말이다. 이윽고 한 형제의 대답으로 인해 고민이 해결되었다.

"바울과 우리가 다른 점은, 그는 복음을 진심으로 누릴 수 있는 사람이었다는 것이지."

바울은 복음을 누릴 줄 아는 사람이었다. 그와 함께 한다는 것은 적어도 복음을 이 현실세계에서 어떻게 살아낼지를 배울 수 있는 절호의 기회다. 그렇게 그와 함께 길을 떠났다.

'걸었네…'

걷는다는 동사를 사전에서 찾아보니 '다리를 움직여 바닥에서 발을 번갈아 떼어 장소를 옮기다'라는 뜻을 지닌다. 사도 바울도 나도 그 인생의 걸음의 궁극적인 목적은 한 가지였다. 바로 예수 그리스도만 존귀케 하는 것이다. 그의 걸음과 내 걸음이 유일하게 함께일 수 있는 이유는 예수 그리스도 때문이다. 적어도 터키와 그리스에서 만난 바울의 길은 지금 내가 걷고 있는 길과 시간과 형편이 다를지라도 단 한가지로 같았다. 하나님나라였다. 나는 하나님나라라는 크고 위대한 공간에서 그의 고민, 그가 마주한 현실, 눈물과 웃음을 보았다. 이 책의 제목처럼 바울, 그가 걸어갔을 법한 곳을 걸었다. 그의 눈물을 마주했다. 복음을 향한 집념을 느꼈다. 《바울과 함께 걸었네》라는 귀한 제목을 제안해준 아르카출판사에게 감사한다.

펜데믹 상황에서…

지금은 코로나19 상황이다. 팬데믹은 우리의 삶을 송두리째 변화시켰다. 좀처럼 사그러들 것 같지 않다. 평범한 일상으로의 회복이 어렵다고 느낀 이들은 새로운 일상을 준비하고 있다. 더구나 교회는 코로나19로 인해 목숨처럼 지켜왔던 예배당을 벗어나 각 가정에서 동영상을 보고 예배드리는, 소위 비대면식 온라인 예배라는 새로운 용어로 기존의 예배가 대체되었다.

인간에게 장소는 중요하다. 기억 그 자체이기도 하다. 의미를 지닌 장소는 그야말로 인간의 정체성 그 자체이다. 그러니 그리스도인들의 정체성 자체인 예배당, 그곳에서 모여 예배를 드릴 수 없다는 것은 그야말로 비극이요 아픔 자체이다. 그러나 온라인 예배를 통해 하나님의 역사는 시공간을 초월한다는 사실을 절실히 깨달았다.

본서에서 특별히 다룬 터키 그리스 성지순례도 마찬가지다. 터키와 그리스는 복음의 확산지이다. 바울과 그의 전도팀의 열정이 그대로 녹아든 곳이다. 그리스도인으로서 그곳을 밟는다는 것은 의미가 깊다. 잊혀진 하나님나라를 기억하는 것이요 잃어버린 정체성을 회복하는 것, 그 자체다. 지금은 세계적인 팬데믹으로, 하나님나라를 되찾게 해주며 그리스도인들의 정체성을 회복시켜주는 '그 장소'로 갈 수는 없다. 하지만 나의 작은 바람은 이 책으로나마 그 숨결을 느끼게 해주고 싶은 것이다. 바울과 함께 걷는 즐거움을 전달해주고 싶다. 답답한 코로나19의 시기를 이 책을 통해 견딜 수 있으면 좋겠다.

주변에 선한 취미 삼아 여행을 다니는 분들이 많다. 물론 타국의 땅을 직접 눈으로 보고 냄새를 맡고 음식을 음미하는 것보다야 못하겠지만, 필자는 최대한 현장감 넘치는 단어를 분별하여 넣고 오감으로 활발하게 느끼도록 글자에 생기를 넣으려 노력했다. 그 노력에 그치지 않았다. 영감까지 제공하고자 노력했다. 여행에 갈증을 느끼는 분들에게, 그리고 곧 회복될 우리의 일상을 준비하는 이들에게 모두 필요한 책이 되도록 이 책을 썼다. 이 책은 로드니 스타크의 《기독교의 발흥》, 로버트 윌켄의 《초기 기독교 사상의 정신》 등 초대 교회사에 대한 연구서들과 두란노아카데미에서 발행한 《기독교 고전총서》의 도움을 받았다. 그리스어로 된 지명과 인명을 한국어로 표기할 때 어려움이 많았다. 감안하여 읽어주시면 감사하겠다.

처음 이 책의 방향을 잡고 기획하는 데 많은 수고와 도움을 준 아르카출판사 이한민 대표님께 감사드린다. 성지순례여행 기간에 섬세하고 꼼꼼하게 일정을 진행해주어 이 책을 쓰는 데 도움을 준 호산나투어 정성영 대표님에게 감사한다. 1차 독자로서 고생이 많았던 아내 정지혜, 사랑스러운 두 아이 시은, 형언에게 감사한다. 이 책 안에 영적인 감성을 풍성하게 넣을 수 있었던 것은 황성은 목사님 덕분이었다. 존경과 감사를 드린다. 마지막으로 낯가림이 심한 내게 이 책이 세상에 나오기까지 아낌없는 사랑과 격려를 해준 좋은 후원자 함미숙에게 이 책을 바친다. 이 책으로 바울과 함께 걸은 그 길을 다시 가본다.

내가 달려갈 길과 주 예수께 받은 사명
곧 하나님의 은혜의 복음을 증거하는 일을 마치려 함에는
나의 생명조차 조금도 귀한 것으로 여기지 아니하노라 _행 20:24

함신주

# CONTENTS

바울과 함께 걸었네

PART
3

## 인간의 얼굴이 있는
## 장소를 걸었네

PART
4

## 하나님나라가 있는
## 장소를 걸었네

코소보

소피아

불가리아

스코페

북마케도니아

티라나

알바니아

카발라

테살로니키

데키

그리스

알렉산드로 폴리스

트리칼라

라리사

메테오라

에게해

테르모필레

이즈미르

코린트

아테네

셀축

밀레도

이오니아 해

여행이란
우리가 사는 장소를 바꿔주는 것이 아니라
우리의 생각과 편견을 바꿔주는 것이다.

_쟈크 아나톨 프랑수아

PART 1

성도의
얼굴이 있는
장소를 걸었네

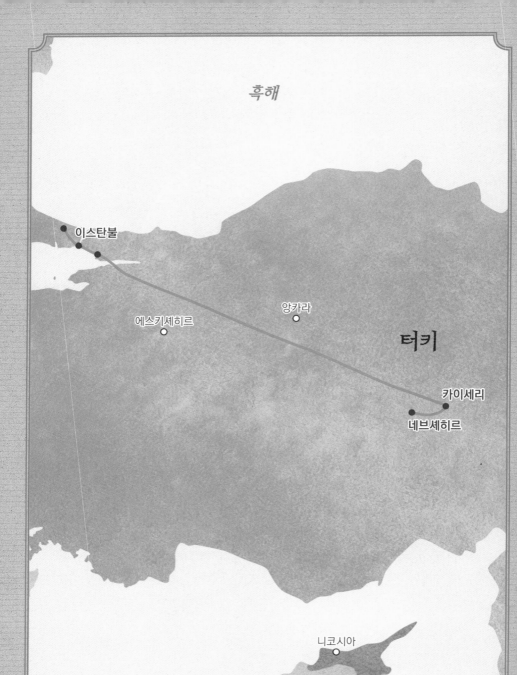

흑해

이스탄불

에스키셰히르

앙카라

터키

카이세리

네브셰히르

니코시아

|

# CHAPTER 1

# 터키 이스탄불,
# 공존과 조화의 장소

장소(場所)는 흔히 '(그 장소에서 일어난) 과거의 어떤 사건'을 기억나게 해준다. 사전(辭典)도 '어떤 일이 이루어지거나 일어난 곳'이라고 정의해주니 말이다. 가끔은 우리가 지금 선 곳을 과거의 그 장소와 비교하게 만들기도 한다. 세월이 변화를 주었기 때문이다. 짬과 엄두를 내 그 장소에 가면, 그곳은 놀랍게도 우리를 선뜻 미래로 데려가기도 한다. 장소에는 과거와 현재와 미래까지 담아내는 힘이 있어서일 게다. 이토록 우리네 삶에서 장소는 중요하다. 그런데 우리는 '지금 여기 그 장소'에 있는 것이 늘 아니어서, 우리가 특별한 장소에 있으려면 반드시 지금 있는 자리를 벗어나야 한다. 말하자면 그 장소로 여행을 떠나야 하는 것이다.

쉼과 휴양만을 목적으로 삼은 여행이 아닌, 특별한 역사적 의미를 지닌 장소로 여행을 가면 자신이 어디에서 시작해 어디로 가는 존재인지 생각할 수 있다. 그러고 나면 이제 무엇으로 살아야 하는지 자신에게 존재의 의미도 부여할 수 있다. 그런 여행의 장소는 항상 낯설어 당황스럽기도 하다. 여행지에서 경험하는 일종의 문화충격이다. 하지만 그런 충격은 사고의 폭을 넓히고 삶을 변화시킨다. 과거로부터 굳어온 생각의 틀과 편견도 바꾸어준다. 이 역시 특별한 목적으로 가는 여행의 선물이라고 볼 수 있다. 1921년 노벨문학상을 받은 프랑스 작가 자크 아나톨 프랑수아Jacques Anatole Francois, 1844-1924는 이런 말을 했다. "여행이란 우리가 사는 장소를 바꿔주는 것이 아니라, 우리의 생각과 편견을 바꿔주는 것이다."

그런 의미에서, 어디로든 여행을 하고 싶다면 가급적 역사적 의미를 지닌 장소를 방문하는 편이 더 좋다. 여행의 즐거움과 더불어 생각이 바뀌는 경험과 인생을 유연하게 읽는 여유도 얻을 수 있다. 그리스도인으로서 성경과 기독교의 역사적 장소를 방문하러 가는 여행, 이른바 '성지순례(聖地巡禮)'라는 이름으로 떠나는 여행은 더욱 특별하다. 이런 여행이 그리스도인에게 유익한 까닭은 하나님의 자녀로서 자신의 존재를 발견하고 삶의 의미를 다시 해석할 수 있기 때문이다. 성지순례가 성경을 제대로 이해하는 데 더할 나위 없는 도움을 주는 건 덤으로 여겨야 한다.

## † 지금도 살아 움직이는 복음의 현장

그리스도인에게 거룩한 땅, 이른바 성지(聖地)란 성경의 역사가 깃든 장소다. 따라서 그리스도인이 성지를 순례한다는 것은 단순한 여행이 아니라 무척 의미 있는 경험이 아닐 수 없다. 할 수만 있다면 단 한번이라도 이스라엘의 예루살렘에서 요르단에 이르기까지, 예수 그리스도의 발자취와 성경의 흔적들을 직접 눈으로 보고 발로 밟아 보는 여행을 해본다면 감동받는 것은 물론이요 영광스러울 것이다. 성경을 글로만 읽었을 때와 차원이 다른 이해를 하게 되겠지만, '예수님이 태어나고 자라고 활동한 장소'를 보는 것 자체가 경외감과 은혜를 넘치게 줄 것이다. 그래서 흔히 '성지순례' 하면 이스라엘과 요르단을 먼저 떠올리곤 한다.

그와 달리, 필자가 다녀온 여행지로서 이 책에서 소개하려는 터키와 그리스는 일반적인 성지순례와 조금 거리가 먼 장소라고 느낄 수 있다. 필자가 성지순례 경험이라며 터키와 그리스 이야기를 들려줄 때마다 그곳이 왜 성지인지, 이제는 이슬람 문명이 되어버린 그곳에 가는 것에 어떤 의미가 있는지 물어보는 이가 제법 많았다. 그러나 단언컨대, 터키와 그리스도 분명 지금도 활발하게 살아 움직이는 성경과 복음의 현장이다. 사도 바울과 그의 전도팀이 죽기를 각오하며 복음의 확장을 위해 투신했던 곳인 탓이다. 사도의 제자들인 교부들이 박해를 피해 교회를 세운 곳이기도 하다. 이곳도 엄연히 성지임이 분명한 것이다. 그런 의미에서 그리스도인이라면 예루살렘 못지않게 가보면 좋을 '거룩한 땅'이다. 이런 장소에서는 단순히 여행만 하면 안 된다. 믿음의 선배들이 보인 복음의 열정을 눈에, 아니 온 몸에 가득 담아 와야 한다.

터키와 그리스의 순례지는 비록 대부분 돌만 남은 유적지에 불과하지만, 그 유적지는 그것을 밟는 이들에게 말을 건네고 있다. 먼지 쌓인 돌들이 우리에게 자신들의 옛 기억을 들려주는 것이다. 그 기억은 사도들과 초대교회 성도들의 믿음과 고난에 관한 것이다. 우리는 그 돌 위에 설 때 비로소 그 기억을 들을 수 있다. 그래서 할 수만 있으면 이스라엘 못지않게 터키와 그리스에도 가보면 좋다.

독자는 나와 이 여행의 동반자가 되어, 터키 이스탄불을 출발지 삼아 요한계시록의 교회 중 몇 곳을 탐방하고, 그리스 아테네로 넘어가 사도행전에 기록된 바울의 전도여행을 짚어보게 될 것이다.


## † 여행지에 갓 도착해 설레는 마음

2019년 5월 7일, 내가 탄 비행기는 인천국제공항을 출발하여 약 12시간 비행한 다음 터키 이스탄불Istanbul 국제공항에 착륙하였다. 개인적으로 10시간 이상 비행기를 타본 것은 그때가 처음이었다. 이스탄불 국제공항은 컸고 신축한 지 얼마 되지 않아 깔끔했다. 비행기가 이스탄불에 안착했을 때 비가 내리고 있었다. 한국을 출발할 때의 날씨는 초여름이었는데, 터키는 스산한 바람마저 불면서 가을

긴 여행의 허기를 채우자 비로소 눈이 밝아졌고
그제야 구름 뒤의 붉은 노을이 보이기 시작했다.

처럼 쌀쌀했다. 감기 걸리기 아주 쉬운 간절기 날씨 비슷했다.

긴 여행 탓에 피곤해진 육신의 끌고 서둘러 공항을 빠져나와 버스를 탔다. 여기저기 창밖으로 보이는 모스크mosque와 하늘로 뻗어 오른 미나렛minaret 탑들이 터키가 지금은 이슬람 국가라는 사실을 확인시켜주었다. 지나는 길마다 보인 독특한 터키어 문자에 눈길이 갔다. 터키어가 아랍 문자를 사용할 것이라고 짐작했는데, 모양은 영어 같기도 하고 라틴어 느낌도 났다. 터키 사람들은 오스만제국 시대까지는 자국어를 아랍 문자로 표기했지만, 지금은 라틴 문자의 알파벳을 사용한다. 터키의 초대 대통령 무스타파 케말 아타튀르크Mustafa Kemal Atatürk, 1881-1938가 1927년에 대규모로 언어 정화 사업을 시작하여 라틴 문자로 바꾼 것이다. 그의 언어 정화 사업 덕분에 문맹률이 줄어들었다고 한다. 더불어 교육의 지평을 넓혔고 여성 인권 신장에도 기여하였다. 한국인이 세종대왕을 존경하듯, 같은 의미에서 터키인은 아타튀르크를 우러러 본다.

버스가 이스탄불 시가지 중심의 광장에 들어섰다. 이스탄불에선 구(舊) 시가지로 불리는 곳이다. 광장을 오가는 터키인들의 몸놀림은 바빴다. 터키인들이 한국 사람을 좋아한다는 말이 풍문으로만 듣는 헛소리인 줄 알았다. 아니었다. 길거리의 장사꾼들은 "빨리빨리!", "맛있다!" 같은 한국어를 익숙하게 외치며 한국 여행객들을 불러들였다. 광장에서 만난 터키인들은 한국인은 물론 모든 외국인에게 친절했다. 터키인들은 대체로 사람에 대한 관심이 많은 것 같다.

그들은 특히 선친이나 조부가 6 · 25 참전용사였을 경우 무척 자랑스럽게 여기며 한국인에게 자랑하곤 한다. 우리는 한국인으로서 당연히 그 희생에 감동하고 감사의 박수를 보낸다. 그런데 터키 곳곳에 6 · 25 참전용사의 가족들이 어찌 이리 많은가? 특히 장사를 하는 이들은 거의 다 참전용사의 후예 같았다. '터키에 한국전쟁에 파견한 참전용사가 이렇게 많았나?' 하는 생각마저 들었다. 아마 일부는 거짓일 것이다. 감동이 의심으로 잠시 바뀌기도 했지만, 어쨌든 그들의 조상이 한국동란에 참전한 것은 감사한 일이다.

어느덧 식당 앞에 도착해 서둘러 식당으로 들어가야 했다. 그런데 그 순간 성 소피아 성당이 보여 저마다 사진기를 꺼내 들었다. 식당이 성(聖) 소피아 성당에서 매우 가까운 곳에 있었던 거다. 이 성당은 '아야소피아 성당Ayasofya Muzesi'으로도 불린다. 어차피 내일 이곳을 방문할 예정이지만, 여행지에 갓 도착해 설레는 마음이 아름다운 성당 모습에 반해서 그랬는지, 그 누구도 사진 찍기를 절제하지 못했다. 허기조차 잊은 듯싶었다.

사진기의 배를 먼저 불린 뒤에야 들어간 식당은 이스탄불 구 시가지 광장 근처에 있는 레스토랑 '바실리카Basilica'다. 이곳은 한국 여행객이 자주 찾는 맛집이라고 한다. 우리의 떡갈비와 비슷한 소고기 요리를 맛있게 먹었다. 다소 강한 향신료와 특유의 짠맛 때문에 고기 맛을 제대로 음미하긴 어려웠지만, 맛은 그리 나쁘진 않았다. 긴 여행의 허기를 채우자 비로소 눈이 밝아지기 시작했고, 그제야 구름

뒤의 붉은 노을이 제대로 보이기 시작했다. 붉게 물들어가는 이스탄불의 저녁 하늘과 성 소피아 성당의 붉은 벽돌이 묘하게 어울려 표현 못할 만큼 아름다웠다.

모든 여행이 그렇듯, 어떤 장소와 첫 만남을 가지는 건 첫 데이트보다 설레는 일이다. 낯선 장소를 여행한다는 것 자체가 설렘이긴 하지만, 나에게 성지순례 초입에서 만난 설렘의 장소는 바로 터키의 이스탄불이었다. 배가 든든해지자, 이곳이 교회 역사(敎會歷史)에서 어떤 위치에 있는지 비로소 궁금해졌다.


† 교회사에서 알아보는 이스탄불의 의미

멀리 보이는 보스포로스Bosporos 해협을 중심으로 동서양이 만나는 지점인 터키 이스탄불은 교회사에서 무척 중요한 곳이다. 기독교 초기 교회의 흔적과 현재의 이슬람 문화가 공존하는 곳이며, 비잔틴제국과 오스만 터키제국도 미묘한 감정을 교류하며 조화를 이루고 있다. 동로마 비잔틴 제국의 영광을 지니고 있던 곳이고, 동방 교회와 서방 교회가 나뉘는 역사적 분기점이기 때문에도 그렇다.

로마 황제 콘스탄티누스 1세Constantinus, 272-337는 313년 밀라노 칙령으로 기독교를 공식적으로 인정한다. 이로써 그리스도인들을 향한 로마의 대대적인 박해가 종식되었다. 그 후 콘스탄티누스는 324년 동로마지역에 비잔틴제국Byzantium을 건설하고 그곳을 새로운 로

○

이스탄불은 멀리 보이는 보스포로스 해협을 중심으로
동서양이 만나는 지점이다.

마 제국의 수도로 정해 천도(遷都)하게 된다. 아시아와 유럽을 잇는 동서 교역의 중심지로서, 또한 콘스탄티누스의 도시로서 콘스탄티노플Constantinople로 불리게 됐다. 콘스탄티노플은 명실상부 기독교 도시, 이른바 교회가 세상을 지배하다시피 한 기독교 세계, 즉 크리스텐덤Christendom의 시작점이자 중심지로서 그 자리매김을 확실히 한다. 그곳이 바로 지금의 이스탄불이다.

로마 황제 테오도시우스 1세Theodosius I Magnus, 347-395 치세에 이르러, AD 380년 기독교는 드디어 로마의 국교로 지정된다. 그때 콘스탄티노플에서 연합과 일치라는 명목 아래 종교회의가 열렸다. 신학과 교리들이 확립되고 기독교가 꽃을 피우는 듯했다. 하지만 그 찬란한 역사도 잠시, 교회는 동방과 서방으로 분열하는 운명을 맞이한다. 모든 분열의 역사가 그렇듯, 흥미롭게도 동방과 서방 교회의 분열 역사는 서로 다른 통치자와 문화로부터 시작됐다. 로마 제국은 테오도시우스 1세의 두 아들에 의해 양분되었다. 그리하여 동로마는 아르카디우스Flavius Arcadius, 395-408가, 서로마는 호노리우스Flavius Honorius, 384-423가 각각 통치하게 된다. 더불어 동로마는 헬라어 문화권, 서로마는 라틴어 문화권의 영향을 받게 된다.

다른 언어를 사용한다는 것은 서로 다른 문화권을 형성하게 되는 가장 큰 이유가 된다. 헬라어와 라틴어는 그 성격만 봐도 서로 다르다. 사색적이며 철학적인 헬라어 문화권의 동방 교회는 주교들에 의해 평등한 종교회의가 진행되고 신학이 발전되었다. 실용적인 라틴

아야소피아 성당의 외관

어 문화권의 영향을 받은 서방 교회는 교황을 중심으로 수직적 조직구조를 형성하였다. 이러한 문화적 이질감은 곧바로 분열의 단초(端初)가 되었다. 이런 배경에서 크게 네 가지의 역사적 스캔들Scandal이 동방과 서방 교회의 분열로 이어지게 하였다.

첫째, 필리오케Filióque 논쟁, 이른바 '그리고 아들and the Son' 논쟁이다. AD 381년 제1차 콘스탄티노플 공의회에서 동방과 서방 교회는

"성자는 성부와 본질상 동등하다", "성부로부터 성령이 나온다"라고 결정하였다. 이 교리를 '니케아 신조'라고 한다. 그런데 서방 교회가 동방 교회와 아무 상의 없이 "성령은 성부 그리고 아들로부터 나온다"며 단어 하나를 덧붙이게 된다. 서방 교회가 이 문장에 '그리고 아들로부터Filióque'를 뜬금없이 넣은 것은 아니었다. 당시 이단사상들로부터 삼위일체 교리를 확립하기 위해 넣은 것이었다. 이것이 문제가 된 것은 단지 동방 교회와 아무런 상의도 하지 않았기 때문이다. 이 일은 결국 동방과 서방 교회 사이에 충돌을 불러오게 된다. 논쟁과 토론이 수없이 오고갔다. 이 과정에서 서방 교회는 교황의 사도 계승권과 서방 교회의 우위권을 인정해주면 이 단어를 빼겠다고 동방 교회에 절충안을 내놓는다. 그러나 동방 교회는 거부했다.

둘째, 성상(聖像) 파괴 논쟁Iconoclastic Controversy도 동서방 교회의 분열에 큰 몫을 차지한다. 보수적 신앙을 가진 한국교회 성도들은 그리스 터키 성지순례 기간 내내 교회의 유물들을 볼 때마다 마음이 불편해진다. 여기저기 건물마다 걸려 있는 이콘Icon, 즉 우상의 형상이나 바닥에 세워진 성상 때문이다. 성상 숭배의 배경은 신플라톤주의Neo-Platonism이다. 신플라톤주의는 우리가 살고 있는 세계에 눈에 보이는 현상 세계와 눈에 보이지 않은 이데아Idea 세계가 있다고 믿는다. 이런 사상은 교회 안에 깊이 스며들었다. 신플라톤주의에 비추어 볼 때, 성상 숭배는 눈에 보이는 성상에 보이지 않는 신성한 하나님의 은혜가 있고, 그것을 믿는 자들에게 성상을 통해 은혜가 전달된다고 믿는 데서 생긴 것이다. 비잔티움 황제인 레온(레오) 3세Leo III the Isaurian, 685-741는 미신적인 성상 숭배를 격렬히 반대했다. 레온 3세가 성상 숭배를 반대했던 이유로 이슬람의 영향이나 우상 숭배에 대한 격렬한 반대 등 여러 가지를 추측할 수 있지만, 좌우간 이는 서방 교회의 반발을 사게 된다. 당시 서방 교회는 성상과 이콘을 게르만족 선교의 주요 도구로 삼았으며, 글을 모르는 이들을 위한 교육 수단으로 사용했기 때문이었다. 결국 동서방 교회의 성상 숭배 논쟁은 심화되었고 분열의 주요 원인이 되었다.

셋째, 동서방 교회 분열의 또 다른 원인으로 '교권(教權) 다툼'이 있다. 1052년 이탈리아 남부는 노르만 족속의 침략을 받는다. 이에 동로마 제국은 서로마 제국 교황 레오 9세에게 도움을 요청하게 된다. 그러자 레오 9세는 교황의 수위권을 인정해주면 도와주겠다는 제안을 한다. 그리고 야심차게 출전한다. 그러나 노르만 족속에게 패하고 만다. 하지만 서로마 제국은 야심을 멈추지 않았다. 이들은 동방 교회의 전통을 따르던 이탈리아 반도 남부를 수중에 넣으려 했다. 왜 이탈리아 반도일까? 자신들이 베드로 사도의 진정한 후계자임을 주장하기 위해 이탈리아 반도에 관심을 가졌던 것이다. 이로 말미암은 분쟁을 역사는 '교권 다툼'으로 부른 것이다.

1054년 7월 16일, 동방 교회가 성 소피아 성당에서 예배를 드리고 있는 중에 서로마 교황청에서 파송한 훔베르트Humbert 감독이 나타나 교황의 파문장을 놓고 갔다. 그는 예배 중에 외쳤다. "하나님께서 보시고 너희를 심판하실 거다!" 이로써 동방과 서방 교회는 되돌아올 수 없는 분열의 강을 건너게 된다.

넷째, 동서방 교회의 분열에서 빼놓을 수 없는 일이 바로 '제4차 십자군 전쟁'이다. 1202년 10월 8일, 교황 이노센트 3세는 제4차 십자군 원정대 모집을 승인한다. 베네치아에서 모이기로 하였으나 사람들이 다 오지 않았다. 그 결과 뱃삯을 지불할 형편도 되지 못하자 십자군은 베네치아 공화국에 도움을 요청한다. 베네치아에서는 뱃삯의 대가로 헝가리 령의 자라Zara를 탈취해줄 것을 요구한다. 결국 십자군은 자라를 탈취하게 되고, 이에 이노센트는 격분하여 십자군을 파문하기에 이른다. 하지만 뱃삯을 마련한 십자군은 전력을 재정비한다.

한편, 비잔티움제국의 황제 알렉시우스 3세의 폭정이 절정에 이를 무렵, 망명 황태자인 알렉시우스 앙겔루스가 자신의 아버지 이사키우스 2세의 제위를 되찾기 위해 십자군의 대표 격인 보나파치오를 찾아가 몇 가지 제안을 한다. 이집트 정복을 위해 병사 1만 명과 기사 500명을 제공하고 콘스탄티노플을 서로마 교회의 관할로 주겠다는, 쉽게 뿌리치지 못할 제안이었다. 십자군은 콘스탄티노플로 가게 되고 두 차례의 공격 끝에 함락에 성공한다. 결국 십자군은 엉뚱한 일만 저지른 꼴이 됐다. 이로 말미암아 동서방 교회는 완전히 분열하게 되었을 뿐 아니라, 이후 서방은 로마 가톨릭교회로, 동방은 그리스정교회(러시아정교회)로 나뉘게 된다. 역사 저술 작가로 활

동하는 조셉 커민스Joseph Cummins는 그의 책《전쟁연대기 1》에서 제4
차 십자군 전쟁의 결과를 이렇게 평가한다.

"가톨릭교회와 동방정교회 사이의 화해를 불가능하게 했다. 십자
군은 성지에는 가지도 못했다."

결국 1453년 오스만 투르크Ottoman Turkish에 의해 비잔티움(동로
마)은 완전히 멸망하게 된다. 이로써 현재의 이스탄불은 처참하게도
옛 기독교의 영광이 다 무너져버리고 슬픔과 상처만 남게 되었다.
게다가 교회의 역사가 자리 잡은 곳에 이슬람이 거주하는 등, 쉽게
풀 수 없는 복잡한 역사와 미묘한 감정이 조화를 이루는 장소가 되
고 말았다. 오르한 파묵Orhan Pamuk은 그의 책《이스탄불》에 이렇게
적고 있다.

"이제는 내 영혼과 이성도, 멜링이 그렸고 네르발과 고티에 혹은
아미치스 같은 서양 여행자들이 썼던, 18세기 말이나 19세기 초의
이스탄불이 낯설다는 사실을 고통스럽지만 알고 있다. 게다가 … 나
의 이성은 이 도시가 순수하기 때문이 아니라, '복잡하고 불완전하
며 폐허가 된 건물들의 더미'이기 때문에 내가 좋아하는 것이라고
말한다."

오르한 파묵은 옛 도시 이스탄불이 복잡하고 불완전한 도시라고
소개한다. 왜일까? 이스탄불이 과거와 현재의 문화와 역사가 교차
되는 곳이자 동서양의 종교가 어우러진 곳이 되었기 때문이다. 이
스탄불이라는 도시가 한 마디로 규정할 수 없는 복잡 미묘한 의미

를 지니고 있다는 것이다. 하지만 복잡함은 이스탄불이 가진 미묘한 아름다움이다. 한편, 오르한 파묵은 도시화와 서구문명의 발전이 가져온 도시의 소음과 신축 건물들 때문에 이스탄불이 지닌 복잡하고 다양함 속에 품었던 융합의 역사와 고풍스러움을 잃어버리는 것 같다고 아쉬워한다. 이스탄불은 역사적으로 통찰해보면 이처럼 복잡하고 미묘한 곳이긴 하지만, 어쨌든 복잡함과 불완전함이 이스탄불이 가진 아름다움인 건 맞다. 역사는 복잡했지만, 이스탄불은 결국 만남과 공존과 조화를 이루는 아름다운 장소가 되고 만 것이다. 내가 만난 이스탄불의 첫 인상이 그랬다.

## † 성 소피아 성당, 인간의 욕망을 발현한 장소

이스탄불의 최고 명소는 단연 성(聖) 소피아 성당일 것이다. 비잔틴 건축 양식의 특징을 가장 잘 보여주는 이 건물은 현존하는 역사적 건축물 중 가장 아름다운 건축물로 꼽힌다. 이 건물은 360년에 콘스탄티누스 1세의 아들 콘스탄티누스 2세에 의해 처음 건립되었고 동로마 비잔틴제국의 대표적 성당으로 꼽힌다. 그러나 532년 이른바 '니카의 반란Nika riots'으로 목조건물이던 원래의 소피아 성당은 소실되었다.

　　유스티니아누스Flavius Petrus Sabbatius Iustinianus, 482-565 제위 시절은 분명 전제군주 제국이었지만 정당이 존재했다. 그 중에 대표적인 당파가 녹색당과 청색당이었다. 녹색당과 청색당은 상호간에 대립과 견제를 통해 정당의 세력을 유지할 수 있었다. 두 정당은 오늘날과 마찬가지로 정당 간의 견제를 통해 권력을 나누고 우위를 다지기도 하며 협력하여 황제의 권력 독점에 저항하기도 했다. 그런 상황에서, 니카의 반란은 유스티니아누스 황제에 대한 반발로 시작된 것이다. 또한 정당을 탄압한 전제 군주제를 향한 저항이기도 했다. 녹색당과 청색당은 히포드롬 경기장에 모였고 황제의 권력에 저항할 것을 결의했다. 이로 보건대 정당정치는 민주정치의 좋은 표본이다. 권력의 독점을 견제하기 때문이다.

그런데 역사는 이 반란을 왜 '니카의 반란'이라고 이름 지었을까? 사실 역사 서술은 이름을 짓는 일부터 시작하는데, 니카Nika는 승리라는 뜻이다. 사람 이름이 아니다. 니카는 히포드롬 경기장에서 응원할 때 쓰는 구호였을 것이다. 경기장에서의 승리는 상호 법을 지키고 공정하고 평등한 위치에 있을 때 더 값지다. 반란군은 그런 의미의 '니카'라는 이름으로 모였다. 즉, 반란군은 정의와 승리라는 구호 아래 모였던 것이다. 정치에서 승리란 무엇일까? 권력이 권력자 자신에게 독점되는 것에서 떠나 국민에게 향하는 것이다. 나아가 민생이 안정되고, 전쟁이 아닌 평화가 임하는 것이다. 반란군이 바라는 승리는 그런 것이었다. 그러나 현재 터키의 정치 형편은 무척 아쉽다. 여행 첫날에 느낀 터키의 분위기는 심상치 않았다.

이스탄불은 터키에서 정치적으로 매우 중요한 곳이다. 터키의 수도는 앙카라이지만, 어쩌면 수도보다 영향력 있는 도시가 이스탄불이다. 그러니 집권당은 이스탄불을 여당의 텃밭으로 만들어야 한다. 그런데 제1 야당인 '공화인민당CHP'에게 패했다. 이에 터키 최고선거위원회YSK가 야당이 승리한 이스탄불 광역시장 선거를 무효로 만들면서 재선거를 결정하였고, 레제프 타이이프 에르도안 터키 대통령은 이를 몹시 반겼다는 후문이다.

민중의 반란 장소였던 히포드롬 경기장 터의 중심에는 오벨리스크Obelisk가 우뚝 서 있다(우측 사진). 왕의 위업을 찬양하고 승리를 기념하는 탑이다. 그러나 하늘에 닿을 듯 뻗은 오벨리스크가 이곳에 어울린다는 생각은 들지 않았다. 오벨리스크를 보면서 '권력의 독점에서 해방과 자유 그리고 승리를 갈망하는 그들의 민족성은 어디로 갔을까?'라는 의문이 들었다.

니카의 반란이 물론 지금의 터키 민족과 연결될 수는 없다. 동로마 비잔틴제국 당시의 민중들이 일으킨 권력의 독점을 향한 분노요 반란이었기 때문이다. 그럼에도 불구하고 분명 이스탄불은 그 정신이 녹아 있는 장소이다. 장소는 의미를 담기 마련인 탓인데, 여전히 히포드롬 광장이 존재하며 성 소피아 성당이 찬

란한 역사를 간직한 채 존재하고 있기 때문이다. 나는 이곳에 니카의 반란이 꿈꿔온 그 승리가 임하길 원한다. 물론 그들의 꿈은 반란이라는 이름 아래 잔혹한 학살의 피흘림으로 끝났지만, 그 정신은 지금도 살아있다고 나는 믿는다. 이스탄불이 남아 있기 때문이다.

내가 교회사를 전공하면서 좋아하게 된 성경구절이 있다.

밤나무와 상수리나무가 베임을 당하여도 그 그루터기는 남아 있는 것 같이 거룩한 씨가 이 땅의 그루터기니라 하시더라 _사 6:13 하

밤나무와 상수리나무가 완전히 진멸되고 베임을 당할지라도 다시 자라나듯, 남아 있는 그루터기를 통해 이 땅이 다시 회복될 것이며 하나님의 나라를 이루어가실 것이라는 의미이다. 하나님의 은혜의 손길은 남아 있는 것들이 결국 거룩한 씨앗이 되게 하실 것이고, 그것들은 그 정신을 이어가고 또 이어가게 될 것이다. 그것을 우리는 하나님의 역사라고 말한다.

남아 있는 장소, 즉 유적들을 보면서 우리에게는 그곳에 녹아든 정신이 오롯이 계승된다. 마치 무너진 것 같고 돌무더기밖에 남지 않은 곳이지만, 남아 있는 그 장소는 하나의 거룩한 씨가 되라는 사명을 전한다. 그래서 하나님나라의 백성은 남은 자에게 관심을 가지며 장소에서도 의미를 찾는 것이다.

## † 비잔틴 건축의 특징, 돔이 주는 신비감

소피아 성당 이야기를 이어가려고 한다. 결국 니카의 반란으로 콘스탄티노플은 화염에 휩싸였다. 그때 안타깝게도 목조로 지은 소피아 성당이 소실되었다. 결국 유스티니아누스 황제는 민심(民心)을 잃고 도망을 결심한다. 그러나 황후인 테오도라가 그를 막아선다. 황후는 겁에 질린 황제를 향해 이렇게 말했다고 알려진다.

"황제께서 그렇게까지 해서 살아남은 뒤, 과연 '죽는 것보다야 나았다'고 말할 수 있겠습니까?"[1]

결국 황제는 남기로 결심한다. 벨리사리우스 장군의 지휘 아래 반란군은 진압되고 수천 명이 학살되는 결과를 낳게 된다. 반란군을 진압한 유스티니아누스는 소피아 성당의 재건을 명하고 밀레토스의 이시도로스Isidoros와 수학자인 트랄레이스의 안테미오스Anthemios에게 설계를 맡겨, 532년부터 537년 12월 27일까지 공사 기간 6년도 채 안 되어 완공하여 헌당식을 갖게 된다. 소피아 성당의 압도적인 위엄과 경이로움 앞에서 그는 "솔로몬이여, 내 그대를 이겼노라!"라고 외쳤다고 한다. 정교회는 소피아 성당을 재건한 업적을 기려 유스티니아누스와 테오도라를 성인의 반열에 올린다. 결국 대제가 되고 성인의 반열에도 올랐지만, 역사의 평가는 좀더 지켜볼 일이다.

AD 5-6세기 비잔틴 건축양식의 가장 큰 특징은 중앙에 돔을 얹

---

1  진원숙, 《비잔틴제국》, 살림(2007), 12-13쪽.

소피아 성당
돔 아래의
웅장한 공간

은 형태이다. 높은 천장과 아치형 돔의 건축양식은 웅장함을 더할 뿐 아니라 그 자체로 경외심을 불러일으킬 만하다. 실제로 돔은 하늘이라는 개념을 상징하는 공간이다. 그 공간은 거룩의 영역인 하늘과 세속의 영역인 땅이 통합(統合)되는 곳이다. 그리하여 성스러운 예배의 공간은 하늘과 땅이 만나는 장소가 된다.

그리스정교회Orthodox Church는 성 소피아 성당뿐 아니라 예배당에 들어오는 이들마다 그곳이 하나님나라임을 강조하기 위해 모든 정교회 예배당에 돔을 얹었고, 그곳을 프레스코fresco 성화로 채웠다. 예수께서 제자들과 보좌에 앉아 있는 형상이나 천사들이 경배하고 있는 모습들을 그려 넣음으로써 시각적으로 마치 천상의 예배를 드리고 있는 것 같은 분위기를 연출한 것이다. 예배당의 웅장함과 경이로움에 매료된 이들은 자신들의 믿음이 이곳에서 비롯된다는 확신을 품은 다음 세상으로 나갔을 것이다. 박해와 전쟁과 삶의 시련에도 힘과 용기를 얻고 그리스도인으로서 믿음을 지켰을 것이다.

하지만 돔에 그려진 프레스코화를 보고 누군가는 허무한 것에 마음을 빼앗기는 것이라고 말할지 모르겠다. 그럴지라도 종교는 성스러움에 대한 감정이다. 성스러움에 대한 인식과 열정은 오직 종교의 영역에서 가능하기 때문이다.

하비 콕스Harvey Cox는 그의 책《종교의 미래the future of faith》에서 성스러움에 대한 인간의 감정을 '신비 내지는 경외감'이라고 말했다. 그리고 이 경외감은 인간의 신앙과 함께 시작한다고 했다.

"신앙은 경외와 더불어 출발한다. 신앙은 인간을 둘러싸고 있는 신비를 향해 모든 인간이 느끼는 경외와 두려움의 혼합으로 시작한다. 그러나 경외는 그것이 그 신비에 어떤 의미를 부여하는 경우에만 신앙이 된다."

종교는 현실 세계에서 성스러움, 즉 신비와 경외를 맛보고자 하는 인간의 열망이다. 루돌프 오토Rudolf Otto 역시 그의 책《성스러움의 의미Das Heilige》에서 종교는 경외의 대상과 그에 대한 반응, 즉 감정이라고 말한다. 이를 '매혹적인 신비Mysterium Tremendum et Fascinans'라고 하였다. 여기에서 오토가 종교를 경외의 대상에 대한 감정이라고 표현한 것이 신앙과 종교적 감정에 대한 탁월한 해석이라고 나는 생각한다. 그의 말처럼 종교는 경외의 대상에 대한 감정과 더불어 시작하고 통합된다. 그래서 때로는 우리의 주관적 감정에 의해 신적 대상을 왜곡하기도 하고 오해하기도 한다. 우상 같은 헛된 것에 마음을 빼앗기기도 한다. 그러므로 온전한 신앙을 위해 우리는 이성이라는 도구로 경외의 대상과 감정적 반응을 해석하고 분별하는 작업을 거쳐야 한다. 그 작업을 우리는 신학(神學)이라고 한다.

교회의 역사에는 성스러운 감정을 분별하고 해석하는 많은 방식이 존재했다. 우리가 잊지 말아야 할 것은, 종교에서 성스러움에 대한 해석과 분별 작업이 제대로 이루어지지 않을 때 인간은 하나님의 영광의 자리를 허무한 것으로 바꿔버린다는 사실이다. 신학적 해석과 분별 작업을 생략한 인간의 욕망은 신앙을 지극히 인간적인 것으로 만들고 종교를 미신적 관념으로 전락시킨다. 이런 잘못된 시도들은 중세 교회를 암흑의 시기로 만들었다.

어쨌든 종교는 분명히 성스러움에 대한 갈망이다. 그 갈망은 신앙과 삶 사이의 긴장을 해석학적 작업을 통해 연구하여, 하나님의 거룩의 영역을 우리 현실에서 맛보려는 몸부림이다. 하나님의 임재와 영광을 우리네 세속의 삶에서 경험하기 위해 애쓰는 것이기도 하다. 거룩을 맛본다는 표현이 재미있다. 맛보는 것은 경험하는 것이다. 실체에 대해 경험하려는 열망이기도 하다.

우리가 현실에서 종교가 가진 신비와 경외의 감정을 발견하고 맛보는 장소는 예배당이다. 예배당에서 드리는 예배를 통해 현실세계가 하나님의 영광으로 가득 차 있다는 사실을 경험하기 때문이다. 이곳에서 충전되고 회복된 그리스도인은 삶의 현장으로 가서, 예배가 없는 곳에서 예배를 드리는 삶을 살아갈 수 있다. 그리하여 말씀대로 살아가고 하나님을 인정하는 삶을 살아간다. 그런 의미에서 오늘날 예배당은 선교적 사명을 위한 충전과 회복의 장소여야 한다. 하나님의 임재를 맛보고 하나님 나라를 경험하며 참된 쉼을 누리는 곳이어야 하는 것이다. 교회 예배당이 하나님의 임재를 누리는 장소이며, 하나님의 신비가 감도는 능력의 장소가 될 필요가 있는 것이다. 그렇다고 해서 단지 교회를 높이 세우고 외관상 아름다움을 가미하는 것에 치중해선 안 된다. 우리가 깊이 고민해야 할 것은 규모가 크든 작든 예배당 그 자체이다. 신학적으로 어긋나지 않은 범위에서 또는 극단적으로 인위적이지 않은 경계 내에서, 시각적이며 감각적으로 하나님의 신비를 경험할 수 있는 요소들을 예배당에 두는 것도 좋을 것이다.

물론 우리는 예배당이라는 공간을 벗어나 개인적인 삶의 자리에서 예배를 드려야 한다. 그러나 삶의 예배가 중요한 만큼 함께 예배당에 모여 드리는 공동체적 예배도 중요하다. 공동체적인 예배에는 예전적인 요소가 반드시 담겨야 한다. 교회의 역사에서 믿음의 선배들은 그 예전적 요소를 통해 하나님의 현존을 느꼈을 뿐 아니라 하나님의 신비에 참여하였다. 반복적인 예전적 예배, 즉 공동체의 정기적인 예배를 통해 하나님의 능력을 경험한 것이다. 이것을 통해 성도들은 세상에 나아갈 힘과 능력을 입는다. 그런 점에서 예배는 그리스도인의 모든 것이다. 그리스도인이 삶의 자세와 균형을 잡는 기준도 예배를 통해 얻는다. 그런데 현대 개신교회의 예배와 예전에는 개혁되거나 회복되어야 할 것이 많다. 신학적 해석을 통해, 비록 중세시대 예배의 케케묵은 전통이라고 치부돼버린 요소들일지라도, 필요하다면 이 시대에 맞게 회복시키는 작업도 필요하다.

안타깝게도 내가 이 여행을 다녀온 해의 이듬해인 2020년, 코로나19로 기존 방식의 전교인 예배와 소그룹 모임을 예상보다 오랫동안 가지지 못하게 됐다. 이에 따라 교회와 예배와 예배당의 의미를 재해석해야 할 상황까지 이르고 말았다. 이 논점에 대해선, 이 책에서는 아쉽지만 별도의 논의로 남겨둔다.

# † 로마 가톨릭 신도들이 성모에게 집착한 이유

우리 일행은 성 소피아 성당 내부를 둘러보았다. 구석의 계단으로 올라가니 데이시스Deisis라고 불리는 큰 모자이크가 있다. 모자이크는 크기 자체로도 압도적이었다. '데이시스'는 '간청, 청원'이라는 뜻이다. 모자이크에는 예수 그리스도께 인간들의 결핍을 대신 간청하는 세례 요한과 마리아를 그려놓았다. 인간의 구원, 생과 사, 물질의 결핍, 건강 등을 간구한다고 한다. 그런데 가톨릭 신도들은 왜 요한과 마리아를 인간의 결핍을 예수께 고(告)하는 존재로 삼은 것일까? 성모 마리아에게 집착하는 이유는 무엇일까?

　　표도르 도스토예프스키Fyodor Mikhailovich Dostoevsky, 1821-1881의 대표작 《카라마조프의 형제들》에 나오는 또 다른 이야기인 〈대심문관 이야기〉에서 이반은 알료샤에게 '성모의 지옥 방문'이라는 서사시를 소개한다.

　　"성모의 지옥 방문이라는 작품은 그 장면들과 대담성의 측면에서 결코 단테에 뒤지지 않아. 거기에서는 성모께서 지옥을 방문하고 계신데 대천사 미하일이 그 분을 고난의 길을 따라 인도하고 계시지. 성모께서 죄인들이 겪는 고난을 목격하시는 거야. (중략) 성모께서는 하느님의 옥좌 앞에 엎드려 자신이 지옥에서 목격한 모든 사람들에게 아무런 차별을 두지 말고 자비를 베풀어달라고 간청하게 되었어. (중략) 결국 성모께서는 하느님께 드린, 매년 성 금요일부터 성령 강림일까지 모든 고난을 중지해달라는 기원을 허락받았지…"[2]

○

데이시스는 간청, 청원이라는 뜻이다.
모자이크에는 예수 그리스도께 간청하는
세례 요한과 마리아를 그려놓았다.

비록 소설이긴 하지만 중세 로마 가톨릭의 신도들이 왜 그렇게 성모 마리아에게 집착했는지 알 수 있게 되는 대목이다. 그들에게 성모 마리아는 인간의 결핍을 이해하는 분이다. 그들은 그 성모 마리아에게 간청함으로써 구원을 사모하고 있다. 물론 우리는 오직 예수 그리스도가 우리의 모든 결핍을 이해하는 분이라는 것을 믿는다. 우리의 믿음은 구원을 위해 예수 외의 중재자나 다른 이름이 필요 없다. 그러나 데이시스로 불리는 커다란 모자이크 그림을 통해 나는 하나의 확신을 갖게 되었다. 인간은 좌우간 하나님을 만나야 하는 존재요 사랑과 결핍을 지닌 채 살아가는 존재라는 것이다. 그런 점에서 성 소피아 성당의 데이시스는 인간의 참모습을 보여준다.

## † 하나님의 현존과 인간의 갈망이 공존하는 곳

성 소피아 성당 2층에서 1층으로 다시 내려갔다. 천장에 돔이 얹힌 중앙 예배당으로 향한다. 지금은 미흐라브mihrab와 민바르minbar가 놓여진 이슬람의 예배장소가 되었다. 곳곳에 회를 칠한 것이 보인다.

나는 하늘과 땅이 만나는 지점, 여기에 온 이들마다 경외심을 느껴온 그 성스러운 공간에 서 보았다. 하나님의 현존을 갈망하는 자리에서 고개를 들어 위를 바라보았다. 중앙 돔에 그려진 커다란 이

---

2　표도르 도스토예프스키, 《까라마조프 씨네 형제들(상)》, 열린책들(2009), 589-590쪽.

슬람의 문장이 눈에 보인다. 예상하건데, 원래 그곳에는 예수 그리스도의 얼굴이 그려져 있었을 것이다. 40여 개의 작은 창문을 통해 빛이 들어온다. 돔 주변엔 케루빔, 즉 구약 선지서에 종종 등장하는 '스랍'으로 불리는 천사가 보인다. 이들은 여섯 날개를 가지고 있어서 둘로는 얼굴을 가리고 둘로는 자기 발을 가리고 남은 두 날개로 날면서 하나님을 찬양하고 있다.

하늘로 여겨지는 높은 곳에는 아기 예수를 안고 있는 성모 마리아의 모습을 담은 프레스코화가 보인다. 성모 마리아가 예수를 안고 현세(現世)를 내려다보는 형상이다. 나는 그의 눈빛과 마주했다. 내 눈에서 먼 천장에 그려진 프레스코화이지만, 마치 바로 앞에서 보듯 현실감이 느껴질 정도다. 그 눈빛은 인간이라는 존재에서 뿜어져 나오는 성스러움을 향한 욕망과 결핍을 이해하는 듯했다. 이런 것 때문에, 하나님의 말씀을 인정하고 하나님을 존중하는 곳은 그 어디나 하나님의 나라라는 것을 알고 있음에도 불구하고, 성 소피아 성당을 찾는 사람들이 여전히 있는 것이다. 하나님의 현존과 인간의 갈망이 공존하는 신비와 경외감을 맛보기 위해서 말이다.

성 소피아 성당은 이제는 웅장한 박물관이 되어 현대와 과거를 만나게 하고 있다. 나는 목사이긴 하지만 한 명의 인간인지라, 이토록 복잡한 역사의 한복판에서 이 공간의 의미를 다 헤아릴 수 없었다. 교회의 가치와 전통을 어떻게 이해해야 하는지, 우리는 과연 무엇을 해야 하는지, 그저 조금이나마 묵상할 수 있었을 뿐이다.

너희는 정처 없이
순례의 길을 떠나는 나그네이지만,
하나님의 택하심을 받은 존재다.

CHAPTER 2

─

# 갑바도기아,
# 광야의 지혜를 만나다

이 성지순례는 필자 개인의 여행만은 아니었다. 필자가 섬기는 교회의 담임목사님을 비롯해 3명의 목사님들, 그리고 40여 명의 교회 성도님들과 함께 떠난 것이다. 말하자면 교회의 성지순례팀이었다.

우리 일행은 이스탄불에서 40킬로미터 정도 벗어난 곳에 있는 사비하 괵첸 국제공항Sabiha Gökçen International Airport으로 갔다. 그곳에서 비행기를 타고 카이세리 공항Kayseri Airport으로 날아갔다. 이스탄불에서 동쪽으로 580킬로미터 정도 내륙에 있는 곳이다. 한 시간 반쯤 걸렸는데, 저녁 비행기여서 밖은 어두웠고 날씨는 쌀쌀했다. 터키는 사계절 내내 건조하며 따뜻할 것이라고 생각했던 나의 무지를 완전히 깨뜨리는 경험이었다.

밤늦게 카이세리 공항에 도착했다. 작은 공항이었지만, 이곳이 유명 관광지라는 사실을 실감케 하려는 듯 대형버스가 즐비했다. 우리도 버스를 타고 숙소로 이동하였다. 내일 아침 일찍부터 갑바도기아Cappadocia 유적들을 방문한다. 갑바도기아는 성경과 교회사에서 매우 중요한 곳이다. 카이세리는 갑바도기아에 속한 도시다.


## † 갑바도기아에 흩어진 나그네처럼

성경에서 갑바도기아를 언급한 곳은 사도행전 2장 9절과 베드로전서 1장 1절 두 곳뿐이다. 갑바도기아에서 그리스도의 공동체는 어떻게 존재했을까? 갑바도기아가 등장하는 사도행전 2장은 오순절 성령강림사건을 배경으로 한다. 오순절에 마가의 다락방에 성령께서 강하게 임하시고 각기 다른 방언, 즉 각 사람이 난 곳의 방언으로 말하는 역사가 일어난다. 이 기이한 현상을 이방인들이 듣고 본다.

성령의 역사는 보이는 역사이다. 누구나 볼 수 있도록 임하신다. 무조건 신비하게 감추시거나 특정한 이들에게만 보여주시는 역사가 아니다. 게다가 성령님은 애매모호하게 역사하는 분도 아니시다. 어느 누구든 "저것이 성령의 역사다!" 할 수 있도록, 보는 이로 하여금 분별 가능하게 역사하신다. 성령의 역사와 악한 영의 역사가 확연히 구분될 만큼 정확하며 분명하다. 이러한 성령의 역사를 교회사에서는 늘 '성령의 충만'이라고 불렀다. 충만(充滿)의 의미는 말 그대로 '가득 찬' 것이어서 흘러넘치게 된다. 흘러넘쳐서 그 안에 무엇이 담겨 있는지 그대로 보게 되는 것이다. 가득 차서 흘러넘치는 성령의 역사는 고스란히 예수 그리스도의 몸인 교회 공동체에 부어진다. 그리하여 그리스도의 공동체는 삼위일체 하나님의 현존과 사역 가운데에 참여하며 하나님나라의 확장이라는 사명을 가지게 된다. 그런 의미에서 성령은 교회의 설립자이시자 동시에 운영자이시다.

스탠리 하우어워스Stanley Hauerwas는 그의 책《성령The Holy Spirit》에서 성령께서 교회를 어떻게 운영하시는지 밝힌다.

"성령을 통해 교회는 세상을 위한 그리스도의 몸이 되어 예수 그리스도가 주이심을 세상이 지속적이고 구체적으로 확신할 수 있는 길을 제시한다."

즉, 성령의 역사는 예수 그리스도께서 주이심을 밝히시는 목적이 있는 것이다. 그러므로 예수 그리스도의 몸이 된 교회에는 물질과 인간적인 방식이 충만한 것이 아니라 성령의 활동으로 충만해야 한다. 세상에 예수께서 주이심을 보이는 역사여야 하는 것이다. 이것이 성령의 역사이고, 교회에 성령의 역사로 가득한 것을 교회사는 '부흥'이라고 말한다. 사도행전 2장의 오순절 성령강림 사건은 그 역사가 우선 방언으로 나타났다.

8우리가 우리 각 사람이 난 곳 방언으로 듣게 되는 것이 어찌 됨이냐 9우리는 바대인과 메대인과 엘람인과 또 메소보다미아. 유대와 갑바도기아. 본도와 아시아. ¹⁰브루기아와 밤빌리아. 애굽과 및 구레네에 가까운 리비야 여러 지방에 사는 사람들과 로마로부터 온 나그네 곧 유대인과 유대교에 들어온 사람들과 ¹¹그레데인과 아라비아인들이라 우리가 다 우리의 각 언어로 하나님의 큰 일을 말함을 듣는도다 하고 _행 2:8-11

이렇게 성령의 역사가 강력하게 임할 때, 그 자리에 있던 이들 중에 한 무리가 바로 '갑바도기아에서 온 이들'이었다. 이들은 성령의 역사 중에 하나인 '방언'을 경험하였고, 그들이 방언을 통해 들었던 것은 '하나님의 큰 일'이었다. 하나님의 큰일이란 무엇이었을까? 하나님 나라의 역사가 시작된다는 것을 알리는 일일 것이다. 오순절에 성령께서 오심으로 선포하신 것은 하나님나라가 이미 임하였고 도래하였다는 것이었다. 오순절에 갑바도기아에서 예루살렘으로 온 이들은 하나님의 큰일을 그렇게 보고 들었다. 그 후 갑바도기아로 돌아가 그 복음을 전하고 그리스도의 공동체를 세웠을 것이다.

또 한 가지 가능성은 '하나님의 흩으심' 때문이다. 예수를 믿는 유대인의 무리들이 스데반의 순교 이후 극심한 박해를 경험하고 각 지역으로 흩어졌다. 그들은 갑바도기아를 비롯한 여러 곳으로 흩어졌을 것이고 그곳에서 그리스도의 공동체를 세워나갔을 것이다. 사실은 하나님께서 그리스도인들을 흩으신 것이다. 이와 관련하여 갑바도기아 공동체에 대해 언급하고 있는 성경 본문은 베드로전서 1

장 1절이다. 베드로는 '갈라디아, 갑바도기아, 아시아와 비두니아에 흩어진 나그네'라고 언급하고 있다. 베드로가 본도, 갈라디아, 갑바도기아, 아시아와 비두니아에 '흩어진 나그네'에게 편지를 쓴 것이다. 사도는 왜 이들의 정체성을 흩어진 나그네라고 부여한 것일까?

나그네는 이 땅을 자기 본향으로 여기며 살아가는 존재가 아니다. 그저 여행객이다. 여행자 혹은 나그네의 정체성은 우리에게 분명 허무감을 안겨준다. 정처 없이 떠도는 삶이기 때문이다. 안정적일 수 없기에 불안하기도 하다. 목회자인 베드로는 나그네처럼 불안한 이들의 마음에 믿음을 불어넣어주기 위해 또 한 가지의 정체성을 부여해주고 있다. 2절이다.

"곧 택하심을 받은 자들."

나그네와 택하심을 받은 자들이라니! 두 정체성 사이에 뭔가 모호함과 모순마저 느껴진다. 사도는 이렇게 정리해준다.

"너희는 정처 없이 순례의 길을 떠나는 나그네이지만, 하나님의 택하심을 받은 존재다."

내가 약 2주간, 실제로는 10박 11일간 성지여행을 하면서 느낀 것 중 흥미로운 점은 이곳에 있는 동안 짐을 싸고 푸는 일을 수도 없이 반복했다는 사실이다. 나는 이곳에 여행자, 곧 나그네로 온 것이고, 이곳이 내가 영원히 살 장소가 아니기 때문이다. 내 집은 서울에 있다. 또한 그리스도인의 진정한 본향은 천국이다. 영원히 살 그 본향에 이르기 전까지 그리스도인은 끝없이 여행을 한다. 이것이 천국

나그네의 삶이다. 사도 베드로가 전한 것처럼 우리는 분명 흩어진 나그네들이 맞다. 그러나 하나님의 택하심을 받은 자들이라는 목적 분명한 정체성 또한 가진다. 우리는 나그네들이지만 목적지가 분명히 정해져 있으며, 그 목적지는 다름 아니라 저 천성 예루살렘이다. 그곳이 우리가 가야 할 참 본향이요 우리 집이다. 갑바도기아에 있던 믿음의 공동체는 이런 정체성 위에 견고히 서 있었다. 그래서 이들은 시험과 환난 속에서도 기뻐하였고, 두려워하지 않았고 말할 수 없는 영광으로 기뻐할 수 있었다. 이렇게 고백한다.

> 6그러므로 너희가 이제 여러 가지 시험으로 말미암아 잠깐 근심하게 되지 않을 수 없으나 오히려 크게 기뻐하는도다 7너희 믿음의 확실함은 불로 연단하여도 없어질 금보다 더 귀하여 예수 그리스도께서 나타나실 때에 칭찬과 영광과 존귀를 얻게 할 것이니라 8예수를 너희가 보지 못하였으나 사랑하는도다 이제도 보지 못하나 믿고 말할 수 없는 영광스러운 즐거움으로 기뻐하니 9믿음의 결국 곧 영혼의 구원을 받음이라 _벧전 1:6-7,9

## † 갑바도기아의 교부, 성 바실레이오스

갑바도기아는 교회사에서 유명한 세 교부, 성 바실레이오스혹은 바실리오 Basileios, 330-379, 나지안조스의 그레고리오스Gregory of Nazianzus, 330-390, 그리고 니사의 그레고리오스Gregory of Nyssa, 335-395가 활약했던 곳이다.

갑바도기아에 있는 카이세리는 특히 초대 교부이자 신학자인 성 바실레이오스의 고향이다. 바실레이오스는 330년 폰토스에서 수사학자인 성 대 바실레이오스와 카이세리의 에멜리아 사이에서 태어났다. 그의 부모는 독실한 기독교 신자였다. 그는 350년경 카이세리에서 정규 교육을 받았으며 나지안조스의 그레고리오스를 만나게 된다. 그레고리오스와 함께 콘스탄티노플에서 공부한 다음 아테네로 가서 언어학, 철학, 수사학과 행정을 배우며 실력을 쌓았다. 356년 그는 카이세리로 돌아와 법학과 수사학 교사로 재직한 후, 일생을 하나님께 바치기로 결심한다. 《세바스테의 에우스타티우스 반박》이라는 편지Epistulae에 그의 고백을 담고 있다.

"나는 복음서를 읽고서, 완덕에 이르는 훌륭한 길은 자신의 재산을 팔아 가난한 이들에게 나누어주고, 이 세상 삶에 대한 관심을 버리고, 영혼이 세상 것에 대한 어떤 미련도 갖지 않게 하는 것이라는 사실을 깨달았습니다."[3]

그후 365년 카이세리의 에우세비오 주교에 의해 사제로 서품을 받는다. 그리고 나지안조스의 그레고리오스 등과 더불어 아리우스파와의 신학 논쟁을 통해 당대 최고의 신학자가 된다.

바실레이오스가 신학자로 활약하던 370년에서 380년은 교회사

---

3 "세바스테의 에우스타티우스 반박", 서간집(Epistulae), 편지 223. / 노성기(2018), "바실리우스가 세운 사랑의 도시, 바실리아드", 《신학전망(제200호)》, 46쪽을 재인용.

에서 매우 중요한 시기이다. 당시 동방 교회는 325년 니케아 신조 발표 이후 삼위일체파와 반삼위일체파로 분열되어 안팎으로 어지러웠다. 하나님의 정체에 대한 신론 논쟁이어서 매우 심각했다. 황제는 교회의 화합과 일치를 위해 어떻게든 이 논쟁의 불씨를 정리해야 했다. 그러나 쉽게 종식되지 않았는데, 이는 삼위일체 논쟁에 순수 신학뿐 아니라 정치 논쟁도 점철되었기 때문이다. 이때 등장한 인물들이 바실레이오스를 비롯한 갑바도기아의 세 교부였다. 그들은 신 니케아파Neo-Nicene party라고 불리는 동방 교회의 차세대 지도자들이었다. 신 니케아파로 불리우듯, 이들은 니케아 신조의 삼위일체 주장을 따르고 있었다. 그들은 '성부 성자가 본질에 있어서 같거나 동등하지 않고 유사하다'라고 주장하는 유사본질(類似本質) 이단을 배격했다. 성부와 성자가 본질상 같다고 주장한 것이다.

381년 로마 황제 테오도시우스 1세의 주최로 제1차 콘스탄티노플 공의회가 소집되었다. 니케아 신조를 지지하던 황제는 갑바도기아의 세 교부를 중심으로 회의를 주도하기 시작했다. 이 회의는 기존의 니케아 신조를 확립하는 성과를 낳았고, 성령에 대한 내용을 정리하고 결의하는 니케아-콘스탄티노플 신조를 채택한다. 이로써 아리우스파를 이단으로 정죄하고 배척하는 역사적 결과를 얻게 되었다.

바실레이오스의 이야기로 다시 돌아가보자. 370년 에우세비오 주교가 선종한 후 그는 카이세리의 교구장으로 취임하게 된다. 특별히 바실레이오스는 가난한 이들의 아버지로 알려져 있다. 그는 가뭄으로 극심한 고통 중에 있는 이들을 위한 사회복지시설 바실레이아스Basileias를 설립한다. 바실레이오스의 재물관은 독특하다. 공동소유를 하나님의 뜻으로 여겼다. '인간의 탐심과 탐욕은 금과 은에 집착하게 만들었고 부자가 되기를 열망하는 존재로 만들었다. 금과 은을 향한 인간의 탐심은 끝이 없다. 인간은 무엇으로도 만족할 수 없는 존재다. 그러므로 공동체야 말로 인간의 욕망과 탐심을 제어할 수 있는 훈련의 장이다'라고 그는 생각했다.

"곳간들을 헐어내고 더 큰 것을 지으려 합니까? 더 커진 곳간이 또 차면 그때는 어떻게 할 작정입니까? 그것들을 헐고 다시 더 큰 것을 짓지 않겠습니까? 곳간을 갖고 싶다면 가난한 이들의 뱃속에 곳간을 지으십시오. 천국에 여러분을 위한 보물을 쌓아두십시오."[4]

그는 공동생활을 권했다. 바실레이오스에게 함께 사는 것, 공동생활이란 무엇일까? 곳간을 짓되, 나를 위한 곳간이 아니라 가난한 이들의 뱃속에 곳간을 짓는 삶이다. 쉽게 말해서 가진 것을 가난한 이들과 나누는 것이다.

고대세계의 그리스도인들은 가난을 하나님의 축복이요 뜻이라고 생각했다. 자발적으로 가난을 선택한 것이다. 어떻게 자발적 가난을 실천했을까? 함께 사는 것, 나누는 것이었다. 가난한 이들에게 기꺼

---

4  노성기, 앞의 책, 58쪽.

이 나누는 삶을 실천한 것이다. 우리는 오늘날 그리스도의 공동체로 모일 때 그 정신을 유지하기 위해 모여야 한다. 그리스도의 공동체 안에서 천국과 같은 삶을 살기 원한다면 나누며 살아야 한다.

나는 대학생 시절 선교단체에서 공동체 생활을 경험하였다. 작은 공동체였지만 서로를 위해 기꺼이 자기가 가진 것을 나누는 삶을 실천했다. 대학 등록 시기가 다가오면 재정의 어려움으로 어쩔 수 없이 휴학을 결정할 수밖에 없는 지체들이 늘 있었다. 이 시기의 기도실은 상함과 아픔의 눈물이 마르지 않는 날이 없었다.

휴학을 결정할 수밖에 없는 이들을 위해 공동체의 지체들은 자신이 가진 귀한 물건들을 아낌없이 내다 팔았다. 아르바이트를 하며 힘껏 모아둔 재정을 기꺼이 그들을 위해 내어놓았다. 향유 옥합을 깨뜨리듯, 한 푼 두 푼 모아둔 저금통을 깨기도 했다. 그리하여 기적적으로 등록금이 채워지는 일이 많았다. 다른 이들의 짐을 함께 지는 삶, 소중한 것들을 내어놓는 것을 통해 메마른 골짜기를 매우는 삶이야말로 실로 지상에서 누릴 수 있는 천국인 것을 체험했던 것이다. 나는 그때 하나님나라의 공동체를 경험하였다.

오늘날처럼 혼자 사는 것이 익숙해진 세상, 각자도생의 사회에서 같이 산다는 것은 쉽지 않다. 나누며 산다는 것은 더 쉽지 않다. 더욱이 2000년 이후 1인 가구의 증가로 인해 공동체라는 것이 어색해진 세상 속에서 우리는 어떻게 함께 사는 법을 실천할 수 있을까? 결국 그리스도의 몸인 교회라는 공동체가 이 땅에 존재하는 목적을 재고해보는 길밖에 없지 않을까?

　교회가 지상에서 누리는 하나님의 나라로서의 역할을 감당해내려면 먼저 그리스도의 몸을 세우고, 그리스도를 기꺼이 따르려는 사명을 가져야 한다. 그리스도의 몸을 세우고 기꺼이 따르는 사명이란 무엇일까? 단순한 순종이다. 이를 제자도라고 한다. 각자도생의 사회에서 교회는 기꺼이 예수를 따르는 삶의 비결인 단순한 순종을 보여주어야 한다.

> 예수께서 이르시되 네가 온전하고자 할진대 가서 네 소유를 팔아 가난한 자들에게 주라 그리하면 하늘에서 보화가 네게 있으리라 그리고 와서 나를 따르라 하시니 _마 19:21

　그러나 쉽지 않다. 내 것을 내어주는 것만큼 바보 같은 삶은 없다. 그런데 오늘날 세상은 그런 바보들을 영웅이라고 말한다. 그런 영웅이 나타나기를 기다린다. 그런 의미에서 예수께서는 우리를 부요하게 만들기 위해 자신을 기꺼이 내어주신 영웅이시다. 기꺼이 가난을 선택하신 분이다. 그러면 우리는 어떻게 살아야 할까? 그분의 말씀에 단순하게 순종하며 사는 것이다. 이것이 오늘날 그리스도인에게 요구되는 삶이다. 성 바실레이오스에게서, 갑바도기아에서 이와 같은 영적 지혜를 배웠다. 그리스도를 진실하게 따른다는 것이 무엇인지 고민할 수 있었다.

## † 괴레메 동굴교회와 야외 박물관

다음날 아침, 길을 떠날 시간이 되어 짐을 싸고 숙소를 나왔다. 오늘의 목적지로 가기 위해서는 40분 정도 버스를 타야 한다. 도로변의 기이한 암석들이 보이자 버스 안에선 탄성이 터지기 시작했다. 이것은 괴레메Göreme로 가는 길이다. 괴레메는 초대교회 시절 고대 로마 군인들과 이슬람 박해자들을 피해 지하나 동굴 속에 교회와 생활공간을 만들어 신앙생활을 했던 곳이다. 지금도 여기에서 여러 개의 동굴 교회들을 볼 수 있다. 어둠의 교회, 뱀 교회, 사과 교회 등이 그것들이다.

각 동굴 교회들의 좌우 벽과 천장에는 독특한 프레스코 벽화가 있다. 프레스코 벽화를 그리는 기법은 덜 마른 석회 벽 위에 기름으로 갠 물감으로 그림을 그리고 잘 건조시키는 것이다. 그래서 프레스코 기법으로 그린 벽화들은 오래 간다고 알려져 있다. 그런데 이곳의 벽화들은 비잔틴 제국 당시 성상 숭배 반대 운동과 이슬람의 탄압으로 많이 훼손돼 있다(우측 사진).

어둠의 교회 내부에는 신약성경의 내용을 보여주는 프레스코화가 있다. 신앙 교육용으로 그린 것이다. 눈으로 보는 성경이랄까, 11세기 비잔틴 예술의 진면목을 보여주는 그림들이 상대적으로 잘 보존되어 있다. 뱀 교회 내부와 그 안의 프레스코 벽화를 보았다. 두 사람이 말을 타고 달리며 둘 사이에 있는 커다란 뱀을 사냥하거나 죽이는 장면이 인상적이었다. 말을 타고 있는 두 사람은 갑바도기

아 수도사인 성 제오르지오St. George와 성 테오도로St. Theodore이다. 긴 창으로 무찌르는 뱀은 사탄을 상징하는 것일까? 이단자들일까? 박해자들일까? 어쨌든 그림 속의 성인들은 지금도 그것들을 몰아내고 무찌르고 있는 것 같다. 역시 벽화들은 그 자체로 신앙 교육의 도구였다. 보는 이에 따라 우상숭배라고 생각했을 정도로 그것에 정성스레 믿음을 담았다. 어두운 동굴과 빛의 대비 사이에서 화려한 프레스코 벽화가 신비감을 더해준다. 그들은 이곳을 하나님나라로 여겼을 것이다. 내 눈엔 훼손된 벽화들이 아깝기만 했다.

벽화에 그려진 인물들을 이콘Icon이라 부르는데, 각 이콘들의 신비로운 표정은 예수 그리스도의 모습에서 정점을 이룬다. 초점이 뚜렷하지 않은 큰 눈은 어느 곳이나 보고 계시는 예수 그리스도를 표현한 것이라고 한다. 작은 입술은 묵언과 침묵을 상징한다. 자애롭게 보이기보다 경외감이 느껴질 만치 권위적인 모습이 느껴진다. 오른손의 손가락 모양은 'IC XC NIKA'를 표현한 것으로 '승리자 예수 그리스도'를 뜻한다. 동방 교회의 전통이라고 볼 수 있다. 왼손에는 복음서를 들고 있다. 동방 교회 전통의 성화에는 예수 그리스도의 사방에 네 복음서의 저자 모습이 늘 그려져 있다. 마태, 마가, 누가, 요한, 각 복음서 저자의 특성이 묘사된 것이다. 현실의 박해를 피하려고 이 동굴에서 살던 이들은 벽화에서 예수 그리스도의 모습을 보며 불편을 감수하며 살았을 것이다. 예수님은 부활하셨으며 우리와 함께 계시다고 확신했을 것이다.

기독교가 공인된 313년 콘스탄티누스의 밀라노 칙령 이후 박해는 사라졌다. 380년경 테오도시우스 황제에 의해 국교화까지 된다. 이유를 불문하고 종교가 한 나라의 국교가 된다는 것은 곧 세속화의 길로 들어서는 것을 의미한다. 깨어 있는 자들은 교회의 세속화로부터 거룩을 유지하기 위한 몸부림이 필요했다. 복음에 헌신한다는 것이 무엇인지 진지하게 고민하기 시작했다. 그래서 그들은 사막으로 나갔다. 개인적인 고독과 영적인 삶을 추구하기 위해서였다.

로완 윌리엄스Rowan Douglas Williams는《사막의 지혜The Wisdom of The Desert》에서 이들을 이렇게 평가한다.

"그들은 일찍부터 명망을 얻었지만 그 명망에서 벗어나고자 더 깊은 사막으로 들어갔습니다. 그들이 포기한 세상의 기준을 그들에게 들이댔을 때, 그들은 결코 성공한 개인이 아닙니다. 그러나 그들이 실제로 믿은 것을 두고 그들을 본다면 우리는 그들이 지닌 진정성 그리고 단순성에 깊은 울림을 얻고 감탄하게 될 것입니다. 그들은 도망자가 아니라 전사였고, 여행객이 아니라 순례자였습니다."[5]

이들이 광야와 동굴로 들어갔던 이유는 대체로 두 가지였다. 첫째, 대대적인 박해를 피해서였고, 둘째로 금욕과 절제를 위한 자발적 경건훈련 때문이었다. 교회사가들에 따르면, 250년경 데키우스의 박해 때부터 금욕주의자들 혹은 기독교 철학자들이 광야로 은둔

---

5   로완 윌리엄스, 《사막의 지혜》, 비아(2019), 9쪽.

히는 사례가 최초로 있었다고 한다. 이유가 무엇이든 그들은 광야와 동굴을 하나님나라로 삼았다.

필립 샤프Philip Schaff, 1819-1893년는 그의 책《교회사 전집History of the Christian Church》에서 이렇게 기록하고 있다.

"이집트와 시리아의 뜨거운 사막과 으스스한 동굴에서 금욕주의자들은 자기 고문의 고통을 감내하고, 자연적 욕구들을 억제하고 지옥의 괴물들과 끊임없이 싸움을 함으로써, 선조들이 박해 속에서 피의 죽음으로 좀 더 빠르고 쉽게 얻었던 하늘 영광의 면류관을 얻고자 노력했다."

이들은 하나님의 말씀에 단순하게 반응하기 위해 고통과 외로움과 고독의 장소로 나간 것이다. 하나님의 음성에 순종하기 위해 금욕과 절제의 삶을 선택한 것이기도 하였다. 그래서 '자기고문의 고통'이라고 표현한 것이다. 자발적 가난을 택했던 것이고, 인간이 지닌 욕망과 욕심을 제거하기 위해 몸부림친 것이다. 그들은 하나님의 말씀을 듣기 위해 잠잠히 기다리며 집중했다.

이러한 광야의 수도원 전통에는 종종 이단적 요소가 강하고 세상과 지나치게 구분하는 이분법적 모습도 보여 현대인이 수용하기는 쉽지 않다. 그들의 고립과 고독의 삶이 극단적 신비주의를 낳기도 했다. 그럼에도 불구하고 우리가 이 전통을 지금 이곳에서 겸허하게 수용할 수 있는 요소는 다른 것이 아니다. 광야의 삶이 초대교회가 가진 정결함을 유지하기 위한 순교자적 삶이요 자발적으로 받는 고난이었다는 점이다. 이를 한 마디로 표현하면 예수를 깊이 사랑하고 그분을 닮기 위한 몸부림이다. 이들이 나아간 광야와 동굴은 예수를 따르고 발견하기 위해 몸부림치는 장소였던 것이다. 이러한 순교자적 삶과 몸부림의 정신은 오늘 우리도 그대로 수용해야 할 것이다.

독일의 신학자 디트리히 본회퍼Dietrich Bonhoeffer, 1906-1945년는 순교자적 삶을 깊이 고민하고 몸부림쳤던 사람이다. 그의 책《나를 따르라Nachfolge》에서 이렇게 고백한다.

"이 모든 일 가운데서 예수의 사도들이 자신들의 고난을 통해 주님을 닮아간다는 확신보다 더 큰 위로가 되는 것은 없을 것이다 스승이 고난을 받듯이, 제자들도 고난을 받는다. 주님이 고난을 받듯이, 종도 고난을 받는다."

우리는 고난을 통해서 주님을 닮아간다. 그것은 우리에게 큰 위로가 된다. 그들을 본받아, 우리는 삶의 자리라는 동굴과 광야로 나아가 예수를 닮기 위해 순교자적 삶을 살아가고, 예수를 닮기 위해 몸부림친다.


## † 파샤바 계곡, 고독을 향하여

괴레메를 나와 다시 차를 타고 20여 분간 파샤바Pasabag 계곡으로 불리는 곳으로 이동하였다. 이곳의 별명은 '스머프 마을'이다. 버섯 모양의 기이한 암석들이 장관이다. 이곳의 별명은 또 있다. '수도사들의 마을'이다. 수도사들이 속세를 떠나 거룩한 삶을 유지하기 위해 고독을 향해 들어갔던 마을인 것이다. 현재는 관광지로 개발하고 있는 것 같다. 휴게실과 카페와 멋진 테라스가 설치되었다. 수도사들의 마을이라기보다 관광지가 되어가는 분위기다.

수도원 운동은 사실 이집트 사막을 배경으로 시작되었다. 역사가들은 대체로 성 안토니오스Antonius, 251~356가 270년경에 시작했다고 여긴다. 안토니오스가 가는 곳마다 사람들이 몰려들었다. 그는 설교하고 가르친 다음 다시 사람들이 없는 광야의 고독 속으로 들어갔다. 그러나 그곳으로 사람들이 따라왔다. 결국 사람들이 몰려온 곳에 수도원이 세워졌다. 이러한 수도원 운동이 시작되고 퍼져간 곳이 바로 소아시아 지역의 갑바도기아다.

소아시아 지역의 수도원들은 4세기에 이르러 본격적으로 시작된다. 특별히 성 바실레이오스 같은 이들은 수도원에서 공동의 규칙을 세우며 공동체로 살아가도록 하였다. 이들의 목적은 완전한 덕, 이른바 완덕(完德)으로 나아가는 것이다. 완전한 덕으로 나아가기 위해 먼저 함께 살아가는 공동체가 필요했다. 공동체에서 순종과 겸손과 사랑이 나오기 때문이다. 그들은 절제와 금욕의 삶을 살았다. 절제와 금욕은 자기의 욕망과 의지를 제거하는 데 가장 필요한 훈련이기 때문이었다. 그리고 노동과 기도를 중시했다. 기도는 자기의 영혼을 돌보는 것이요 노동은 영적인 삶의 기본적인 뼈대였다.

이야기가 나온 김에《사막교부들의 금언집》에 등장하는 완덕에

○
수도사들이 거룩한 삶을 유지하기 위해 들어갔던
파샤바 계곡의 버섯 모양 암석들.

대한 교부들의 이야기를 몇 가지 소개하고 싶다.

어떤 자가 원로인 압바 안토니오스에게 이렇게 질문했다.

"무엇을 지켜야 내가 하나님을 기쁘시게 할 수 있는지요?"

그러자 원로는 이렇게 대답했다.

"내가 그대에게 명하는 것을 지키시오. 그대가 어디로 가든 항상 그대 눈앞에 하나님을 모시고 살아야 하오. 거룩한 성경이 증거하는 바를 지키시오. 그대가 어디에서 살든지 경박하게 옮겨 다니지 마시오. 이 세 가지를 지키시오. 그러면 그대는 구원받을 것이오."**6**

완덕이란 사실 그리스도인에게 부담되는 말이다. 우리는 행위로 완전에 이를 수 없다고 믿기 때문이다. 하지만 그 결과 믿음과 삶이 분리되었다. 믿음으로 의롭다 함을 얻었기 때문에 구원의 확실함이 일상의 경건을 터부시하는 경향을 만든 것이다. 물론 완덕은 이상 (理想)이다. 우리 힘으로 이룰 수 없는 것이다. 그렇다고 완덕을 포기할 수는 없다. 그리스도인은 믿음과 삶이 하나가 되어야 한다. 그리스도를 본받아 겸손과 사랑과 순종의 삶을 살아야 한다. 일상을 하나님나라처럼 살아가야 한다.

사막교부들은 완덕을 위해 동굴로 들어갔다. 그리고 절제하며 금욕하였다. 하지만 오늘날 완덕을 이루는 삶이 어디에서 가능할까? 그들처럼 광야나 동굴로 들어가야 할까? 삶을 버리고 공동체 생활을 해야 할까? 나도 그랬지만, 요즘엔 전적으로 복음을 위해 자신을 바치겠다고 하는 이들은 광야의 수도원이 아니라 신학교에 가서 전문 신학교육을 받는다. 이제는 빠르게 돌아가는 세상이다. 손에 스마트폰이 있고 노트북이 들려 있는 편리한 세상이다. 귀에 시끄러운 노랫소리와 정신없이 돌아가는 영상들 속에서 하나님의 말씀에 순종하는 삶을 살아가기란 쉽지 않다. 과연 나는 이 여행을 마치면 이

---

6  남성현 옮김, "사막교부들의 금언집", 《기독교 고전총서 제8권》, 두란노아카데미(2011), 31쪽.

런 일상의 삶으로 되돌아가 그리스도의 형상을 닮아가는 완전한 덕
을 이룰 수 있을까?


## † 어디서나 하나님의 임재를 느끼고 싶다

우리는 어디서나 하나님의 임재를 느끼고 싶다. 그래서 교회라는 공
동체로 모이지만, 순종과 겸손과 사랑을 나누기보다 이기심과 욕심
이 가득하다. 세상에선 합리와 과학이 하나님의 자리를 빼앗아 버렸
다. 조용한 파샤바 계곡의 암석들 사이에서 잠깐 하늘을 쳐다보며
머물러 보았다. 고독과 외로움을 느낄 겨를이 없는 살아가는 시대
속에서 나는 어떻게 하나님의 음성을 듣고 하나님의 말씀으로 살아
갈 수 있을까?

대자연의 장엄함 앞에서 인간은 한낱 먼지에 불과하다. 그래, 맞
다. 인간은 먼지다. 수도자들의 계곡에서 내가 먼지였음을 깨닫는다.
단순함이란 내가 먼지로 지어진 존재라는 것을 인정하는 것이다. 그
래서 수도사들은 모래 먼지 속으로 들어가고 바위의 먼지 속으로 들
어갔다. 먼지와 같은 존재라는 것을 빨리 깨닫는 위치로 말이다.

교부들의 이야기 중에서 하나 더 소개한다.


누군가 한 원로에게 물었다.

"어떻게 해야 수도자가 됩니까?"

그가 대답하였다.

"내 견해로는 홀로 자기 자신을 대면해야 수도자가 될 수 있다네."

또 한 원로에게 물었다.

"내가 사막을 돌아다닐 때에 왜 두려움을 느끼게 됩니까?"

그가 대답했다.

"그대가 아직 살아 있기 때문이라네."[7]


수도란 모름지기 자신을 독대하는 일이다. 그리고 자아를 죽이는 일이다. 먼지로 되돌아가는 작업이다. 그래서 두려움조차 느끼지 못하는 상태로 나아가는 것이다.

사막교부들은 넓은 세속을 피했다. 좁고 제한된 영역으로 나아갔다. 하나님을 찾고 연결될 만한 곳이라면 어디든 찾아갔다. 하나님께 모든 촉각을 세우고 그분과 연합되는 일에 집중하는 삶을 사는 것, 그것이 바로 수도일 것이다. 지금 우리는 그런 곳을 찾아야 한다. 로완 윌리엄스의 말대로 하나님과 연결되고 숨쉴만한 공간을 찾는 일에 전념하는 것, 이것이 지금 사는 곳에서의 수도의 삶이며 우리에게 요구되는 일이다. 그래서 수도의 삶은 부단히 고독으로 들어가는 것이다. 하나님을 갈망하는 고독으로 들어가는 삶 말이다. 그러나 우리는 일상을 살면서 외로움을 너무 두려워하고 벗어나려고

---

[7]  남성현 옮김, 앞의 책, 417쪽.

만 한다.

지그문트 바우만Zygmunt Bauman, 1925-2017은《고독을 잃어버린 시간 44 Letters from the Liquid Modern World》이라는 그의 책에서 이렇게 말한다.

"당신이 그러한 고독의 맛을 결코 음미해본 적이 없다면 그때 당신은 당신이 무엇을 박탈당했고 무엇을 놓쳤으며 무엇을 잃었는지조차 알 수 없을 것이다."

따끔한 충고이다. 하지만 고독으로 들어가는 것은 여전히 쉽지 않다. 분주한 우리의 일상에서는 더더욱 그렇다. 그러나 그리스도인은 고독 속으로 부르시는 하나님의 음성을 외면할 수 없다. 하나님의 말씀을 읽고 깊이 묵상하는 고독 속으로, 깊은 영적 여행의 길로 들어가는 기도의 고독 속으로, 새벽 고요한 시간에 예배당으로 가는 길로 우리 하나님은 우리를 부르신다. 어떤 이들은 이런 삶을 광야라고 말한다. 영혼의 어두운 밤이라고도 말한다. 그러나 우리가 그런 삶을 살아갈 때 가장 가까이 계시는 주님을 만난다. 그 깊은 맛을 맛본 이들은 기꺼이 광야로 간다. 어두운 밤으로 자원해 들어간다. 그 맛은 무엇일까? 우리 주님께서 가장 가까이 계시며, 우리에게 들려주시는 말씀의 달고 오묘함이 아닐까. 그래서 하나님은 우리를 고독과 기도의 삶으로 부르신다. 나도 그렇게 되기를 원하지만, 당신도 기꺼이 그곳에 들어가기를 축복한다.

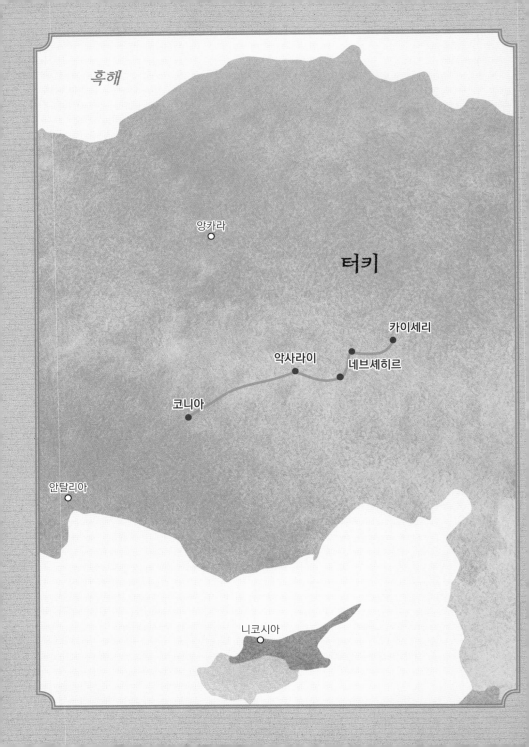

흑해

양카라

터키

카이세리

악사라이          네브셰히르

코니아

안탈리아

니코시아

CHAPTER 3

|

# 데린쿠유 지하도시,
## 성도의 신앙 따라서

파샤바의 장엄한 광경을 뒤에 두고 또 떠나야 했다. 하지만 자꾸 뒤
를 돌아보게 되었다. 눈으로 마음으로 담고 싶어서였다. 다시 내 삶
으로 돌아가면 하나님과 긴밀하게 연결되는 삶, 하나님의 음성에 집
중할만한 곳을 찾아 살리라는 결단을 하며 버스에 올라탔다. 이제는
데린쿠유Derinkuyu로 향한다. 데린쿠유는 괴레메 야외 박물관에서 남
쪽으로 33킬로미터 떨어진 곳에 있다. 약 1시간여 버스를 타야 한
다. 데린쿠유는 2만여 명이 살 수 있는 엄청난 크기의 지하 도시라
고 알려져 있다. 지금은 유적지로서 사람은 살지 않는다. 그곳의 입
구는 성인 한 명이 겨우 들어갈 수 있을 정도로 작다. 그러나 놀랍게

도 약 85미터 깊이까지 내려갈 수 있으며, 마굿간을 비롯하여 각종 창고, 곡식저장고, 식당과 학교, 예배당까지 있었다. 특별히 도시 중앙에는 지상으로 이어지는 환기구가 설치되어 있어서 공기가 유입되고 다시 나갈 수 있도록 하였다. 데린쿠유는 농장에 사는 한 어린이가 닭을 좇다가 우연히 발견했다고 한다.

## † 지하도시의 십자가 공간

데린쿠유가 건설된 시기는 대체로 로마 비잔틴 제국 이전부터라고 추정된다. 오랜 역사를 가지고 있다. 이곳에 살던 그리스도인들은 로마 제국의 대대적인 박해를 피해 이 지하 도시로 숨어든 이들이었다. 그 지역은 11세기 초에 오스만 투르크에 의해 또 정복당하고 마는데, 잔인한 전쟁과 이슬람의 박해를 피해 지역 주민들과 그리스도인들이 이곳에 함께 숨어 지냈다. 역사적으로 보나 여러 정황으로 보건대 이곳은 주로 그리스도인들의 주거지요 은신처로 이용되었을 것이다. 신앙을 지키기 위한 몸부림이 녹은 곳이며, 공동체를 이루며 사는 것이 어떤 것인지 알려주는 곳이다.

　지하 도시로 내려가 보았다. 어두운 통로를 내려가야 한다. 혹 공황장애가 있거나 어두운 공간에 대해 두려움이 있는 사람이라면 가지 않는 게 좋다. 그러나 생각보다 어렵지 않은 것이, 천천히 가다보면 곧 넓은 공간이 나오기 때문이다. 색다른 경험을 위해 용기를 낼 필요가 있다.

　나는 순례팀의 인솔자로서 팀의 후미를 지키며 앞사람을 따라 지하로 내려갔다. 한 외국인이 아래에서 올라오다 우리를 만났다. 한국인의 무리가 내려오니 외국인은 통로의 중간 좁은 틈에 잠깐 피신했다. 우리가 다 내려오면 올라가려는 배려였던 것이다. 그런데 아무리 기다려도 사람들이 계속 내려오니 조금 당황했는지 위에 내려올 사람이 아직 많으냐고 물었다. 사람들이 끝없을 것처럼 내려오는 모습을 본 외국인은 표정에서 당혹스러움을 감출 수 없었다. 그 외국인은 입구까지 잘 올라갔을까?

　좁은 통로를 내려가는 것은 여간 힘든 일이 아니었다. 허리에 통증까지 왔다. 나처럼 키가 큰 사람은 이런 곳에 살기에 적합하지 않다고 느꼈다. 내려가는 길에 벽에 손을 대어보다 우연히 십자가가 만져졌다. 옛 성도들이 좁은 통로에서 왕래하던 중, 그 외국인처럼 통로에서 사람들의 행렬을 만나 그들이 다 내려올 동안 기다리기도 뭐하고 해서, 잠깐 기도를 하며 벽에 십자가 성호를 그은 것인지도 모르겠다. 초대교회 그리스도인들이 이곳을 드나들 때, 믿음의 고백으로 인자와 자비를 베푸신 하나님께 감사하며 그어 놓은 표시일지도 모른다. 아니면 이곳을 방문한 순례객이 데린쿠유에 살던 신앙의 선배들의 모습에 은혜를 받아 그어 놓은 존경의 표시일지도 모르겠다. 하여간 이런 통로에 십자가가 왜 그어져 있는 것일까? 정체불명의 십자가 흔적을 보고 무언가 묵상하려는 내 시도가 우습게 느껴졌다. 어쨌든 여기서 만난 십자가가 반가웠다. 그리스도인은 십자가의 흔적만 봐도 은혜를 느낀다.

윤동주 시인의 시《십자가》가 기억났다. 시인은 우연히 길을 걷다가 해질녘 교회 꼭대기 십자가에 걸린 해를 보았다. 십자가 아래에서 자신이 감당해야 할 희생과 희망을 나지막이 묵상했다. 그리고 고뇌하며 갈등했다. 현실을 직시했기 때문일 것이다.

십자가[8]

쫓아오던 햇빛인데
지금 교회당 꼭대기
십자가에 걸리었습니다.

첨탑이 저렇게도 높은데
어떻게 올라갈 수 있을까요.

종소리도 들려오지 않는데
휘파람이나 불며 서성거리다가

---

8  윤동주, 《하늘과 바람과 별과 시》(1941).

괴로웠던 사나이,
행복한 예수 그리스도에게처럼
십자가가 허락된다면

모가지를 드리우고
꽃처럼 피어나는 피를
어두워가는 하늘 밑에
조용히 흘리겠습니다.

그리스도인은 왜 십자가에 집중하는 것일까? 그리스도인이 살아가는 데 십자가는 필수 불가결한 것이기 때문이다. 아니, 십자가는 그리스도인의 전부다. 사도 바울은 이런 십자가를 미련한 것이라고 말한다. 그러나 그리스도를 믿는 자들에겐 능력이라고 역설한다. 십자가는 세상 사람들에게는 거리끼는 것이 분명하니 미련하다. 십자가는 인간이 고안해낸 가장 혐오스럽고 잔인한 형벌의 도구이기 때문이다. 그러나 십자가는 영광이다. 왜냐하면 하나님께서 거기에 달리셨기 때문이다. 십자가는 능력이다. 하나님께서 십자가로 인간들을 구원하셨기 때문이다. 십자가는 신비다. 우리가 그리스도와 함께 연합하여 십자가에 달려 우리 옛자아의 죽음을 경험했기 때문이다. 십자가는 이래서 그리스도인의 모든 것이다.

그리스도의 십자가는 데린쿠유와 같은 곳에서는 더구나 능력이 되어 살아갈 토대와 힘을 제공했을 것이다. 비록 어두운 감옥 같은 지하에 발을 딛고 살아가지만 시선은 하늘을 보게 했을 것이다. 그래서 십자가는 능력이 된다. 그 좁은 통로의 벽에 그어진 십자가를 보며, 내 삶에도 그 십자가가 새겨지기를 간구했다.

## † 지하 가장 깊은 곳의 예배당

몸을 구푸려 좁은 통로를 더 내려갔다. 밖은 덥고 통로는 좁아도 암석으로 된 동굴이라 시원하다. 30분 정도 내려가니 커다란 공간이 나타났다. 독특한 공간이다. 가운데에 큰 통로가 있고 좌우로 방이 하나씩 있다. 누가 봐도 그곳은 십자가 형태의 예배당이다. 데린쿠유의 가장 깊은 곳에 예배당이 있는 것이다. 이 예배당으로 오려면 좁은 통로를 한참 지나 가장 깊숙한 곳까지 들어가야 한다.

우리는 평소 예배당으로 가기 위해 차를 타고 넓은 도로를 달리거나 탁 트인 길을 걸어간다. 자가용을 이용할 경우 주차장이 잘 구비된 교회를 선호한다. 교회를 정할 때 집 근처면 좋고 멀어도 가급적 교통이 편한 위치에 있기를 바란다. 그렇게 편하게 교회에 가서는, 자리에 앉아서 조는 둥 마는 둥 찬송가를 부르고 말씀을 듣고 헌금하고 축도를 받으면 그것으로 예배 잘 드린 것이라고 만족한다. 그렇게 또 한 주간을 산다. 그러나 그리스도인의 예배는 사실 죽음과 밀접한 관련이 있다. 죽어야 살고 부활한다.

○
가운데 커다란 통로가 있고 좌우로 방이 하나씩 있는데
누가 봐도 이곳은 십자가 형태의 예배당이다.

그리스도인의 모든 예배는 사실상 현실을 넘어 비현실적 삶과 관련이 있다. 하나님나라 말이다. 그래서 예배에서 하나님나라를 맛보아야 한다. 예배당을 들어올 때는 죽음을 경험하며, 나갈 때는 부활의 능력을 입고 나가야 한다. 그것이 예배다.

나는 어쩌면 세상에서 가장 예배다운 예배는 데린쿠유의 지하 예배당에서 드리는 것이라고 믿게 되었다. 예배를 드리러 예배당으로 가기 위해 좁은 통로로, 깊은 곳으로 한참을 힘들게 내려가야 한다. 그것도 땅 속 깊은 곳으로 말이다. 죽음을 경험하는 일이 아닐 수 없다. 그 어둠과 죽음 같은 분위기에서 예배를 드리며 천상을 맛본다. 아이러니하게도 땅속 깊은 곳에서 하나님나라를 맛보는 것이다. 그리고 부활의 능력을 입으니 이 예배를 어디에 견줄 것인가!

순례팀은 이 조용한 장소에서 찬양을 불렀다. 찬송가 336장이었다.

환난과 핍박 중에도 성도는 신앙 지켰네
이 신앙 생각할 때에 기쁨이 충만하도다
성도의 신앙 따라서 죽도록 충성하겠네

그리고 함께 침묵으로 기도하며 신앙의 결단을 하였다.

"우리 주 예수 그리스도의 은혜와 하나님의 사랑과 성령의 교통하심이 너희와 영원히 있을지어다."

데린쿠유의 예배당에서 이 축도를 받은 이들은 예수 그리스도께서 우리와 함께 계심을 깊이 느끼며 다시 좁은 통로를 올라 동굴 밖으로 올라갔을 것이다. 그리고 일상을 살아갈 것이니 그 일상은 달랐을 것이다. 이것이 그 시대에 이곳에서 살아간 성도들의 예배였다. 우리의 예배는 어떠한가? 고민이 되지 않을 수 없었다. 우리는 세상을 살아갈 동력을 과연 어디에서 얻는가?

우리는 예배를 드린 다음, 그곳을 나와 조금 높은 곳으로 올라갔다. 학교가 있던 곳이라고 한다. 이 지하 도시에 학교라니…. 신학교였거나 최소한 성경학교였을 것으로 추정하는 공간이다. 이런 지하 도시에 학교가 존재했다는 것이 흥미로웠다. 그들이 이곳에서 물려준 것은 재물이 아니었을 것이다. 성경과 역사를 전했을 것이다. 우리는 누구이며, 왜 여기에 있는지 가르쳤을 것이다. 기억하게 만들기 위해서였다.

기억으로서의 역사를 가르치는 일은 중요하다. 거꾸로 말하면 역사 교육은 기억이라는 무기를 전수하는 것이다. 기억이야 말로 가장 무서운 무기라고 하였기 때문이다. 우리의 선배들도 일제의 침략 속에서 가장 큰 과제로 삼았던 것은 후학을 양성하는 것이었다. 학교에서는 민족의 정체성을 가르쳤다. 우리나라, 우리 민족이라는 기억을 물려주려는 것이었다. 교회에서도 민족의 얼인 한글과 역사를 가르쳤다. 그것을 성경을 통해 가르쳤을 것이다.

## † 환히 보이는 세상을 어떻게 보았을까?

학교 공간에서 나와 다시 좁은 통로를 올라갔다. 앞선 사람들이 올라가기를 기다리고 올라가기를 반복해 드디어 입구로 나갔다. 밝은 빛을 보자 빛에 대해 감사한 마음이 저절로 느껴졌다. 빛은 그냥 감사한 것이다.

어두운 공간에 있다가 빛을 본 우리는 행복했다. 그러나 마냥 행복하지는 않았다. 세상이 보였기 때문이다.

지하 예배당에서 예배를 드린 성도들은 올라오자마자 빛으로 인해 환히 보이는 세상을 어떻게 바라봤을까? 마치 우리가 예배를 드리고 난 다음 예배당 문이 열리며 세상을 바라볼 때, 수련회에서 은혜를 깊이 받고 이제 믿음으로 세상을 살아가야겠다고 결단하며 집으로 가서 초인종을 누르고 들어갔을 때, 그럴 때 느꼈을 마음과 비슷했다.

지하 도시를 나와 빛 가운데 바라본 세상은 내게 오히려 무거움을 안겨주었다. 분명 세상은 녹록치 않고 두려움이 가득한 곳이지만, 그러나 영원히 함께 하실 예수 그리스도 때문에 살맛나는 곳이 된다. 이 축복의 기도를 가슴에 새겼기 때문이다.

"우리 주 예수 그리스도의 은혜와 하나님의 사랑과 성령의 교통하심이 너희와 영원히 있을지어다."

# CHAPTER 4

# 비시디아 안디옥,
## 결단의 장소에서

데린쿠유에서 나와 버스로 159킬로미터 정도 서쪽으로 2시간가량 이동하면 코니아Konya가 있다. 로마시대에는 이곳을 이코니움Iconium 이라고 하였다. 코니아에서 하루를 보내고 이튿날 얄바츠Yalvac으로 향했다. 코니아는 성경에서 이고니온으로, 얄바츠는 비시디아 안디옥으로 표기된 곳이다. 현재 코니아는 굉장히 보수적인 무슬림들이 거주하는 도시이다. 이곳 무슬림들의 성향은 영적이며 신비주의를 추구하는 것으로 알려져 있다.

성경에서 이고니온은 여섯 차례 등장한다(행 13:51; 14:1,19,21; 16:2; 딤후 3:11). 특별히 사도행전 14장을 보면 바울과 바나바 두 사도가 이고니온의 유대인 회당에 들어가 복음을 전한 것으로 기록돼 있다. 그러자 유대와 헬라의 허다한 무리가 예수를 믿게 된다. 그 복음에 순종하지 아니한 유대인들이 두 사도에게 악감정을 품게 된다. 결국 두 사도에게 돌로 치려고 달려드니 사도들이 알고 루스드라와 더베와 근방으로 도망하여 그곳에서 복음을 전한다. 이로 보건대 이고니온은 복음에 매우 적대적인 유대인들이 살고 있던 곳이다.

저녁식사를 한 후에 잠깐 코니아, 즉 이고니온 도심으로 나왔다. 저녁의 코니아는 한적한 시골 도시의 모습을 그대로 지니고 있다. 도시는 전체적으로 약간 매캐한 연탄 냄새를 풍겼다. 호텔 근처에 큰 모스크가 있었다. 새벽에 이곳에서 울리는 아잔adhan 소리에 잠이 깼다는 이야기를 들었지만, 나는 깊이 잘 잤다. 잠은 역시 하나님께서 사랑하는 자에게 주시는 은혜인가보다. 이곳을 떠나 얄바츠로 향한 것이다. 비시디아 안디옥 교회 터가 있는 곳이다.


## † 비디시아 안디옥, 결단의 장소

얄바츠의 비시디아 안디옥 교회 터로 가는 길에 시원한 바람이 불었다. 비가 올 것 같은 날씨였다. 그러나 뜨거운 태양 볕이 내리쬐는 것보다 바람도 불고 선선한 것이 이 지역에선 더 좋은 것 같다.

사방이 온통 돌이다. 터키와 그리스 여행은 돌만 보고 오는 여행이라는 말이 있다. 이렇게 돌이 많은 도시는 본 적이 없다고 다들 말한다. 심지어 우리 순례팀의 터키여행 현지 한국인 가이드의 이름마저 임석(林石)이었다. 우리는 돌만 보는 것이 아니라 안내자마저 돌이라고 웃기도 했다.

돌밖에 없는 옛 도시에 우리는 무엇을 보러 가는 것일까? 순례여행을 가기 얼마 전 가깝게 지내는 형을 만났다. 그 형에게 터키 그리스 순례여행을 간다고 자랑했다. 형은 "야! 다 무너진 교회 터랑 돌들밖에 없을 텐데, 거기 뭐 볼 게 있다고 가냐?" 하고 타박했다.

"형, 그거 보러 가는 거죠. 다 무너진 교회 터를 보러 가는 거예요. 가서 중요한 건 돌로 지은 건물이 아니라 사람이라는 걸 깨닫고 오려는 것이죠."

맞다. 우리는 다 무너진 옛 교회 터를 보고 허무함만 느끼다 오려고 그곳에 가는 것이 아니다. 무너진 건물의 잔해를 보며 '하나님께서 무엇을 중요하게 여기셨을까?'를 깨닫고 오기 위해 이곳에 왔다. 결국 하나님은 이 땅에 돌만 남는 건물이 아니라 사람을 남기셨다.

이전의 우리는 교회를 세우는 것이 하나님나라의 확장이라고 생각하였다. 그래서 여기저기에 교회당을 세웠고 그것으로 하나님나라의 확장을 꿈꾸었다. 그러나 하나님께서는 성령을 통해 사람 안에 하나님나라를 세우셨고, 그 나라의 확장은 결국 건물이 아니라 겨자씨 같고 누룩 같은 보잘 것 없는 한 사람을 통해 이루어진다는 것을 깨닫기 원하셨다. 그래서 이제 우리는 교회를 세우는 것이 하나님나라 확장의 전부는 아니라고 믿는다. 겨자씨 같고 누룩같이 작고 보잘 것 없는 미물이지만, 오직 하나님의 뜻을 이 땅에 성취하는 삶을 살아가는 사람들, 말씀에 복종하고 순종하는 이들을 세워 그들이 사는 곳에서 복음을 살아냄으로써 영향력을 발휘하고 하나님 나라의 삶을 이루어내는 것, 그것이 바로 하나님나라의 확장이라고 믿는다. 그래서 예수 그리스도를 진실하게 영접하고 성령이 내주하는 그리스도인은 있는 곳에서 예배를 드린다. 예배는 하나님의 임재를 맛보는 것이므로 삶의 자리에 하나님의 임재가 넘치게 하는 것, 그것이 우리의 사명이다.

그레고리 비일Gregory K. Beale은 그의 책《성전신학》에서 요한계시록 21장과 22장을 통해 하나님의 임재가 온 세상을 가득 채우게 될 것을 묵상한다. 그는 이렇게 밝힌다.

"교회인 우리도 세상의 그늘 아래에서 나와 하나님의 말씀과 기도 안에만 머물고, 그분의 성전인 교회 안의 다른 신자와 교제하면서 그분의 임재의 빛으로 들어가지 않는다. 교회의 참된 표지는 하나님의 임재를 먼저 자기 가족에게, 이어서 교회 안의 다른 사람에게, 나중에는 자기 이웃과 자기 도시와 자기 나라에, 궁극적으로 온 세상에 전하는 것이다. 하나님이 우리에게 은총을 주셔서 널리 퍼져나가는 그분의 성전으로 하여금 세상을 향해 나아가게 하시고, 그분의 임재를 확장시키기를 소망한다."[9]

---

9   그레고리 비일, 《성전신학》, 새물결플러스(2014), 549쪽.

건물이 먼저가 아니라 사람을 세우는 것이 먼저다. 교회가 먼저가 아니라 하나님나라가 먼저다. 성지순례는 이렇게 하나님께서 무엇을 중요하게 여기셨는지를 보고 깨닫기 위해 떠나는 여행이다.


## † 비시디아 안디옥 교회 터로 가는 길

걸으면서 많은 돌들을 구경하며 유적지로 올라갔다. 정리가 다 되지는 않았지만, 이곳이 당시엔 거대한 도시였음을 추측하게 만드는 유적들이 길 좌우에 많았다.

얄바츠 지역은 남쪽 갈라디아에 속해 있다. 이곳에는 비잔틴 로마 제국 시대의 유적들이 있다. 비시디아 안디옥은 알렉산더 대왕 사후(死後) 셀레우코스 1세 니카토르Seleukos I Nicator가 BC 301년에 세운 도시이다. 그의 칭호인 니카토르는 '승리왕'이라는 뜻이다. 셀레우코스는 자신의 아버지 안티오코스의 이름을 따서 이곳을 안티옥(또는 안디오케이아)이라고 명명하였다. 그리고 BC 25년 아우구스투스Augustus, BC 63 - AD 14 황제 시대에 이르러 이곳은 로마의 식민지이면서 퇴역한 로마 군인들이 거주하여 아주 번성한 로마식 도시가 된다. 명실상부 로마 황제의 도시가 된 것이다. 그래서인지 한눈에 둘러보아도 유적들은 이곳이 고대 로마의 큰 도시였다는 것을 짐작할 수 있게 했다. 하지만 지금은 한적한 시골 마을이라 찾는 이도 별로 없는 곳이 되었다. 하지만 한적해서 오히려 내 마음에 들었다.

이 지역의 높은 곳에 아우구스투스의 신전 터가 있다. 규모로 볼 때 작지 않은 신전이었다. 이곳에 황제의 신전 터가 있다는 것은, 이 지역이 지금처럼 시골마을은 아니었다는 증거이다. 신전 터로 올라가는 길목에 비잔틴 시대의 야외극장과 교회 터가 있다. 로마인은 도시를 세울 때 목욕탕과 야외극장을 만들었다. 목욕탕을 보면 당시 도시 건설 기술과 상수도 구조가 어떠했는지 살펴볼 수 있다. 야외 공연장을 통해서는 당시의 문화와 관습이 어땠는지 살펴볼 수 있다. 이곳은 말 그대로 도시였다. 상인들이 활발하게 움직였을 것이다. 지금은 한적한 시골도시이지만 말이다.

아우구스투스 신전 터에서 내려와 아래쪽으로 둘레 길을 따라가면 바울기념교회 터가 나온다. 바나바가 비시디아에서 안식일에 회당을 찾아갔는데(행 13:14), 그 회당 자리로 추정되는 곳이다. 이 일이 일어나기 전의 기록인 사도행전 11장은 베드로가 욥바에 살고 있는 이방인 백부장 고넬료를 만난 일을 예루살렘 교회에 보고하는 이야기로 시작한다. 이 사건은 사실 굉장히 중요하다. 이방인 선교에 대한 당시 교회의 공식 입장이 세워진 사건이기 때문이다.

당시 예루살렘 교회는 할례받은 유대 그리스도인이 다수를 차지했다. 그런데 베드로가 고넬료라는 이방인과 교제하고 함께 식사한 것에 대해 교회가 비난했다. 심지어 베드로가 고넬료에게 세례까지 주었다. 베드로는 그 일을 예루살렘 교인들에게 상세히 전한다. 성령께서 고넬료와 그 가정에 임하신 사건도 보고한다. 그 이야기를 들은 교인들은 하나님께서 이방인들에게도 생명에 이르는 회개의 기회를 주신 것이라고 여기기 시작했다.

베드로는 탁월한 설교자였다. 얼마나 상황묘사를 잘했을지, 그리고 그 이야기를 들은 교인들이 얼마나 은혜를 받았을지 상상해본다. 이 이야기를 들은 교인들은 즉시 행동으로 옮긴다. 이후 그들은 수많은 이방인들이 하나님께 돌아오는 역사를 듣게 된다. 우선 바나바를 안디옥으로 보냈다. 수리아의 안디옥이다. 바나바는 사람들이 하나님의 은혜로 예수를 믿게 된 것을 보고 기뻐하였다. 모든 사람에게 믿음을 견고하게 가질 것을 권하였다. 많은 이들이 얼마나 큰 격려와 위로를 받았을지 상상이 된다. 그 후 바나바는 사울을 찾으러 다소로 간다. 그리고 사울을 데리고 안디옥으로 돌아왔다. 그곳에서 함께 1년간 힘써 하나님의 말씀을 가르쳤다. 그곳의 제자들이 처음으로 '그리스도인'이라는 말을 듣게 되었다. '예수쟁이'라는 말이었다. 안디옥에서 그리스도인이라고 불린 것은 사실 비아냥이었다. '그리스도인'은 그리스도인들이 스스로 정한 것이 아니라 외부에서 붙여준 별칭이었다.


† 우리 삶에도 예수가 보인다면

'예수쟁이' 하니까 생각나는 이야기가 있다. 우리나라 초기 기독교 역사에도 비슷한 이야기가 있는 것이다. 한국교회사가 옥성득 교

○

바울처럼 사명을 다짐하고 믿음의 결단을
되새기게 한 바울기념교회 터.

남아 있는 돌무더기는 교회가 건물보다
사람이 먼저임을 생각하게 만들었다.

수가 쓴 '예수 온다 예수 지나간다(함흥, 1898)'라는 글에 의하면, 1896년부터 소왈론William L. Swallen 선교사는 함경도 함흥에서 함흥 읍내교회를 설립하고 사역을 했다. 신창희 씨의 부인이 예수를 영접한 이후 함흥읍내교회는 1897년에 이르러 교인이 12명으로 늘어난다. 그러자 함흥 감사가 외국 종교의 탈을 쓴 예수교인들을 체포하여 처벌하라는 명령을 내리게 된다. 그리고 배교를 명한다. 그러나 교인들은 감사의 명을 거부한다. 사람들은 예수쟁이라고 험담하기 시작했다. 교인들은 자신들을 예수쟁이라고 욕하는 말을 아주 기쁘게 들었다. 이후 사람들은 길에서 예수교인을 보면 "예수 온다! 예수 지나간다!"라고 말했다. 사람들의 눈에 그리스도인들이 예수로 보였기 때문이었을까? 아니면 그들의 삶이 온통 예수로 충만했기 때문이었을까? 최권능 목사崔權能, 1869-1944처럼 입만 열면 '예수천당'을 외쳤기 때문이었을까? 하여튼, 안디옥교회가 '그리스도인'이라는 말을 기쁘게 들었던 것처럼 우리 믿음의 선조도 '예수쟁이'라는 말을 기쁘게 들었던 것이다. 우리의 삶에도 예수가 보인다면 얼마나 좋을까?

이후 바울과 바나바는 선교팀이 되어 파송을 받는다. 사도행전 11장에 글라우디오 황제 때 큰 흉년이 든 기록이 있다. 안디옥교회 교인들은 각자 힘이 닿는 대로 헌금을 하여 예루살렘교회에 보내기로 결의하고, 바나바와 바울을 선택하여 예루살렘교회 장로들에게 보냈다. 예루살렘교회는 흉년으로 경제적 어려움이 닥치고, 베드로가 갇히고 야고보가 순교하는 사건이 일어나는 박해로 인해 불안이 가중되는 시점이었다. 이때 바울과 바나바가 예루살렘을 방문하여 위로하고, 마가 요한을 데리고 다시 안디옥으로 돌아오면서 바울은 확실히 지도자로서 자리매김을 하게 된다. 결국 사도행전 13장을 보면 안디옥교회는 바울과 바나바에게 안수하고 선교사로 파송하게 된다. 이들은 실루기아로 내려가 배를 타고 키프로스(구브로)로 건너간다.

바울 일행은 온 섬을 두루 다니다가 살라미에 이르러 바예수라는 유대인 거짓 선지자를 만난다. 그와 함께 있던 서기오 바울이라 하는 총독이 바울을 초대해 하나님의 말씀을 듣고자 한다. 이때 엘루마라는 마술사가 총독 서기오 바울이 예수를 믿으려는 것을 방해한다. 바울이 그를 꾸짖으며 맹인이 될 것을 선포하자 그가 주변을 더듬으며 인도할 자를 찾는다. 이를 본 총독이 예수를 믿게 된다.

바울 일행은 살라미에서 배를 타고 밤빌리아의 버가로 갔고, 이때 마가 요한은 예루살렘으로 돌아간다. 마가 요한은 바나바의 조카였다. 마가 요한은 왜 돌아가려 했을까? 마가 요한의 귀향을 통해 몇 가지 추측할 수 있는 것 중 하나는, 그가 부유한 집 아들로서 고된 선교여행에 지쳐 집으로 돌아가려 했다는 것이다.

마가의 다락방으로 알려진 오순절 성령의 역사가 일어난 장소는 120명이나 되는 이들이 모여 기도할 수 있을 만치 큰 다용도실이었다. 그가 부유한 집 아들이었다는 것을 입증해주는 대목이다. 말하자면, 그는 고생 한번 안 해본 '귀한 집 자녀'였던 것이다. 그러니 쉽지 않은 선교여행 때문에 도망을 간 것이다. 결국 이 일로 바나바와 바울은 크게 싸우고 헤어지게 된다(행 15:37-39). 훗날 마가는 로마로 가서 사도 베드로의 수행원으로 섬긴다(벧전 5:13). 전승에 따르면, 마가는 베드로 곁에서 그의 설교들을 묶어 복음서를 제작하였는데, 그것이 마가복음이다.

그러면 사도 바울과 마가는 훗날 어떤 관계를 가지게 되었을까? 중도하차한 그를 두고 바나바와 싸웠기에 바울은 여전히 마가가 미덥지 않았을 것이다. 그런데 놀랍게도 바울과 마가의 행적은 아리스다고와 함께 갇힌 감옥에서 발견된다(골 4:10; 몬 1:24). 아마 마가는 감옥에서 바울을 아주 잘 섬겼을 것이다. 그래서인지 바울은 훗날 디모데에게 남긴 유언에서 이렇게 말한다. "누가만 나와 함께 있다. 네가 올 때에 마가를 데리고 오너라. 그가 나의 일에 유익하다"(딤후 4:11, 저자의 역). 결국 바울과 바나바는 마가를 예루살렘으로 보내고 비시디아의 안디옥에 이른다. 이곳에서 안식일에 회당에 들어가 앉았다. 회당장이 율법과 선지자의 글을 읽은 후 바울과 바나바에게 권면의 말을 부탁한다. 그러자 바울이 일어나 손짓을 하며 설교를 시작한다. 그 유명한 '비시디아 안디옥 설교'다. 바울은 아브라함부터 모세와 출애굽 이야기, 선지자들과 다윗의 이야기, 그리고 요한과 예수 그리스도의 죽음과 부활의 이야기까지 전했다. 옛 구약의 말씀들을 토대로 믿음으로 말미암는 구원에 관한 말씀을 전한 것이다. 그 말씀이 얼마나 강력했는지 유대인들이 다음 안식일에도 이 말씀을 전해달라고 간청한다. 심지어 유대인들과 유대교에 입교한 이들이 바울과 바나바를 따르는 일이 일어난다. 다음 안식일에도 온 성읍이 이 말씀을 듣고자 모였다. 유대인들이 시기가 나서 바울이 말한 것을 반박하고 모독하였다. 이에 바울과 바나바는 담대하게 이렇게 선포한다.

> 46...하나님의 말씀을 마땅히 먼저 너희에게 전할 것이로되 너희가 그것을 버리고 영생을 얻기에 합당하지 않은 자로 자처하기로 우리가 이방인에게로 향하노라 47주께서 이같이 우리에게 명하시되 내가 너를 이방의 빛으로 삼아 너로 땅끝까지 구원하게 하리라 하셨느니라 하니
>
> _행 13:46-47

바울은 유대인들이 영생을 얻기에 합당하지 않은 자로 자처하였다고 지적한다. 유대인들에겐 아주 불쾌한 말이었다. 유대인들이 반발하자 "우리는 이방인에게로 가노라" 하며 그 자리를 떠난다. 이 말씀을 이방인들이 듣고 기뻐한다. 유대인들은 바울과 바나바를 그 지역에서 쫓아낸다. 성경에는 이렇게 기록되어 있다.

> 두 사람이 그들을 향하여 발의 티끌을 떨어 버리고 이고니온으로 가거늘
>
> _행 13:51

비시디아 안디옥은 이래서 바울의 일생에서 매우 중요한 장소가 되었다. 비시디아 안디옥에서 바울과 바나바가 발에 티끌을 떨어버리고 이고니온으로 가는 결단을 했기 때문이다. 이방인들의 구원을 위한 사도가 되는 결단이었다. 이후 그는 평생을 이방인들을 구원하기 위해 바친다.


## † 어떤 믿음의 결단을 할까?

장소는 중요한 결단을 기억나게 만들기도 한다. 내 삶을 돌아보아도, 나에게도 결단의 장소들이 있었다. 처음 예수 그리스도를 만났던 장소, 복음을 위해 살 것을 결단하고 신학교로 향했던 장소, 열정적으로 복음을 전했던 장소 말이다. 비시디아 안디옥의 교회 터에서 만감이 교차했다. 사도 바울의 위대한 결단의 장소에 서 있다니 말이다.

우리 역시 신앙의 순례 속에서 믿음의 길을 걷다보면 반드시 믿음의 결단을 해야 할 때가 올 것이다. 어떤 결단을 해야 할까? 사도 바울과 같이 티끌을 떨어버리는 담대함이 필요하다. 그리고 하나님을 향한 믿음의 결단을 해야 한다. 복음과 하나님나라라는 사명을 위한 결단도 해야 한다.

결단은 신앙을 살아있게 한다. 실존적인 해석 같지만, 살아있다는 것의 증거는 결단을 통해 드러나기 때문이다. 신앙도 마찬가지다. 살아있는 신앙은 결단을 통해 절대자에게 나아가고 결단을 통해 성장한다. 비시디아 안디옥에서 나는 다시 결단했다. 생명력 있게 살아가자고! 조금은 성장한 기분이 들기도 했다.

바울과 바나바는 비시디아 안디옥에서 이고니온으로 향했다. 우리 순례팀도 비시디아 안디옥에서 이고니온으로 향했다. 물론 여행 코스의 경제성을 보면 거꾸로 가는 일정이지만, 비시디아 안디옥에서 보낸 시간의 감동이 워낙 컸다.

비시디아 안디옥에서 수요예배를 드렸다. 나는 예배를 인도하기 위해 비시디아 안디옥의 한 교회 터의 돌 강대상 앞에 서 보았다. 담임목사님께서 '바울의 세 가지 결단'에 관한 설교를 하셨다. 설교 후 찬양하는 중에 멀리 초원과 만년설로 뒤덮인 산이 보였다. 발의 먼지를 떨어버리고 이고니온으로 향하던 바울의 마음은 어떠했을까? 예배를 인도하면서 바울의 마음을 느껴보려 힘썼다.

바울처럼 인생에서 가장 위대한 결단을 하고 뒤돌아보지 않고 앞으로 나아가는 자는 그 안에 기쁨이 있다. 성령께서 주시는 기쁨 말이다. 이것을 우리는 사명이라고 말한다. 사명을 가진 자는 기쁨이 충만하다. 바울과 바나바는 기쁘게 찬송하며 이고니온으로 갔을 것이다.

기독교는 경계를 허무는 종교다.
넘을 수 없는 경계를 그리스도의 십자가로
지워가는 종교다.

## PART 2

교회의
얼굴이 있는
장소를 걸었네

흑해

이스탄불

앙카라

에스키셰히르

터키

파묵칼레          알바츠          코니아

안탈리아

# CHAPTER 5

# 라오디게아,
## 네가 부요하려거든

비시디아 안디옥 교회 터를 떠나 돌아오는 내내 감격스러웠다. 사도 바울이 이방선교를 위해 결단한 장소, 탁월한 복음 설교로 유대인들의 마음을 흔들었던 장소를 직접 거닐고 보았기 때문이었다. 그러나 감격스러운 마음을 서둘러 정리하고 버스에 올라야 했다. 파묵칼레Pamukkale로 가야 했기 때문이다. 파묵칼레는 세계적인 온천 관광지이기도 하지만, 그곳에서 라오디게아 교회 터를 방문할 예정이다. 버스로 약 한 시간 20분쯤 걸렸다. 버스에서 내리니 이름 모를 빨간색 꽃들이 여기저기 피어 있었다. 너무나 아름다웠다. 순례팀은 벌써 자리를 잡고 앉아 사진을 찍어댔다. 그것은 개양귀비 꽃이다.

# † 라오디게아 교회 터에서 만난 붉은 백합화

개양귀비 꽃은 성경에 나오는 '들에 핀 백합화百合花, lily'로 알려져 있다. 그 백합화가 흰색이 아니라 빨간색이었다는 사실도 혼란스러웠지만, 백합화에서 백자의 한문이 흰 백(白)이 아니라 일백 백(百)자라는 사실도 처음 알았다. 우리가 잘 아는 찬송가 88장 '내 진정 사모하는'의 가사 후렴구에서 '주는 저산 밑에 백합 빛나는 새벽별'이라고 할 때, 그 백합이 고결과 순결의 상징인 하얀 꽃이 아니라는 사실이 당혹스러웠다. 이것은 우리가 흔히 알고 있는 그 백합화가 아닌 것이다. 조화로 쓰이는 향기 강한 흰 꽃이 아니라, 중동 들판 어디나 쫙 깔려 있는, 흔하디흔한 빨간색 들풀이 성경의 백합화였던 것이다. 광야 아무 데나 피어 소중한 줄 모르는 꽃, 말하자면 잡꽃, 그런 백합이 상징하는 분이 우리 주님이시다.

백합은 복음서에 자주 등장하는 꽃이다. 주님이 제자들에게 말씀하셨다. "들의 백합화가 어떻게 자라는가 보라." 이 말씀은 마태복음 6장에 등장한다. 우리는 5장에서 7장에 걸친 이 긴 설교를 산에서 하신 설교라 하여 '산상수훈'이라 부른다. 어떤 이가 산상수훈을 왕으로 임하신 예수 그리스도의 취임식이라고 부를 정도로 하나님나라의 백성이 된 우리들에게는 매우 중요한 말씀이다. 이따금 우리가 신앙의 길을 걸어갈 때 두려움이 몰아쳐오고 염려를 붙들고 살아갈 수밖에 없는 순간에도, 우리는 단호하게 산상수훈을 펴서 읽어야 한다. 하나님나라의 백성이 어떻게 살아가야 할지, 우리 주 예수께서

○
라오디게아 교회 터에서 만난 빨간색 백합화. 개양귀비.

친히 가르쳐주신 말씀이기 때문이다.

산상수훈에 나오는 들의 백합화 이야기를 읽어보자.

[28]또 너희가 어찌 의복을 위하여 염려하느냐 들의 백합화가 어떻게 자라는가 생각하여 보라 수고도 아니하고 길쌈도 아니하느니라 [29]그러나 내가 너희에게 말하노니 솔로몬의 모든 영광으로도 입은 것이 이 꽃 하나만 같지 못하였느니라 [30]오늘 있다가 내일 아궁이에 던져지는 들풀도 하나님이 이렇게 입히시거든 하물며 너희일까보냐 믿음이 작은 자들아

_마 6:28-30

"믿음이 작은 자들아…." 백합화를 보면서 우리는 무엇을 묵상할 수 있을까? 본문의 주제는 '염려하지 말라'이다. 일상의 기본인 먹고 마실 것과 입을 것을 염려하지 말라는 것이다. 다시 말해서, 먹고 사는 문제에 지나치게 집착하며 살지 말라는 것이다. 하지만 우리가 늘 먹고 사는 문제에 집착하는 이유는 무엇일까? 다른 게 아니다. 그 깊숙한 곳에 있는 '죽음의 문제' 때문이다.

우리는 죽음이 두려워 먹고 사는 것에 집착한다. 살기 위해 살아가고, 살기 위해 염려를 붙들고 살아간다. 우리 주님은 우리 마음 깊숙한 곳에 도사리고 있는 이 죽음의 문제를 잘 알고 계신다. 그러나 부활신앙이란 무엇일까? 죽고 다시 사는 것이다. 그리스도인들이 먹고 사는 문제에 집착하지 않고 살기 위해 염려를 붙들고 살지 않을 수 있는 이유는 오직 하나밖에 없다. 바로 예수 그리스도의 죽으심과 부활하심이다. 예수 그리스도는 죽으셨다. 그리고 부활하셨다. 그리고 예수 그리스도를 믿는 모든 이들은 그리스도와 함께 죽고 사는 경험을 한다. 죽음의 문제가 예수 안에서 해결되는 것이다. 그래서 그리스도인은 죽음의 권세가 우리를 절대로 무너뜨릴 수 없다는 것을 믿는다. 부활의 삶을 살아가기 때문이다.


### † 부활할 것을 믿는 믿음이 있었기에

순례팀과 성지순례를 오기 전에 앤드류 하얏트 감독의 〈바울〉이라는 영화를 보았다. 가장 인상 깊었던 장면은 초대교회 성도들이 의사 누가와 함께 감옥에 갇혀 있는 부분이었다. 간수장이 "내일이면 너희들은 사형당하게 될 것이다"라고 쌀쌀맞게 전한다. 그러자 성도들은 소리를 지르며 두려워한다. 이때 누가가 자기 주변으로 사람들을 불러 모은다. 누가는 두려움이 가득한 성도들의 눈빛들을 바라보며 이렇게 말한다.

"우리가 당할 환란과 고통은 짧으나, 기쁨은 영원할 것입니다."

그리고 함께 주님이 가르쳐주신 기도를 한다.

"하늘에 계신 우리 아버지여 이름이 거룩히 여김을 받으시오며…"

그 순간 영상은 감옥에 갇혀 내일 사형장의 이슬로 사라질 성도들을, 멀리 이들을 위해서 기도하는 교회의 성도들을, 그리고 다른 감옥에 갇힌 바울까지 모두 함께 주기도문으로 기도하는 장면을 보여준다. 이윽고 밝은 빛과 함께 경기장으로 향하는 문이 열린다. 사람들의 야유가 들린다. 성도들은 맹수들이 있는 경기장으로 걸어간다. 영화는 분명 성도들이 죽음 가운데로 나아가는 것처럼 연출했지만, 내 눈엔 마치 빛 가운데로 나아가는 것처럼 보였다. 그날 그들은 분명 죽었다. 그러나 부활신앙으로 다시 살았다. 그것도 영원히….

초대교회 성도들에겐 이 믿음이 있었다. 부활할 것을 믿는 믿음! 이 믿음이 우리에게 있으면 더 이상 죽는 것이 두렵지 않다. 이 세상을 하나님의 방식으로 정의와 공의를 실현하며 살게 된다. 가난하고 소외된 이들과 함께 살아간다. 복음을 전하고 복음대로 충성스럽게 살아간다. 죽음의 문제가 해결되었기 때문이다. 이것이 그리스도인의 부활 신앙이다. 예수의 죽고 사심이 우리 것이라는 믿음, 하나님이 우리를 버리지 않으실 것이라는 믿음, 우리가 하나님의 것이요 하나님의 자녀라는 믿음, 이 믿음이 우리에게 있을 때 우리는 먹고 사는 문제에 집착하지 않는다. 그래서 주님이 산상수훈에서 이렇게 말씀하신 것이다. "내일 아궁이에 던져지는 들풀도 하나님이 이렇게 입히시거든 하물며 너희일까보냐 믿음이 작은 자들아." 우리가 살아가기 위해 필요한 모든 것은 결국 믿음이다.

> 31그러므로 염려하여 이르기를 무엇을 먹을까 무엇을 마실까 무엇을 입을까 하지 말라 32이는 다 이방인들이 구하는 것이라 너희 하늘 아버지께서 이 모든 것이 너희에게 있어야 할 줄을 아시느니라 33그런즉 너희는 먼저 그의 나라와 그의 의를 구하라 그리하면 이 모든 것을 너희에게 더하시리라 _마 6:31-33

우리는 먹고 사는 문제로 염려에 매이는 존재가 아니다. 우리는 하나님나라를 위해 산다. 하나님나라의 방식을 따라 산다. 그래서 먼저 하나님나라와 그의 의를 구할 때 모든 것을 더해주실 것을 믿음으로 산다. 이것이 그리스도인의 삶의 방식이다.

라오디게아 교회 터에서 만난 백합화가 나 자신을 참 부끄럽게 했다. "믿음이 작은 자들아"라고 하신 주님의 음성이 바람에 흔들리는 꽃들 사이로 들리는 것 같았다.


## † 라오디게아여, 네가 부요하려거든

백합화 밭을 지나 라오디게아 교회 터를 향해 걸었다. 멀리 보이는 유적지들은 한창 개발되는 중이었다. 크레인을 동원하여 건물들을 복원하는 것 같았다. 장엄한 자연의 신비를 보다가 크레인으로 고대 건물을 복원하는 모습을 보니 유적지로서의 신비감이 떨어지는 듯했다. 그럼에도 불구하고 인상적인 것이 있었다. 잘 닦여진 도로였다. 로마는 잘 정비된 도로를 통해서 이 지역을 다스렸을 것이다. 전쟁 물자를 공급하기도 하고 군대도 동원했을 것이다. 문명은 그렇게 시작되었을 것이다. 그런데 복음의 확장도 이 길에서 시작되었다. 이 도로 위에 문명과 복음이 함께 통과하였다.

　문화와 복음 중에서 무엇이 먼저이고 무엇이 본질인지를 따지는 일이 우리 주변에 종종 있다. 부질없는 논쟁이다. 인간이 닦아 놓은 역사라는 길 위에 문화도 복음도 함께 가는 것이다. 하나님께서는 그렇게 인간의 역사를 이어가신다. 하나님나라의 확장도 문화를 통해서 시작되었다. 사도 바울은 이 길을 걸으며 복음이 필요한 '복음의 최전선'으로 향했다. 그는 복음과 문화를 분리하여 생각하지 않았다. 바울의 가르침은 분명 역사라는 길 위에서 문화와 함께하였다. 문화를 변화시키기도 하였고, 문화를 사용하기도 하였다.

라오디게아는 소아시아에 속한 도시로 부르기아Phryghia의 수도였다. 리커스Lycus 계곡에 위치한 지리적 요충지로 상업도시로도 알려져 있다. 남쪽으로는 히에라폴리스, 서쪽으로 골로새, 동쪽으로는 에베소가 있다. 큰 도시들 사이에서 부유한 도시로 자리매김을 한 것이다. 안티오쿠스 2세Antiochus 2, BC 261-246가 주전 261년과 253년 사이에 이 도시를 재건했다. 디오스폴리스Diospolis로 불리웠던 이 도시는 안티오쿠스가 아내인 라오디케Laodice의 이름을 따라 라오디게아Laodicea로 명명했다. 라오디게아는 몇 차례의 지진으로 인해 지금은 폐허가 된 도시이지만, 잘 닦인 도로 유적이 말해주듯 찬란한 문명이 빛을 내던 도시였다. 그리고 복음의 좋은 통로이기도 했다.


† 부유해서 꾸중들은 이유는

순례팀이 방문했던 라오디게아 교회 터는 한참 복구 중이었다. 몇 차례 지진이 일어나 도시가 폐허가 된 적이 있었음에도 불구하고, 주변이 온천지대라 그런지 도시를 재건하는 데 어려움이 없을 정도로 이 도시는 부유했다. 심지어 AD 60-61년 네로 통치시대 때 라오디게아에 지진이 일어났는데, 황제의 지원을 받지 않고도 도시를 재건했다고 한다. 그러나 그들의 부요함은 예수 그리스도의 꾸중을 듣는 매개(媒介)로 작용한다.

인간이 닦아 놓은 역사라는 길 위에 문화도 복음도 함께 간다.


너는 풍족하여 부족한 것이 조금도 없다고 하지만, 실상 너는, 네가 비참
하고 불쌍하고 가난하고 눈이 멀고 벌거벗은 것을 알지 못한다

**_계 3:17, 표준새번역**


   부요함에 가려 비참하고 불쌍하고 가난하고 눈이 멀고 벌거벗은
것을 알지 못한다고 주님은 지적하셨다. 그들은 재산뿐 아니라 영적
인 부요함까지 자랑했다. 자신의 경제적 번영이 영적인 삶에서 비
롯된 것이라고 믿었다. 부가 하나님께서 주신 복이라면, 분명 자신

들이 영적인 생활을 훌륭하게 했기 때문에 하나님의 복을 누린다고 믿었던 것이다. 물질의 풍요가 하나님과 바른 관계에서 나온다는 그릇된 신앙을 가지고 있었던 셈이다. 그러나 우리 주님은 "네가 실상 비참하고 불쌍하고 가난하고 눈이 멀고 벌거벗은 것을 알지 못한다"라고 말씀하신다.

이들은 대다수가 상인들이었다. 그들은 돈을 벌기 위해 온갖 노력을 다했다. 돈과 물질을 사용할 대상이 아닌 사랑의 대상으로 여겼다. 그래서 수단과 방법을 가리지 않고 돈을 벌었다. 요한계시록 18장은 이 상인들의 모습을 적나라하게 기록하고 있다.

> 3이는. 모든 민족이 그 여자의 음행에서 비롯된 분노의 포도주를 마시고. 세상의 왕들이 그 여자로 더불어 음행하고. 세상의 상인들이 그 여자의 사치 바람에 치부하였기 때문이다. 4나는 하늘에서 또 다른 음성이 울려오는 것을 들었습니다. "내 백성아. 그 여자에게서 떠나거라. 너희는 그 여자의 죄에 가담하지 말고. 그 여자가 당하는 재난을 당하지 않도록 하여라. 5그 여자의 죄는 하늘에까지 닿았고. 하나님께서는 그 여자의 불의한 행위를 기억하신다." _계 18:3-5. 표준새번역

신앙은 겉모습으로 판단할 수 있는 것이 아니다. 부요하다고 해서 신앙 상태가 좋다고 말할 수 없다. 가난하다고 하나님과의 관계에 뭔가 잘못이 있다고 판단할 수도 없다. 그럼에도 우리 중엔 물질

의 유무를 통해 하나님과 관계를 따져보는 경우가 있는데, 이것을 기복신앙이라고 한다. 신앙의 수준 또는 상태를 물질 여부로 판단하거나, 물질로 하나님과 관계에서 뭔가 시도해보려는 것이다. 라오디게아가 그런 도시였다. 우리 주님은 그런 생각들을 단호하게 경계하신다. 그래서 실상을 보여주신다. 진정한 부유를 회복하려면 불에 정련한 금을 사고, 벌거벗은 수치를 가리려거든 흰옷을 사서 입고, 눈이 밝아지려면 안약을 사서 눈에 바르라고 명하신다. 순금, 흰옷, 안약, 이 세 가지 물건을 사라는 말씀이다.

> 그러므로 나는 네게 권한다. 네가 부유하게 되려거든 불에 정련한 금을 내게서 사고, 네 벌거벗은 수치를 가려 드러내지 않으려거든 흰옷을 사서 입고, 네 눈이 밝아지려거든 안약을 사서 눈에 발라라.
>
> _계 3:18, 표준새번역

첫째, 불에 정련한 금은 불순물을 제거한 순금을 말하는 것이다. 영적인 의미로서 순금이란 불로 연단한 순수한 신앙을 말한다. 환란과 박해라는 불은 교회 안에 가득한 죄라는 불순한 것들을 제거하고 순결하게 만드는 역할을 한다. 순결이란 예수 그리스도만 섬기는 것이다. 오직 우리를 부요케 하는 것은 순금과 같은 순수한 신앙이다. 예수 그리스도 그분만 섬기는 것이다.

둘째, 흰옷 역시 순결을 상징한다. 옷은 다양한 기능을 가진다. 추위를 비롯한 외부로부터 보호의 역할을 한다. 오늘날은 미적 아름다움과 품위를 유지하기 위한 기능도 가진다. 그런데 주님은 수치를 가리기 위해서 흰옷을 사라고 하신다. 수치란 무엇일까? 우상숭배를 말하는 것이다. 우상숭배는 하나님보다 다른 것을 더 사랑하는 데서 시작한다. 하나님의 백성들이 하나님보다 다른 것을 사랑하고 섬기는 것이야 말로 벌거벗은 수치다. 그러므로 흰옷은 예수 그리스도만을 섬기는 순결을 상징하며, 벌거벗음으로부터 자신을 지키기 위한 거룩한 몸부림이다.

셋째, 안약은 시력의 회복, 곧 분별을 위한 것이다. 돈과 물질만능주의 세상에서 그리스도인이 갖춰야 할 것이 영적 분별력이다. 라오디게아 교회는 이 영적 분별력을 잃어버렸다. 영적 시력을 잃게 한 우상숭배 때문이다. 우상을 숭배하는 세상에서 온전한 신앙을 지키려면 바르게 보는 것이 필요하다. 세상을 바르게 보는 능력을 회복하는 것, 그것이 바로 영적 안약을 바르는 일이다. 영적 안약은 곧 말씀이다. 말씀이신 예수 그리스도는 우리에게 영적 분별력을 주신다.

우리를 부요케 하는 불에 정련한 순금은 오직 예수 그리스도만을 섬기는 것이다. 수치를 가리는 흰옷은 오직 예수 그리스도의 의(義)로 옷 입는 것이며, 영적 안약은 말씀이신 예수 그리스도께서 우리의 무감각한 영적 분별력에 임하는 것이다. 그러므로 우리가 취해야할 순금, 흰옷, 안약은 모두 예수 그리스도를 의미한다.

우리는 과연 예수 그리스도를 가졌는가? 가져야 할 것이 많은 시대, 쌓아야 할 것들이 많은 시대를 사는 우리는 평생 그것을 자문해야 한다. 다른 무엇보다 예수를 나의 구주요 주님으로 믿어야 한다. 그분과 함께 살아야 한다. 우리 주님은 이렇게 말씀하신다.

> 19무릇 내가 사랑하는 자를 책망하여 징계하노니 그러므로 네가 열심을 내라 회개하라 20볼지어다 내가 문밖에 서서 두드리노니 누구든지 내 음성을 듣고 문을 열면 내가 그에게로 들어가 그로 더불어 먹고 그는 나와 더불어 먹으리라 _계 3:19-20

현재 라오디게아 교회 터는 발굴 작업이 활발하게 진행 중이다. 최근에 발굴한 교회는 그 규모가 상당히 크다. 바닥의 모자이크까지 보존이 잘 돼 있다. 라오디게아의 초대교회당으로 사용되던, 눔바의 집으로 추정되는 곳까지 발굴이 가능할 것 같다는 이야기도 들었다.

바울은 골로새서에서 라오디게아 교회라 하지 않고 군이 눔바와 그 여자의 집에 있는 교회에 문안하라고 전한다. 예수가 거하시는 곳은 그곳이 어디든 교회다. 어떤 건물이나 공간은 중요하지 않다. 우리가 공간이나 건물에 대한 욕심과 틀을 버린다면, 그곳이 어디든 교회가 될 수 있다.

> 15라오디게아에 있는 형제들과 눔바와 그 여자의 집에 있는 교회에 문안하고 16이 편지를 너희에게서 읽은 후에 라오디게아인의 교회에서도

성경에서 눔바라는 그리스도인이 공동체에 자신의 집을 내놓았다는 이야기는 흥미롭다. 매주 예배를 준비하는 일을 누가 기뻐하겠는가? 목사로서 가정 심방을 다닐 때마다 깨끗하게 정돈된 성도들의 집을 보면 괜한 수고와 정성을 들이도록 한 것 같아 마음이 쓰일 때가 있다. 성도들은 심방 때 목회자를 모시고 예배드리는 것을 마치 예수님을 모시는 것처럼 생각해 그렇게 정성을 다한다. 그러나 목회자들뿐 아니라 그리스도인은 모두 작은 예수들이다. 눔바는 작은 예수들을 위해 자신의 집을 내어놓았다. 그의 섬김과 사랑 덕분에 라오디게아 교회는 견고해졌을 것이다.

## † 고대 교회사에서 가치있는 곳, 라오디게아

이곳에 새로 발굴된 교회는 역사적으로 가치가 있어 보였다. 고대 바실리카Basilica 건축 양식으로 지어진 것이다. 교회 바깥 입구에 커다란 안내판이 세워져 있는데, 343년부터 381년까지 열린 라오디게아 공의회Council of Laodicea, AD 343-381에서 결의된 60가지 교회법령Canon이 빼곡히 적혀 있었다. 이곳이 그 공의회의 장소인지는 모르겠으나, 라오디게아가 고대 교회사적으로 가치가 있는 장소임은 분명해 보였다.

313년 기독교가 공인된 이후 콘스탄티누스는 종교회의를 주재하여 기독교의 진리들을 하나씩 정리해나갔다. 321년 니케아 공의회 이후로 삼위일체가 확립되고, 343년부터 381년까지 교회 법령들을 결의하는 라오디게아 공의회를 계속 열었다. 그 일은 역사적으로 가치가 있다. 이런 가치를 지닌 현장을 보는 것은 설렘 그 자체다.

60개조 법령을 읽는 중에 흥미로운 부분 몇 가지를 발견할 수 있었다. 그 중 16조는 복음서와 서신서들을 안식일에 읽을 것을 명한 것이다.

16. 복음서, 사도들의 서신서 그리고 다른 성경들은 안식일에 읽는다(the Gospel, the Epistle and the other Scriptures are to be read on the Sabbath).

이것은 복음서와 서신서들이 신약의 정경으로 확립되어 구약성경과 마찬가지로 안식일에 읽혀지도록 했다는 뜻이다. 또한 29조를 보면 일요일을 주일로 지킬 것을 명한다.

29. 그리스도인은 안식일에 일을 쉬지 말고 주의 날에 쉬라(A Christian shall not stop work on the sabbath, but on the Lord's Day).

초대교회 당시까지는 토요일을 안식일로 지켰고, 더불어 일요일은 주의 날로, 작은 부활절로 생각하며 모였을 것이다. 그러다가 라오디게아 공의회 이후부터 공식적으로 주일을 안식일로 지키기 시작하였다. 안식일에 일을 하지 않는 전통을 멈추고 주의 날에 쉬도록 한 것이다. 이렇게 주일을 지킴으로써 교회는 점차 유대적 요소를 배제하기 시작했다. 나아가 교회는 새로운 안식일, 즉 공식적인 주일에 모여 복음서와 서신서들을 정경으로 읽기 시작하였다. 그러니 이곳이 교회사적으로 얼마나 중요한 장소인지 모른다.

라오디게아 교회 터 안으로 들어가 보았다. 지금 우리가 보고 있는 이 교회 터는 기독교가 공식적으로 공인된 이후에 세워진 바실리카다. 바실리카는 민회나 법정이나 상업거래소 등으로 사용되던 공공건물이다. 이 건축양식은 훗날 교회 건축에 그대로 영향을 끼쳤다. 이제는 바실리카를 교회당이라 여겨도 무방하다.

라오디게아 교회 터의 문으로 들어가 보면, 정면에 후진(後陳, Apse), 즉 반원으로 된 내부 공간이 보인다. 이곳에 성찬을 할 수 있도록 제단을 설치했을 것이다. 후진에서 볼 때 좌측으로 교회 밖에 세례단이 놓여 있기 때문이다.

초대교회에서 세례단은 굉장히 중요한 요소였다. 신앙고백의 장소이기 때문이다. 세례는 외적(外的)인 신앙고백이다. 외적이라는 말은 내적(內的)과 반대되는 말이다. 신앙은 본래 볼 수 없는 내적인 것이기 때문이다. 그래서 기독교에 입교한 이들은 세례교육을 통해 철저히 신앙교육을 받았다. 그 후 교인들 앞에서 공식적으로 신앙고백을 하여 모든 이들이 보는 앞에서 세례를 받고 그리스도인이 되었다. 그래서 세례를 외적 신앙고백이라고 말하는 것이다. 예수 그리스도를 나의 주로 고백한 이들은 세례를 받고 교회로 들어와 드디어 성찬에 참여할 수 있었다.

박해가 있던 시기에는 아무나 교회로 들여보낼 수 없었을 것이다. 먼저 세례를 받아야 했다. 그런 의미에서 예수를 믿는다는 것은 박해를 감내하겠다는 의미이다. 이곳의 세례단이 건물 밖에 있는 것은 박해 시기의 신앙고백으로서 그 의미를 최대한 살리겠다는 취지로 받아들여진다. 바깥에서 세례를 받고 그리스도인이 되어 예배당으로 들어가는 시점은 이미 나는 죽고 예수로 사는 때일 것이다.

특이하게도 이곳의 세례단은 십자가 형태일 뿐 아니라 상향(上向)과 하향(下向)으로 각각 계단이 놓여 있다. 아마도 위쪽(상향) 계단에서 내려와 십자가 모양의 가운데에서 세례를 받고 다시 아래쪽(하향) 계단을 내려와 밖으로 나갔을 것이다.

예수를 믿고 세례를 받는 것은 죽고 사는 길이다. 이 세례단의 형태는 그것을 보여준다. 세례 때의 물이 주는 의미 자체가 깨끗하게 하는 씻김의 의미도 있겠지만, 무엇보다 물에 잠기는 것이 곧 죽는 것이다. 개신교회 대부분이 물을 머리에 묻히는 것으로 세례를 대신하고 있지만, 원래 세례는 물속에 들어갔다 나오는 침례이다. 그렇게 세례를 받은 성도들은 예배당으로 들어가 성찬에 참여하였다.

3무릇 그리스도 예수와 합하여 세례를 받은 우리는 그의 죽으심과 합하여 세례를 받은 줄을 알지 못하느냐 4그러므로 우리가 그의 죽으심과 합하여 세례를 받음으로 그와 함께 장사되었나니 이는 아버지의 영광으로 말미암아 그리스도를 죽은 자 가운데서 살리심과 같이 우리로 또한 새 생명 가운데서 행하게 하려 함이라 _롬 6:3-4

## † 높은 설교단이 주는 교훈

다시 예배당으로 들어가 본다. 마치 내가 예수를 주로 고백하여 세례를 받고 막 교인이 된 것처럼 말이다.

바실리카 형식의 교회는 반원으로 된 예배당 중심부Semi circle apse에 설교를 위한 강대상을 놓았다. 민회나 재판장에서는 의장석이나 재판장석으로도 사용되었다. 아무래도 이곳이 교회라는 것을 감안하면, 설교 강대상이 반원으로 된 공간 맨 앞쪽에 놓여 있음으로 인해 현재의 모습처럼 회중은 앞을 보는 구조가 되었을 것이다.

설교단이 놓였을 공간 앞쪽에 계단이 있다. 지금도 그렇지만, 계단으로 올라가는 설교자는 그 자체로 하나님의 말씀을 전하는 임무를 가진다. 그리고 청중은 높은 설교단에 서 있는 설교자를 고개를 들고 바라봄으로 겸손하게 말씀을 받는 자들이 된다. 하나님의 말씀에 대한 존경과 사랑으로 설교자를 바라본다.

가장 미련하고 약한 인간을 설교자로 세워 하나님의 말씀을 전하

바실리카 양식 교회 터의 반원 모양 설교 강단.

는 통로로 삼으시며, 그 말씀으로 영혼이 소생되고 회복되는 도구로 삼으신 것은 신비 중에 신비다. 물론 개신교 예배의 대부분은 설교 다. 다른 종교에 비해 설교의 비중이 높다.

　J. R. 스팬의 《The ministry》라는 책을 1954년 장공 김재준 목사 金在俊, 1901~1987 가 《목사학》이라는 책으로 번역하였다. 그 책의 첫 구절은 이렇게 시작한다.

　"설교자의 거룩한 소명을 싸고도는 엄숙한 신비는 언제나 인간의 심정을 끄는 것이다."

멋진 표현이다. 설교는 엄숙한 신비다. 말씀의 종류는 4가지이다. 읽는 말씀으로서의 성경, 들려지는 말씀으로서의 설교, 보이는 말씀으로서의 성찬, 그리고 말씀 그 자체이신 예수 그리스도이다. 이 중 들리는 말씀으로서 설교를 선택하신 것은 하나님의 오묘한 신비라고 할 수 있다. 인간을 통해 하나님의 말씀이 선포되고, 선포되는 말씀이 살아나는 하나님의 역사가 된다는 것은 신비 그 자체이다.

오늘날 설교자가 엄숙한 신비에 매료되어 올라가야 할 때와 내려와야 할 때를 헷갈릴 때가 많다. 설교자는 계단으로 강대상에 올라 하나님의 말씀을 전하고, 설교가 끝나면 계단을 통해 다시 내려와야 한다. 목회자들에게 가장 필요한 지혜는 다른 것이 아니라 올라가야 할 때와 내려가야 할 때를 아는 것이다. 설교자는 말 그대로 전달자에 불과하다. 하나님의 말씀을 들고 설교하러 높은 곳으로 올라갔다면 언젠가는 반드시 현실로 내려와야 한다. 구원이 필요한 존재로서 하나님의 말씀을 붙들고 살기 위해 몸부림치는 모습으로 말이다.

강대상은 그 위에서조차 수많은 인간적인 욕구들이 오르락내리락한다. 그래서 설교자가 설교하는 강대상은 어쩌면 영적 전쟁터이다. 설교자가 가지는 엄숙한 신비는 이 치열한 영적 전쟁을 통해 생긴다.

# CHAPTER 6

# 빌라델비아,
# 작은 능력으로 섬기라

라오디게아 교회 터를 둘러본 뒤 대리석으로 잘 닦여진 길로 내려왔다. 이 길로 곧바로 내려가면 골로새가 나온다. 골로새서 4장 12절에 따르면 골로새 교회는 에바브라에 의해 세워진 교회로 알려져 있다. 그 교회는 주인 빌레몬과 종이었던 오네시모가 주 안에서 주종(主從)관계를 청산하고 하나됨을 실천했던 교회이다. 바울은 로마에서 감옥에 갇혀 있는 동안 빌레몬에게 편지를 썼고 그 교회의 성도들에게도 편지를 보냈다.

아쉽게도 골로새 지역은 가보지 못했다. 멀리서 바라보았을 뿐이다. 그리스도 안에서 의와 공평을 종들에게 베풀었던 교회, 모두가 그리스도 예수의 종이라고 선포하며 서로 섬겼던 교회, 골로새 교회는 어찌 보면 초기 한국교회와 닮은 부분이 많다. 우리가 잘 알고 있는 김제 금산교회의 조덕삼 장로趙德三, 1867~1919와 그의 머슴이었던 이자익 목사李自益, 1882-1959의 이야기가 그 예이다. 물론 1894년에 신분제가 폐지되었지만, 일제시대에도 신분제는 여전히 의식 속에서 그대로 유지되고 있었다. 그러니 이런 시기에 예수를 믿는다는 이유만으로 주인과 종이 한 공동체에서 형제자매로 산다는 것은 쉬운 일이 아니었다.

조덕삼과 이자익은 당시 호남 지역 선교사 테이트J. B. Tate, 최의덕로부터 복음을 듣고 주인과 종이 함께 세례를 받았다. 신분으로는 주종관계이지만 모두 예수의 종으로서 하나가 되어 함께 교회를 섬겼다. 그러다가 금산교회에서 장로를 세울 때, 놀랍게도 조덕삼이 아니라 머슴 이자익이 먼저 피택된다. 그러나 조덕삼은 자신보다 15살이나 어린 이자익을 장로로 잘 섬겼다. 그 후 장로가 된 조덕삼은 1910년 이자익을 평양장로회신학교로 보내 전액 학비를 지원하고, 그가 목사 안수를 받은 후 금산교회 목사로 초빙하여 담임목사와 장로로서 교회를 같이 섬겼다.

예수 그리스도 안에서 주종관계를 청산하고 교회를 세워간 이 아름다운 이야기는 한국교회사에서 가장 훌륭하고 아름다운 일화로 꼽힌다. 하지만 지금은 미담(美談) 정도로 남은 것이 아쉽다. 골로새 교회와 금산교회, 그러면 우리들의 교회는 어떤가? 여전히 우리는 경계선이 그어져 있다. 신분이나 계급이라는 눈에 보이는 사회적 경계는 없을지라도 부와 가난이라는 지울 수 없는 경계가 있다. 좌우 간의 이념적 경계도 있다.

기독교는 경계를 허무는 종교다. 넘을 수 없는 경계를 그리스도의 십자가로 지워가는 종교다. 지울 수 없는 경계라도, 아무리 높은 담이라도 단번에 무너뜨리는 종교이다. 십자가는 화목케 하는 능력이다. 제 아무리 높은 담도 무너뜨리는 능력이 된다. 이와 같은 복음의 정신, 예수 그리스도의 십자가 정신이 우리 안에 진짜 있는가? 한국 교회 안에 이런 십자가의 정신이 회복되길 바란다.


### † 히에라볼리에서 전도자 빌립을 만나다

라오디게아 교회 터를 떠난 순례팀은 버스를 타고 30여분 더 갔다. 멀리 하얀 천으로 덮은 것 같은 높은 산이 보인다. 산 정상 전체가 하얀 암반(巖盤)이다. 장관이다. 아름답기까지 하다. 여기가 그 유명한 관광지이자 국제적 도시인 파묵칼레Pamukkale이다. 파묵칼레는 '목화의 성'이라는 뜻이다. 경사면으로 흐르는 온천수가 만들어낸 지형 때문에 붙여진 이름이다. 석회 성분을 다량 함유한 이곳의 온천수가 바위에 흐르면서 표면을 하얗게 만든 것이다. 이 온천수는 섭씨 35도로 질병 치유 효과가 있다고 전해진다. 치료와 휴식을 위해 그리스, 로마, 메소포타미아 등에서 사람들이 몰려들고 있다. 지

○
말라버린 파묵칼레의 온천.
이 물이 아래로 흘러내려가면 미지근해져 쓸모없어진다.


금은 온천수가 부족한 탓인지 TV나 사진에서 보는 것만큼 온천이
크지는 않았다. 말라버린 온천을 보니 파묵칼레의 명성이 예전 같지
않은 듯 했다. 대학생 시절에 터키를 여행한 적이 있는 아내도 시들
어버린 파묵칼레의 모습에 당황했다. 불과 최근에 일어난 변화다.

 순례팀은 파묵칼레의 장관을 뒤로하고 히에라볼리Hierapolis로 향
했다. 히에라볼리는 파묵칼레의 언덕 위에 세워진 고대 도시이다.

여기서 가장 인상 깊었던 곳은 야외극장이었다. 무려 1만 5천 명가량을 수용할 수 있는 대규모였다고 한다. 에베소의 야외극장보다 작은 규모라는 말이 놀라울 정도로 실제 규모는 웅장했다.

그리스식 야외극장은 로마식 야외극장과 조금 차이가 있다. 로마의 야외극장은 개방적이라기보다 닫힌 공간이고 긴 타원형인 데 비해, 그리스의 극장은 야외극장이라는 말 그대로 주로 언덕 위에 있으며 야외에 개방적으로 설계되었다. 부채꼴 모양으로 계단을 만들어 경사면을 가파르게 만들었으며, 계단은 그대로 좌석으로 이용되었다. 무대에서 배우들이 소리를 내면, 소리가 그대로 공기를 타고 올라가 위로 전달되는 구조이다. 제대로 된 음향 시설이 없었을 당시, 연설과 배우들의 대사가 관객들에게 전달되기에 적절하게 건축되었다.

고대의 야외극장은 인간 내면의 욕망을 발산하는 장소였다. 이곳에서 정치가와 연설가들은 자신의 정치적 욕망을 표출하였다. 연기자들은 이곳에서 옛 신화들을 공연함으로써 인간 내면과 신화 속의 희로애락을 표출하였다. 그래서 고대 여러 도시들에는 반드시 야외극장이 있었다. 이곳 히에라볼리에 큰 야외극장이 있었다는 것은 이 도시가 문화와 예술 그리고 종교의 도시였다는 것을 알려준다.

오늘날 한국에는 가는 곳마다 교회 건물이 있다. 교회 건물은 건축 목적과 방향이 사실 야외극장의 그것과 분명 다르다. 그러나 교회에서 드려지는 예배를 통해 인간 내면의 욕망을 표현한다는 점

○

1만 5천 명을 수용할 수 있었다는 히에라볼리의 야외극장.

에선 유사할 수 있다. 인생의 희로애락을 찬양과 기도를 통해 표출
하지 않는가? 어떤 문학가는 예배의 제의적 행사를 통해 카타르시
스Katharsis, 정화가 표현된다고 말한다. 인간이 가진 두려움과 불안 등
인생의 문제 앞에서 가지는 억눌림과 상한 마음을 예배 혹은 설교
를 통해 정화한다는 것이다. 예배에는 그런 요소가 분명히 있다. 성
령의 역사를 통해, 말씀으로 우리 인생의 문제가 승화(昇華)된다. 예
배에서 일종의 카타르시스를 경험한 인간은 치유를 받는다. 그리고
새로워지려는 결단을 하고 실존적 인간으로 거듭난다. 이런 이유로

도 교회는 일종의 극장 같은 역할을 한다고 볼 수 있다. 물론 그저 치유와 정화의 장소로서의 교회와 예배는 깊이 생각해볼 문제이지만, 오늘날 교회에서 치유와 회복의 역사가 일어나고 있는지는 물어야 한다. 교회는 그 역할을 감당하는 장소와 공동체가 되고 있는가?


### † 눈에 담는 것이 사진보다 오래 남는다

히에라볼리는 셀주크투르크 족의 지배를 받으면서 파묵칼레라는 이름으로 불리게 된다. 그 무궁한 문화와 깊은 역사와 가치 있는 예술로 점철된 이 도시는 1354년 대지진으로 폐허가 된다. 1887년이 되어서야 한 고고학자에 의해 발굴되고 복원작업이 진행되었다. 그리고 1988년 유네스코 세계유산으로 지정된다.

커다란 원형 극장을 다시 돌아보았다. 성지순례 일정에서 가장 아쉬운 것은 '이 광경을 어떻게 담아낼 수 있는가'였다. 누군가는 "남는 것은 사진뿐이다" 하며 사진을 찍어댔다. 중앙일보 사설에서 읽었던 글이 생각난다.

"남는 것은 사진뿐이라는 말은 옳지 않다. 결국 사진 밖에 무엇도 남지 않게 된다."

그래서 필자는 여행을 가도 되도록 눈과 마음으로 담아내려고 노력한다. 그런데 쉽지 않다. 인간의 남기려는 욕망은 금세 카메라를 꺼내거나 스마트폰으로 찍어대는 것으로 노력을 대체한다.

원형극장 밖으로 나갔다. 저 멀리 작은 고대 건축이 보인다. 무엇일까? 알아보니 빌립순교기념교회 터다. 그는 사도 빌립일까, 집사 빌립일까? 궁금하여 잠시라도 그곳에 가보고 싶었다. 그러나 순례 일정상 그곳까지 갈 수는 없었다. 멀리서나마 또 사진 찍기로 아쉬움을 달랬다. 순교자 빌립의 기념교회 터가 이곳에 있다니….

빌립의 순교 이야기는 4세기의 유명 교회사가인 에우세비우스 Eusebius, 263-339의 기록에 있다. 그는 에베소 주교 폴리크라테스의 서신을 통해 히에라볼리에 있는 빌립의 무덤이 사도 빌립의 것임을 밝힌다. "열두 사도들 가운데 한 분인 빌립은 두 분의 연로한 처녀 따님들과 함께 이 히에라볼리에 잠드셨고 그 분들과 마찬가지로 성령의 인도를 받고 사신 빌립의 따른 따님도 에베소에서 안식을 누리고 계십니다."[10]

그러나 에우세비우스는 또 다른 부분에서 히에라볼리에 묻힌 이는 전도자 혹은 집사 빌립이라고 말한다. 성경에서 빌립 집사는 사도행전 21장 8-9절에 네 딸을 두었으며, 이들은 처녀이면서 예언하는 자라고 소개까지 돼 있다. 대교회사가 에우세비우스도 그가 사도 빌립인지 집사 빌립인지 정확하게 정리가 안 된 모양이다. 사도 빌립이든 집사 빌립이든, 좌우간 이 빌립은 이곳 히에라볼리에서 열정적으로 복음을 전하였고 이곳에서 순교하였다. 이단의 온상이었으

---

**10** 필립 샤프, 《교회사 전집 2권》, 크리스찬다이제스트(2004), 210쪽.

며 예술과 문화로 인해 국제적인 도시로서 명성을 떨쳤던 히에라볼리에서 빌립은 어떤 복음을 전했을까?

빌립순교기념교회 터는 산중턱에 자리하고 있었다. 이 교회 터도 지진으로 인하여 심하게 훼손되었겠지만, 마치 노아의 방주를 연상하듯 산 중턱에 히에라볼리가 한눈에 보이는 곳에 있던 것이다. 이 교회가 빌립순교기념교회라는 것이 의미가 있다. 순교를 기념하는 언덕 위의 교회는 그야말로 삶을 보여주는 공동체다. 예수 믿는 자들의 삶이 결국 어떤 것이어야 하는지, 우리는 어떤 영향을 미치며 살아야 하는지 말이다. 사실 교회는 언덕 위에 있는 공동체다. 예수께서는 제자들에게 이렇게 말씀하셨다.

너희는 세상의 빛이라 산 위에 있는 동네가 숨겨지지 못할 것이요

_마 5:14

히에라볼리에서 만난 언덕 위의 빌립순교기념교회는 그리스도인이 어떻게 살아야 하는지, 순교자의 삶이 어떤 것인지를 보여주고 있다. 그는 그리스도를 뜨겁게 사랑했다. 순교의 삶이 그것을 증명했다.

언덕을 내려와 수많은 돌관이 널려 있는 히에라볼리 공동묘지를 지났다. 죽음은 또 다른 삶이다. 그런데 묘지가 다 같은 죽음의 장소이지만 어떤 장소는 삶을 말해주고 어떤 장소는 죽음 그 자체를 말

해준다. 빌립의 순교기념교회 터는 우리에게 삶을 이야기해주고, 공동묘지에서 흉측하게 깨져 여기저기 널브러진 돌관들은 그저 죽음 자체를 이야기한다. 내 삶은 무엇을 말해줄 수 있을까?

　나는 빌립순교기념교회에서 위대한 삶의 결단으로의 초대를 경험했다. 깨진 돌관들 사이에서는 인생의 마지막과 허무를 느꼈다. 우리는 분명 육신의 죽음이 끝이 아니라는 것을 안다. 또 다른 삶으로 이어진다는 사실을 아는 것이다. 그러기에 실존적 인간인 우리는 이 순간에 결단을 해야 한다. 죽음으로 끝맺는 삶을 살 것인가? 다른 세상을 염원하며 소망하며 살 것인가? 더 나아가, 죽음으로 영향을 미치는 삶을 살 것인가?

### † 파묵칼레, 차든지 뜨겁든지 하라

순례팀은 그곳을 지나 다시 파묵칼레로 향했다. 우리는 석회 암반, '하얀 목화성'을 밟고 내려오는 경로를 선택했다. 뜨거운 온천물은 온갖 질병과 피부병을 깨끗하게 한다. 그런데 이곳의 온천물은 이곳으로부터 흘러 라오디게아에 이르면 미지근해지고 만다.

　라오디게아의 미지근한 물 하니까 생각나는 말씀이 있다. 요한계시록에서, 예수께서 라오디게아 교인들에게 이렇게 말씀하신다.

　　내가 네 행위를 아노니 네가 차지도 아니하고 뜨겁지도 아니하도다 네

차든지 뜨겁든지 하라, 유명한 말씀이다. '차든지 뜨겁든지'에 대해서는 해석이 다양하다. 우리가 가장 자주 들은 해석은 '열정의 차이'다. 차가운 것은 냉랭해진 열정을 말하고 뜨거운 것은 말 그대로 뜨거운 신앙을 말한다. 그래서 과거의 성경 해석자들은 "차갑거나 미지근하지 말고 뜨거워라. 신앙에서도 뜨거워야 한다"라고 적용해 주었다.

그런데 최근의 해석은 지명과 그 지역적 특성을 통하여 영적 적용을 도출한다. 골로새 지역의 차가운 물은 목마른 이들에게 생수가 된다. 살아나고 회복된다. 히에라볼리에서 발원한 온천은 따뜻해서 치유하는 물이 된다. 그러나 라오디게아로 흐르는 온천수는 흐르는 만큼 미지근해져 목욕은커녕 먹으면 질병을 유도하고 구토 증세를 동반한다. 그래서 성경해석학자들은 요한계시록의 이 말씀을 라오디게아 교회 교인들이 미지근한 신앙 태도를 버리고 생수처럼 차갑든지 온천처럼 뜨겁든지 둘 중에 하나만 하라고 권하는 것이라고 해석한다. 즉, 열정이 문제가 아니라 미지근한 그들의 삶의 태도가 문제라는 것이다.

그리스도인들은 먼저 '생수와 같은 찬물'이 되어 생명을 공급하는 역할을 해야 한다. 세상에서 목마름을 느끼며 갈증을 느끼는 이들에게 생명을 주는 생수 같은 역할을 해야 하는 것이다. 또한 그리스도인은 '뜨거운 온천수'가 되어 치유자의 역할을 해야 한다. 오늘날 경제의 어려움은 질병까지 동반한다. 재정이 부족하면 답답해져 우울증이 오기도 하고 마땅히 받아야할 치료도 못 받게 된다. 그러나 오늘 우리가 느끼는 경제의 어려움은 그리스도인과 교회들에게 또 다른 영적 기회이다. 우리가 따뜻한 온천수 같은 역할을 할 수 있는 탓이다.

따뜻한 온천수에 발을 담그며, 그리스도인으로서 나는 어떻게 살아야 할지를 고민했다. 차든지 뜨겁든지 하라고 하신 말씀 그대로, 나는 목마르고 죽어가는 이들에게 생수가 되고 있는가? 치유가 필요한 이들에게는 따뜻한 능력이 되고 있는가? 빌립순교기념교회에서 세상에 생명을 주는 순교적 삶이란 무엇인지, 어떻게 살아야 할지 내 삶을 반추할 수 있었다. 나는 하얀 파묵칼레의 석회 암반을 걸어내려오면서 정화를 꿈꾸고 더 나은 삶을 살기를 소망했다.


## † 빌라델비아, 작은 능력으로 섬기다

파묵칼레 지역의 한 호텔에서 하룻밤을 보냈다. 온천관광지답게 이 호텔에도 온천을 즐길 수 있는 시설이 있다. 그렇다고 한국의 온천관광지 같은 풍경을 그리면 곤란하다. 수영복을 입고 미지근한 물에서 수영을 즐기는 정도로 생각하면 적당하다. 라오디게아의 온천은 미지근하다.

빌라델비아 성요한기념교회가
약 15m 높이의 거대한 네 개의 돌기둥으로만 남겨져 있다.

다음날 아침 일찍 눈을 떴다. 또 이동이다. 나그네의 삶이 어떤 건
지 또 실감한다. 버스에 오른다. 오늘은 2시간여 '형제사랑'이라고
불리는 빌라델비아Philadelphia로 이동한다. 빌라델비아는 BC 2세기
아나톨리아 서부를 지배하던 페르가몬 아탈로스 왕조의 에우메네
스 2세가 그의 동생 아탈로스 2세 필라델포스의 이름을 따서 지은
곳이라고 알려져 있다. 이곳은 현재 알라셰히르Alasehir로 불린다. 성
경에서 등장하는 옛 이름이 빌라델비아이다. 이 고대도시에 성벽과

아크로폴리스Acropolis 극장과 신전 등의 흔적은 있지만, 여러 차례 지진으로 인해 고대도시의 유적이나 원형은 찾기 어렵다.

빌라델비아로 가는 길에 창밖을 보니 도로 좌우로 넓은 포도밭이 펼쳐져 있다. 이곳은 땅이 비옥해 포도농사를 짓기에 좋다. 지역에서 판매하는 건포도를 맛보았는데 굉장히 달고 맛이 있었다. 이곳은 포도주의 고장답게 건포도뿐 아니라 좋은 포도주가 제조되는 곳이기도 하다. 이곳의 수호신은 역시나 포도주의 신인 디오니소스Dionysus이다. 디오니소스를 수호신으로 모시는 지역에는 독특한 술 문화가 있다. 술 문화가 자리 잡은 사람들의 심연(深淵)에는 인생을 향유하는 마음이 도사리고 있다. 이런 분위기에서 교회는 어떤 모습으로 존재해야 할까?

작은 마을의 좁은 도로를 지났다. 대형버스가 오르기엔 쉽지 않은 길이다. 결국 유적지 인근에 차를 대고 걸어가야 했다. 마을은 아주 조용했다. 마을 중심부에 들어가면 빌라델비아 성요한기념교회St. Jean Church가 약 15m 높이의 거대한 네 개의 돌기둥으로만 남겨져 있다. 흥미롭게도 이 교회는 마을 한 가운데 위치하고 있다. 왜 네 개의 기둥만 남았을까? 요한계시록에서 빌라델비아 지역에 있는 교회에게 하신 말씀 중에 이런 구절이 있다.

이기는 자는 내 하나님 성전에 기둥이 되게 하리니… _계 3:12

이 말씀을 통해 기둥만 남아 있는 이 교회에서 상징적인 의미를 생각하게 된다. 물론 남아 있는 돌기둥들은 교회의 규모를 실감하게 한다. 당부하지만, 이 돌기둥들을 보면서 이곳이 요한계시록에 등장하는 빌라델비아 교회라고 여기면 안 된다. 성경의 빌라델비아 교회는 작은 규모의 가정교회였을 것이다. "네가 작은 능력을 가지고도"라는 말씀에서 작은 능력이란 말 그대로 교회의 규모를 말하는 것이다. 작은 모임이었다는 것이다. 이 작은 교회는 작은 능력을 가지고도 하나님의 말씀을 배반하지 않았다고 칭찬을 받는다. 하나님의 말씀을 지키며 배반하지 않았다는 칭찬은 어떤 의미였을까?

오늘날도 마찬가지이지만, 술과 향락의 문화가 자리 잡은 곳에서 진리란 없다. 술자리에서는 저마다 인간의 깊은 심연에 자리 잡은 인생을 향유(享有)하려는 마음이 피어나기 때문이다. 그러니 죽음의 문제나 어떤 진리가 술자리에서는 모두 상대화된다. 술자리처럼 인생을 향유하는 자리에서 진리가 어디 있을까? 인생을 향유하는 곳은 내가 생각하고 느끼는 것이 옳다고 여기는 곳이 아닐까? 그런 데선 내가 생각하고 느끼는 것이 곧 진리 아닐까? 술자리뿐 아니라 SNS와 같은 곳도 저마다의 생각과 느낌으로 인생을 향유하는 자리다. "네 생각이 옳다. 네 생각대로 하라. 네가 느끼는 느낌대로 살라"고 '좋아요'를 누른다. 그것이 그들에겐 곧 진리다. 그러니 참 또는 진리라고 규정짓는 것 자체도 향유의 문화 속에서는 옳지 않다. 진리가 아니라 그저 '이야기'이다. 이런 분위기에서 가장 중요한 것은 '공감'이다.

　그런데 인생을 향유하려는 문화 안에서 교회는 다양한 방식으로 존재한다. 우선 '세상과 동화되어 살아가는 방식'으로 존재하는 교회가 있다. 문화에 순응하고 세상 방식대로 살아가는 교회이다. 돈과 물질과 윤리적인 문제에 대해 거룩함을 잃어버린 채 세상과 동화되어 존재한다. 이런 경우, 어떤 그리스도인은 관계의 부딪힘이나 신앙의 어려움을 피해 영적 공동체를 떠나 철저히 개인주의화되어 살아가기도 한다. 그러나 신앙은 철저히 공동체적이어야 한다. 하나님은 우리를 영적 공동체 안에서 거룩함을 유지하고 성장하도록 창조하셨다. 신앙이 세상 문화에 흡수되는 것은 옳지 않다.

　한편 교회가 '세상을 개혁하는 방식'으로 존재하기도 한다. 예수께서 어그러진 곳을 바르게 하시려고 이 땅에 오셨기 때문이다. 어두운 곳에 빛을 주시려고 사람들의 삶의 자리로 오셨던 것이다. 교회도 마찬가지로 성도들의 문화 속으로, 도심 속으로 찾아가야 한다. 사람들의 삶의 자리로 치열하게 들어가 그곳을 하나님의 말씀으로 개혁해야 한다. 바르게 하고 빛을 비추는 삶을 살아내야 한다. 복음을 전해야 하는 것이다. 소금이 되어 세상으로 들어가 녹아 스며들어, 그곳을 살맛나게 해야 하는 것이다.

　교회가 밖으로 나가는 대신 '외부의 문화를 차단하는 방식'으로 존재하기도 한다. 오히려 안으로 뭉치는 것이다. 세상을 악의 세력으로 규정하면서 교회는 거룩한 곳으로 여긴다. 세상의 관심과 문화가 교회 내부에 영향을 받지 않도록 굳게 문을 닫는 상태에서 존재하는 것이다. 철저히 이분법적이다. 그러나 그리스도인은 세상으로부터 부름받은 존재이다. 세상으로부터 부름받은 이들은 세상으로 다시 나아갈 사명을 가진다. 결국 그리스도인은 세상에 존재하며 세상과 더불어 살아가야 한다. 그게 세상에 교회를 세우신 하나님의 목적이자 세상에서 살아가는 그리스도인의 사명이다. 이와 같이 교회는 인생을 향유하는 문화 속에서 다양한 방식으로 존재한다.

교회가 세상으로 나가는 다양한 문화와 방식 속에서도 놓치지 말아야 할 것이 있다. 예수 그리스도께서 교회 안에 '열린 문'을 두었다는 사실이다. 열린 문이란 구원의 문이다. 우리는 그 열린 문을 통해 구원을 얻는다. 닫힌 문이 아니라는 것이다. 이 구원의 문을 열고 닫는 이는 오직 예수 그리스도 외에는 없다.

교회가 놓치지 말아야 할 또 한 가지는 '삶'이다. 인생을 향유하려는 문화 속에서 가장 필요하고 감동을 주는 것은 삶이기 때문이다. 빌라델비아 교회에는 그런 독특한 삶이 있었다. 작은 능력으로도 인내하며 사는 삶, 하나님의 말씀대로 살아가는 삶, 이것이 세상과 구별되면서도 영향을 주는 그들의 삶이었다. 아마 이 작은 공동체는 그들이 가진 작은 힘을 가지고도 능력있게 살았을 것이다. 포도를 생산하는 지역에 있는 이 공동체는 소아시아 내 300여 교회에 성찬식에 쓸 포도주를 무료로 공급했다고 한다.

향유의 문화 속에서 교회가 굳건하게 잊어버리지 말아야 할 것은 결국 삶이다. 삶은 공감과 감동을 주기 때문이다. 예수 그리스도의 삶이 우리에게 큰 공감과 감동을 주어 변화시켰던 것처럼 말이다.


## † 그리스도의 몸으로서 살아가라

교회 이곳저곳을 둘러보는데, 한쪽 구석에 재미있는 비문이 있다. 싱그러운 포도 열매를 조각으로 형상화한 비문이다. 포도주는 포도의 알갱이를 짜서 즙을 내 숙성시켜 만드는 것이다. 한 잔의 포도주는 그렇게 나온다. 예수 그리스도의 몸인 교회는 성도 한 사람 한 사람이 말씀으로 인내하며 섬기고 몸부림치면서 세상에 존재한다. 마치 포도 알갱이를 짜내는 것처럼 말이다. 짜낸 포도즙은 그대로 세상으로 향한다. 포도주가 예수 그리스도의 보혈을 상징하듯, 교회는 생명을 살리는 그리스도의 보혈처럼 능력이 되어 세상으로 흘러가는 것이다. 받아 마시는 이들마다 힘을 얻는다. 교회는 세상에서 그렇게 존재한다.

빌라델비아 성 요한기념교회 밖으로 나왔다. 교회 근처에 빵집이 있어서 일행은 커다란 빵을 한 개씩 받았다. 따뜻했다. 쌀쌀한 아침이라 갓 나온 따끈한 빵을 가슴에 안고 제각각 뜯어먹기 시작했다. 분명 포도주를 묵상했는데, 먹는 것은 빵 조각이었다. 이미 아침식사를 든든히 먹고 나온 뒤였지만, 그래도 얼마나 고소하고 맛있었는지 모른다. 굶주린 이들처럼 허겁지겁 빵을 떼어먹었다. 그 빵은 겉은 딱딱하고 속은 부드러웠다. 아주 잘 익었다. 스프도 없고 잼이나 꿀이나 버터도 없는, 그냥 빵이었다. 고소한 빵은 먹는 이를 행복하게 한다. 빵은 예수 그리스도의 몸을 상징한다. 뜯겨져 우리의 주린 배를 채운다. 그것이 그리스도의 능력이다.

따뜻한 빵조각을 들고서 작은 능력을 묵상하니, 또한 떠오르는 것이 누룩이다. 누룩은 빵을 만드는 데 필요한 소재이다. 밀가루에 누룩을 적게라도 넣으면 부풀어 빵이 된다. 예수께서는 보잘것없는 미물인 누룩이 밀가루 속에 있을 때 부풀어 오르는 속성을 보시고 하나님나라에 비유하셨다. 우리는 하나님나라다. 누룩처럼 보잘것없는 우리가 성전의 기둥이며 하나님나라다.

다음 지역으로 가기 위해 네 개의 거대한 기둥만 남은 빌라델비아 요한기념교회를 뒤로 했다. 멀어져가는 기둥들을 보면서 우리가 믿는 신앙과 삶의 중요성을 잠시 묵상했다. 형제 사랑을 실천하는 교회, 작은 능력을 실천했던 상징인 포도주와 빵을 떠올려본다. 성찬이 주는 의미도 가슴에 담아본다. 포도주와 빵은 예수 그리스도의 몸처럼 뜯겨지고 나뉘어 우리에게 전해진다. 그리스도의 몸을 받은 우리는 그 몸으로서 살아간다. 삶으로 생명을 전한다. 세상을 살린다. 결국 살리는 것은 삶이다. 지금도 육중하게 남아 있는 빌라델비아 교회의 네 기둥들이 생각난다. 그 기둥들 사이로 기둥과 같이 하나님나라의 확장을 위해 열정을 다했던 사도들, 그리고 교회를 유지하기 위해 몸부림쳤던 기둥과 같은 일꾼들이 생각난다.

죽음의 두려움은 우리를 일깨운다.
그러나 살았다는 안도의 한숨은
무장을 해제시킨다.

CHAPTER 7

사데,
깨어 있지 아니하면

빌라델비아에서 만난 터키의 아침은 생각보다 쌀쌀했다. 스산한 바
람이 분다. 춥다. 나는 여태껏 터키를 뜨거운 태양을 가진 나라, 건
조한 바람이 부는 나라로만 알고 있었다. 그 오해를 단번에 깨트렸
다. 순례객 모두 갓 구운 따뜻한 빵을 하나씩 가슴에 안고 버스로 향
했는데, 몇몇 순례팀원은 빵 굽는 냄새에 끌려 빵집으로 들어가 사
진까지 찍었다. 빵맛은 희미해져도 입맛의 기억으로 남고, 사진은
영원하리라 믿어서다. 인간은 뭐든 남기는 데 집착하는 존재임이 분
명하다. 이윽고 버스는 한참을 달렸다. 50분 걸려 도착한 곳은 사
데Sardis다.

'사르디스' 혹은 '사데'라고 불리는 이 도시는 과거엔 꽤 부유했던 것으로 알려져 있지만, 현재는 시골의 한가한 도시이다. 폐허로 남은 유적들만이 이 도시가 얼마나 웅장하고 부유했는지 알게 해줄 뿐이다. 이런 걸 보면 인간 문명의 대부분은 왜 남기는 것에 집착하는지 모르겠다. 남긴다 해도 폐허가 되어버릴 뿐인데. 인간은 잊혀지는 것을 두려워하기 때문인가 보다.

## † 영웅, 인간 욕망의 투영 대상

사데는 두아디라에서 남쪽으로 48킬로미터 떨어진 지점에 있다. 앞으로는 팍톨루스Pactolus라는 이름의 강이 흐르고, 그 뒤 북쪽으로는 투몰루스Tumolus라는 산기슭에 자리하고 있다. 그야말로 난공불락의 요새이다. 사데는 리디아Lydia 왕국의 수도였다. 헤로도투스Herodotus는 헤라클레스의 자손들이 행사하던 리디아 왕권이 크로이소스 가(家)로 넘어간 경위를 그의 책《역사》에 서술하고 있다. 그 책에서 불멸의 영웅이라 불리는 헤라클레스의 자손들 이야기를 바로 사데에서 만났다.

고대의 신화는 헤라클레스Heracles를 제우스와 미케네의 왕 앨렉트리온의 딸 알크메네의 아들이라고 전한다. 그의 어머니 알크메네는 페르세우스의 아들 알카이오스의 딸인 아낙소의 딸이다. 헤라클레스는 제우스의 아들 페르세우스의 후손이며 또한 제우스의 아들이다. 흔히 우리는 이런 경우 족보가 꼬였다고 말하거나 패륜이라고 한다. 그러나 신화 속에서는 영웅이다. 그는 올림포스 최고의 신인 제우스의 증손이면서 아들인 것이다.

인간에게 영웅은 무엇일까? 영웅은 인간 욕망의 투영 대상이다. 역사 이래로 인간은 신의 이야기를 담을 때 인간 욕망의 대상인 불멸성과 영웅심을 그대로 투사해낸다. 뿐만 아니라 추락과 일탈의 심리까지 그대로 투영한다. 사람들은 그것으로 만족감을 얻는다. 인간의 나약함과 현실을 판타지와 같은 세계 속으로 끌어들여 이를테면 대리만족을 누리는 셈이다. 그렇게 주조한 인물이 헤라클레스인 것이다. 헤라클레스의 이야기는 그런 의미에서 인간이 만든 가장 완벽한 신화이다. 말은 불멸의 영웅이라고 하지만 헤라클레스는 제우스의 아내인 여신 헤라의 질투를 한 몸에 받는 인물이기도 했다. 영웅의 비화(悲話)는 이렇게 이어진다.

헤라는 헤라클레스를 미치게 만들어 아내와 아들까지 죽게 한다. 이 일로 12년 동안 과업을 부여받는다. 헤라는 또다시 헤라클레스를 미치게 하여 에우리토스의 아들 이피토스Iphitos를 죽게 한다. 이피투스는 헤라클레스의 친구였다. 결국 헤라클레스는 이 일로 리디아Lydia 왕국의 여왕 옴팔레Omphale 밑에서 3년 동안 노예생활을 하여 자신의 죗값을 치르게 된다. 옴팔레는 그에게 여자 옷을 입고 바느질과 길쌈을 하도록 시켰다. 인간 세상의 최고 영웅이자 힘의 상징인 헤라클레스가 여자 옷을 입고 바느질과 길쌈이라니, 상상이 가질 않는다. 노예가 된 헤라클레스와 사랑에 빠진 옴팔레는 그와 결혼한다. 옴팔레는 헤라클레스 사이에서 리도스, 알카이오스 등의 아들과 여러 명의 자식을 낳고서야 그에게 자유를 준다. 헤라클레스와 옴팔레 사이에서 낳은 아들 알카이오스의 후손 중에 칸다울레스Candaules 가 있는데, 그는 헤라클레스 후손의 마지막 통치자이다. 헤라클레스의 후손으로서 리디아의 마지막 통치자인 칸다울레스에 대해, 탁월한 이야기꾼인 헤로도토스는《역사》에서 다음과 같이 전하고 있다.

칸다울레스는 왕이지만, 비범한 인물은 아니었던 것 같다. 그는 자신의 아내를 너무 사랑했다. 아내의 아름다움을 자랑했던, 말하자면 팔불출 같은 인물이었다. 그에게는 굉장히 신임하는 신하인 귀게스Gyges가 있었다. 그는 칸다울레스에게 충성을 다하는 경호원이었다. 칸다울레스는 아내의 아름다움을 귀게스에게 자랑했다. 하루는 아내의 미모를 자랑하다가 결국 자기 아내의 알몸을 보여주겠다고 호언한다. 당시 리디아인뿐 아니라 모든 헬라 세계에서 남자라도 알몸을 보이는 것은 큰 치욕으로 여겼다. 그래서 귀게스는 극구 사양했지만 왕의 청원에 승낙하게 된다. 왕은 충성스러운 신하 귀게스와 전략을 짠다. 귀게스는 침실 은밀한 곳에 숨어서 침실로 걸어 들어오는 왕비의 알몸을 보게 된다. 그런데 귀게스가 숨어 보고 있다는 것을 왕비가 눈치챈다. 왕비는 수치심을 크게 느낀다.

왕비는 다음 날 귀게스를 불러 제안을 하게 된다. "칸다울레스 왕을 죽이고 나와 결혼하여 리디아의 왕이 되든지, 아니면 지금 죽을 것인지 선택하라." 귀게스는 왕이 될 가능성이 있는 전자를 택한다. 그는 칸다울레스 왕을 암살하고 왕비와 결혼하여 리디아의 새 왕이 되었다. 그러자 리디아 백성들이 적지 않은 소요를 일으켰다. 이럴 때 필요한 것이 신탁(神託)이다. 신탁이 귀게스를 리디아 왕으로 선포하면 그를 왕으로 세우고, 아니면 헬라클레스의 자손에게 왕권을 돌려줘야 한다고 결의한다. 서둘러 델포이에 신탁을 요청했고, 신탁 덕분에 귀게스는 왕으로 인정받는다. 이렇게 귀게스는 리디아의 세 번째 왕조인 메르므나다이 왕가의 시조가 된다. 메르므나다이 가(家)가 헤라클레스의 자손들에게서 리디아의 왕권을 찬탈한 것이다. 귀게스가 세운 새로운 왕조는 150년간 계속된다. 크로이소스Croesus 가 왕위에 재위하던 시절이 리디아 왕국, 사데의 전성기였다.

혜로도토스는 전성기의 리디아 왕국을 이렇게 기록하고 있다.

"당시 살아있던 헬라의 모든 학자들이 번영의 절정에 있던 사르데이스(사데)를 방문했는데, 아테나이의 솔론도 그중 한 명이었다."

아테네의 유명한 정치가 솔론Solon, BC 640-560이 방문했을 때 크로이소스는 보물창고들을 보여주며 자랑했다. 또한 리디아 사람들은 매우 용감한 민족이었다. 그들은 말을 타고 싸웠고 긴 창을 들고 다녔다. 탁월한 기수들이었다. 그러나 리디아는 최고의 번영을 누리는 시기에 활짝 피지 못하고 져버린다. 혜로도토스의 《역사》를 보면 페르시아의 퀴로스(고레스)가 리디아 왕 크로이소스를 2주간의 전쟁 끝에 정복한 기록이 있다.

# † 난공불락 도시에서 안심했으나

사데는 해발 250미터의 높은 산으로 깎아지른 절벽 위에 자리 잡은, 지형적으로나 군사적으로도 유리한 난공불락의 도시였다. 이 도시로 들어갈 때는 좁은 입구를 통과해야 했다. 이러한 곳에 페르시아(바사) 군이 14일간 포위하고 물불을 가리지 않고 성벽 타기를 시도했으나 성공하지 못했다. 리디아 인들은 사데에 투몰루스 산이 있기에 자신들은 절대로 멸절되지 않는다고 여겼을 것이다. 난공불락의 요새가 있기에 살았다 하며 안심했을 것이다. 그러나 그들은 "살았다 하는 이름을 가졌으나 실상은 죽은 자들"이었다(계 3:1). 그들은 투몰루스 산과 크로이소스 왕을 믿었다. 그의 군사력도 믿었다. 그러나 그들에게 있는 자만심, 즉 그들에게 있는 헛된 믿음은 결국 삶이 아니라 죽음으로 이끌었다. 죽음의 두려움은 우리를 일깨운다. 그러나 살았다는 안도의 한숨은 무장을 해제시킨다.

투몰루스 산에 접해 있는 경계는 워낙 가파른 곳이라 공격당할 염려가 없다고 여겼다. 도시를 지켜줄 것이라고 믿었다. 그래서 경비를 제대로 하지 않았다. 그런데 마르도이족인 휘로이아데스는 전날 리디아인 한 명이 이 쪽에서 내려와, 성채에서 굴러 떨어진 투구를 주워 올라가는 것을 보게 된다. 그 장소를 기억해두었다가 이번에는 자신이 올라가 보았고 다른 페르시아 사람들도 따르기 시작했다. 그렇게 수많은 페르시아 사람들이 잇달아 오르자 사데는 함락되고 도성 전체가 약탈되었다.

아무리 난공불락의 요새라 할지라도 인간의 세계에는 반드시 약점이 있는 법이다. 그 약점을 공략해서 승리로 이끄는 길은 상대를 향한 집요한 집중과 분석에서 시작된다. 헤로도토스는 역사를 서술하는 입장에서 최대한 공평하게 적으려고 했으나, 누구는 이 사건을 한 병사의 느슨한 경계 태도 때문이라고 지적하고, 어떤 이들은 신탁과 예언에 의한 것이라고 해석하기도 한다. 한쪽은 교훈을 삼으려는 것이고 한쪽은 운명을 말한다. 그래서 역사는 해석이 중요하다.

어찌 되었든 리디아의 함락은 한 병사가 떨어뜨린 투구와 허술한 경계 그리고 난공불락의 요새라는 자만심이 만든 결과이다. 그리고 승리를 가져오기 위한 집착과 관찰이 가져다준 열매라고 할 수 있다. 무엇이든 역사적 사건은 단순한 사고나 단편적인 사건 때문에 일어나는 것이라기보다 복잡하고 복합적인 것이 하나가 될 때 일어난다. 그래서 쉽게 평가할 수 없고 쉽게 말할 수도 없는 것이다.

성지순례 팀은 난공불락의 요새라 불렸던 투몰루스 산 가까이 가보았다. 높고 험준할 뿐 아니라 가파르다. 페르시아인들은 이 유명한 요새를 보면서 어떤 생각을 했을까?

나는 문득 기도에 대해 생각했다. 우리가 신앙생활에서 기도하지 않는 이유는 무엇일까? 우리가 영원히 살 것이라는 오해 때문이다. 사데 사람들은 투몰루스 산이 지켜주고 안전하게 해줄 줄 알았다. 영원히 살게 해줄 줄 알았던 것이다. 그 산을 믿은 것이다. 그러나 그들은 실상은 죽은 자들이다. 우리는 무엇을 믿는가?

리디아 함락의 역사는 그리스도인의 삶에 유익한 영적 깨달음을 준다. 그리스도인은 모두 영적인 전쟁터에 살고 있다. 원수는 우는 사자같이 삼킬 자를 찾아 헤맨다고 한다. 이럴 때 허술한 경계와 허술한 삶은 투구를 떨어뜨려 원수들에게 진격의 길을 내주는 삶을 살게 된다. 영적 공동체에서도 마찬가지다. 그리스도의 공동체는 기도로 무장해야 단단하게 결속시킨다. 난공불락의 요새가 된다. 그러면 마귀의 권세도 함부로 하지 못한다. 그런데 어느 한 사람의 허술한 경계 태도가 공동체 전체를 무너뜨린다. 게으름, 무기력, 원망, 분노 등등, 한 사람의 영적 태도가 그 공동체를 패배의 삶에 잠식(蠶食)시킬 수 있다. 그러므로 원수들의 강력한 공격에 맞서 이길 유일한 힘은 모두 하나가 되어 영적 전신갑주를 입고 기도로 무장하는 것이다. 사데교회에 보낸 편지에 이런 구절이 있다.

> 그러므로 네가 어떻게 받았으며 어떻게 들었는지 생각하고 지켜 회개하라 만일 일깨지 아니하면 내가 도둑 같이 이르리니 어느 때에 네게 이를는지 네가 알지 못하리라 _계 3:3

믿음은 늘 현재형이다. 깨어 있는 삶을 촉구하고 있다. 깨어 있는 삶은 우리의 삶을 현재에 머물게 도와준다. 리디아 군의 허술한 경계 태도와 요한계시록의 권면이 우리의 삶에 도전을 준다.

"깨어 있어라. 내가 도둑같이 이르리니."

## † 사데, 살았다 하는 이름을 가졌으나

투몰루스 산을 내려오니 비잔틴 시기에 건축한 사데교회가 보인다. 그 옆에 높은 기둥들로 이루어진 아데미 신전도 보인다. 사데는 페르시아 제국의 총독령 수도로 번성하게 된다. 이 지역에서 동서 무역 교류가 활발하게 이루어졌다. 부유한 도시로서 명성을 되찾는 듯했다. 그러나 BC 17년 아나톨리아 서부 지역에서 일어난 지진으로 도시가 파괴된다. 그리고 티베리우스Tiberius 황제의 원조로 재건된다. "네가 살았다 하는 이름을 가졌으나 사실 죽은 자로다." 짧고도 강력한 이 한 마디의 구절 속에 영적인 메시지가 담겨 있는 것 같다. 산을 내려오면서 그 영적 의미를 곱씹었다.

요한계시록 3장 1-6절까지는 사데교회에 편지한 내용이다. 반복되는 단어가 있다. '이름'이다. 3절, "네가 '살았다 하는 이름'을 가졌으나." 5절, "'그 이름'을 생명책에서 결코 지우지 아니하고 '그 이름'을 내 아버지 앞과 그의 천사들 앞에서 시인하리라."

'살았다 하는 이름'은 무엇일까? '생명책에서 지우지 아니하고 천사들 앞에서 시인할 그 이름'은 무엇일까? 그것은 그 이름에 합당하게 살아온 사람들을 말하는 것이 아닐까? 살았다 하는 이름은 바로 '그리스도인'이라는 이름이다. 왜냐하면 생명책에 기록될 이름이기 때문이다. 사데교회가 살았다 하는 이름을 가졌다는 것은 그들이 스스로를 그리스도인으로 불렀다는 것을 말한다. 그런데 그들은 그리스도인답게 살지 못했다. 행위의 온전함을 찾을 수 없을 정도로 타락했다. 그러니 분명 살았다 하는 이름인 그리스도인이라 불렸지만, 그들의 실상은 죽은 것이다. 우리 주님은 명하신다.

"행위를 온전하게 하라. 회개하라. 흰옷을 입어라. 그리하면 생명책에 이름을 기록하고, 아버지와 천사들 앞에서 그 이름을 시인하리라."

나는 실상 살았는가, 죽었는가? 무엇을 의지하며 사는가? 그리스도인이라는 이름에 맞게 살고 있는가?

멀리 있는 교회 터를 바라본다. 비잔틴 시대에 세워진 교회가 눈에 보인다. 교회 옆에는 아데미 신전의 기둥들이 있다. 하늘 높은 줄모르고 솟아있는 신전의 기둥들이 마치 우리가 살고 있는 시대 같다. 다산과 풍요의 신인 아데미의 신전은 높은 기둥의 끝으로 우리의 눈을 향하게 한다. 풍요라 함은 저 끝에 도달하는 것이라고 말이다. 그 신전 옆에 교회 유적이 있다. 사데교회다.

우리는 그리스도인이라는 이름을 가지며 세상의 주변에 살고 있다. 세상을 떠나서 살 수 없고, 세상을 등지며 살도록 부르심 받은 사람들이 아니다. 세상과 더불어 살아야 한다. 그렇다고 세상과 동화되어 살라는 것 아니다. 거룩하게 살라고 부름을 받았다. 그리스도인이라는 이름에 걸맞게, 합당하게 살라고 부르신 것이다. 신전옆에 있는 사데교회가 우리의 삶이 어떠해야 할지 말을 건네는 것같았다.

교회 옆에 세워진 신전의 기둥 높이와 터가 이 신전의 크기가 얼마나 컸을지 가늠하게 한다. 높이가 거의 6미터 정도는 돼 보이는

아데미 신전 터의 큰 기둥 옆에 사데교회 유적이 있다.

큰 기둥이 두 개 있다. 이 기둥은 이오니아 양식이다. 그리스의 기둥은 크게 세 가지 양식으로 분류할 수 있다. 첫째, 간결함과 묵직함이 특징인 도리아 양식 기둥은 배흘림 양식으로서 짧고 굵은 게 특징이다. 둘째, 코린토 양식이다. 아칸서스 잎을 새겨 넣었는데, 마치 아칸서스 잎이 바람에 휘날리는 모습 같아 화려하다. 셋째가 오늘 우리가 본 이오니아 양식이다. 이오니아 양식은 길고 가느다란 기둥이 특징이다. 사람들은 가느다란 기둥을 보며 가냘픈 여성의 모습을 떠올렸다. 그러나 아데미 신전의 모습을 온전히 상상할 수 없었다. 이 큰 신전 옆에 초라하고 작은 교회가 있는 것이다.

순례객들이 교회 안으로 들어가려는데 소동이 일어났다. 무슨 일인가 싶어 가보니 입구에 뱀 한 마리가 있던 것이다. 누군가 물리거나 질색하여 기절하는 일은 없었다. 한 집사님께서 나뭇가지로 살며시 들어 반대편으로 던져버렸다. 이때 갑자기 '사데교회의 사 자가 혹시 뱀 사(巳) 아닌가?' 하는 엉뚱한 생각이 들었다. 위급한 순간에 이런 생각이나 하고 있었으니 나도 벌써 '아재'가 되어가나 보다. 어쨌든 뱀을 던져내고 소동은 종료되었다. 작은 문을 통해 안으로 들어가 보았다. 벽돌로 지어진 아담한 교회였다.

교회 근처 안내판에 따르면, 이 교회는 4세기경 테오도시우스 황제의 명에 의해 건립된 교회였다. 후대에 아데미 신전을 발견하면서 이 교회도 발굴된 것으로 여겨진다. 지금 교회의 모습은 1911년쯤 세상에 공개된 것이다. 이 교회는 두 공간으로 만들어졌다. 예배드리는 공간과 문을 통해 밖으로 나가면 세 개의 창문이 있는 또 다른 공간이 그것들이다. 개인적인 추측으로는 이곳이 성만찬을 할 수 있는 공간이 아닐까 싶었다. 예배자들이 먼저 예배실에 모여 예배하고, 세례 받은 이들은 옆의 공간으로 모여 성찬을 나누는 것이다. 아니면 주방 같은 곳으로서 함께 식사를 하며 교제를 나누는 공간이었을지도 모르겠다.

이곳에서 잠시 기도의 시간을 가졌다. 우리의 교회가 요한계시록에 등장하는 사데교회는 아닐지라도, 세상에서 발견될 때 "네가 살았다 하는 이름을 가졌으나 실상은 죽은 자로다" 하신 예수 그리스도의 지적을 쉽게 잊어버리지 않기 위해서이다.

우리는 '살았다 하는 이름'을 가진 자로서 나와 내 주변을 살리는 사람, 세상을 살리는 교회가 되어야 한다. 하나님께서 세상에 우리를 두신 목적이 그것이기 때문이다. 이것이 교회가 가진 사명이자 존재하는 목적이다.

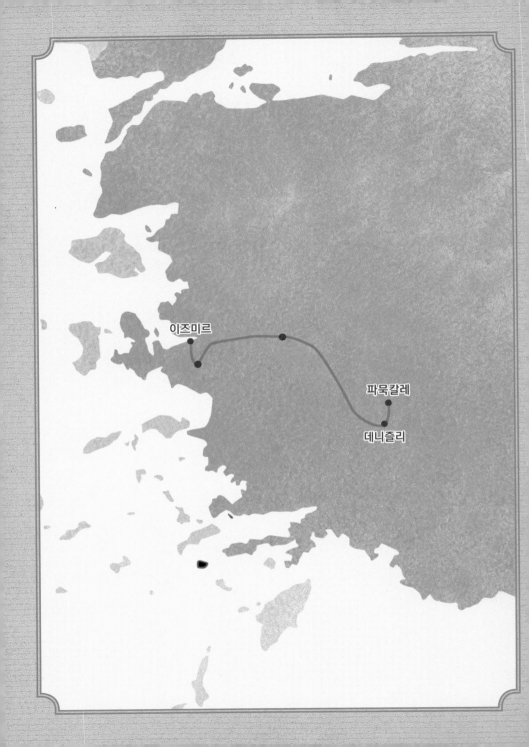

이즈미르

파묵칼레

데니즐리

CHAPTER 8

# 서머나,
# 죽도록 충성하라

사데를 떠나 버스를 타고 도착한 곳은 이즈미르Izmir이다. 이즈미르
는 과거에 아내가 단기선교지로 머물렀던 곳이다. 버스가 시내를 관
통할 때 보니 굉장히 큰 도시였다. 순례팀은 점심식사를 위해 잠시
옵티멈 아웃렛Optimum Outlet을 방문했다. 건물은 에스컬레이터가 4층
까지 설치돼 있을 정도로 컸다. 지하에는 먹거리를 파는 식당과 아
웃도어 매장들이 있다. 우리나라의 대형 쇼핑몰과 비슷한 구조다.

아내는 터키 날씨에 적응이 안 되어 스포츠 몰의 아웃도어 매장
에서 후드 집업을 하나 구매했다. 생각보다 저렴해서 놀랐다. 터키
경제가 썩 좋지 않은 상황이어서 그런 것 같다. 최근 유럽과 중동 사

이에서 유력 중진국인 터키의 경제가 위태롭다는 뉴스가 들렸다. 경기침체뿐 아니라 미국과의 갈등에 정치적 불안까지 겹쳐 금융시장이 요동을 친 것이다. 결국 터키 통화인 리라화의 가치는 6개월 만에 최저 수준으로 떨어졌다. 터키 경제 불황으로 인해 자연히 물가가 오르니 민생 경제는 불안해지고 있다. 보도에 따르면 2019년 1월 실업률이 14.7%로 10년 만에 최고점을 찍었다고 한다. 사람에게 일자리는 삶의 가치를 부여해주는 것이다. 일자리를 통해 삶의 가치뿐 아니라 개인의 가치도 향상된다. 반면 실업율의 증가는 인간과 삶의 가치를 전락시킨다. 그래서 실업률과 행복지수는 어떤 의미에서 반비례한다. 실업률의 증가는 행복지수의 하락을 가져오고 실업률의 하락은 행복지수의 증가를 가져온다. 그런데 터키 경제가 어렵다는 말이 무색하게, 이즈미르의 대형쇼핑몰에는 상품과 젊은이들로 가득했다. 놀랍게도 이즈미르는 바로 서머나교회의 삶의 자리였다.

### † 서머나와 이즈미르, 과거와 현재를 겹쳐보다.

이즈미르는 서머나의 터키 현대식 이름이다. 성경에서는 서머나smyrna로 불린다. 서머나는 에베소 북방 56킬로미터 떨어진 곳에 있는 유명한 항구 도시이다. 이 고대도시의 인구는 약 10만 명이 넘었을 것으로 추정한다. 잘 닦인 포장도로와 신전, 목욕탕, 체육관 도서관 등이 있었다. 토마스 브리스코Thomas V. Brisco의 《두란노성서지도Holman Bible Atlas》에 따르면 "티베리우스는 서머나에 황제 숭배 신전을 지을 수 있는 명예를 부여하였다. 나중에 하드리아누스는 서머나에 지방의 황제 숭배를 위한 신전을 짓고 유지하는 직위인 네오코라테Neocorate, 신전파수꾼를 두 번째로 하사했다"고 밝힌다. 서머나는 황제 숭배의 도시였던 것이다. 그래서 큰 도시였다.

또 다른 연구에 따르면, 서머나는 소피스트(철학사상가)들의 활약이 두드러진 곳이었다. 황제 트리야누스의 친구이자 조언자였던 소피스트 폴레모는 하드리아누스 황제에게도 사랑과 존경을 받는다. 하드리아누스가 에베소에 호감을 갖고 있었을 무렵, 그는 서머나로 관심을 돌리게 해 이 도시에 10만 드라크마를 수여하게 하는 업적을 세운다. 이 자금은 옥수수 시장, 경기장, 사원을 짓는 데 쓰였다. 소피스트들의 조언을 통해 서머나는 아름다운 도시가 될 수 있었던 것이다. 따라서 서머나는 황제가 각별히 신경 쓰는 도시였고 이런 연유로 로마 황제 숭배가 특심인 도시였던 것을 알 수 있다. 특별히 하드리아누스 황제는 소아시아와 에베소 등지에서 새로운 디오니소스로 불렸다.

고대 도시들의 자랑거리였던 거대한 시장, 야외 경기장과 높은 사원, 거리마다 들어선 황제의 신상들, 그리고 오늘날 여기저기 인산인해를 이루는 각종 쇼핑몰들과 자동차들과 집들이 분명한 차이는 있지만, 그들이 전하고 있는 메시지는 같았다. 과거도 지금도 경제가 우리의 삶을 좌우한다는 것이다. 먹고 사는 문제가 신앙보다 중요하다고 믿는 것이다. 그래서 돈 문제가 곧 신앙의 문제로 연결된다. 이런 서머나에서 그리스도인 공동체는 어떤 모습으로 존재했을까? 황제 숭배를 거부하며 신앙을 지켰을 것이다. 부와 재물이 우리를 행복하게 만들어준다고 믿었던 세상 속에서 이들은 분명 그것들을 거절하고 가난을 선택하며 살았을 것이다. 그러니 황제숭배와 신전은 분명 경제 문제와 연결되었을 것이다. 황제 숭배를 거부하는 그리스도인들은 상인조합회원Guild, 길드 자격을 부여받지 못해 힘든 생계를 이어가야만 했다. 따라서 서머나교회는 분명 경제적 압박에 시달렸을 것이다. 우리 주님은 그랬던 서머나교회에게 이런 말씀을 하셨다.

네가 네 환난과 궁핍을 알거니와 실상은 네가 부요한 자니라 _계 2:9


## † 서머나여, 죽도록 충성하라

버스를 타고 차창 밖으로 지나가는 도시 서머나를 바라보며 말씀 묵상에 잠겼는데, 어느덧 도착한 곳이 폴리캅순교기념교회였다. 고층빌딩들 틈 사이에 성 폴리캅의 순교기념교회가 있어서 버스에서 내려 한참을 걸었다. 현재 이곳은 로마 가톨릭교회에서 관리하고 있다. 내부로 들어갔다. 천장에 폴리캅의 순교 장면을 그려놓았다. 그

○
폴리캅의 순교 장면이 그려진 순교기념교회의 천장.

좌우에 성인들을 위한 제단도 갖추어져 있다. 이 교회는 굉장히 화려했다.

　서머나교회 이야기는 폴리캅Polycarp, 69-155이라는 순교자의 이야기로 시작하는 것이 적절할 것 같다. 교회사(敎會史)에서 폴리캅은 아주 중요한 인물이다. 교회사가 필립 샤프는 폴리캅을 이렇게 소개하고 있다.

　"폴리캅은 사도 요한에게 배우고 그를 곁에서 모신 사람으로서 서머나교회의 수석 장로였다. 지금도 그곳에는 그의 무덤임을 알리는 평범한 돌비석이 서 있다. 폴리캅은 리옹의 이레나이우스를 가르친 스승이었으며 그런 점에서 사도 시대와 속사도 시대를 잇는 가교 같은 인물이었다."

필립 샤프가 밝힌 대로, 사도 시대와 속사도 시대를 이어주는 초기 교회사에서 중요하게 꼽히는 인물이 바로 폴리캅이다. 폴리캅에 관하여 여러 연구가 있지만, 특별히 관심 있게 연구되는 분야는 그의 순교이다. 와딩턴Waddington은 폴리캅이 순교한 날이 스타티우스 쿠아드라투스Statius Quadratus가 소아시아 총독이던 AD 155년 2월 23일이었다고 밝혔다. 그의 순교 이야기는 설교에서 익히 들어왔다. 그런데 어떻게 우리에게 전해졌을까? 구전(口傳)에 의해 전해졌을 것이라고 생각되겠지만 사실은 그렇지 않다.

서머나교회는 폴리캅이 순교한 후 '폴리캅의 순교Martyrdom of Polycarp'라는 문서를 기록하여 여러 공동체에 보냈다. 그것들 중에 필로멜리움Philomelium에게 보낸 편지가 지금까지 보존되어 있고 그 내용이 우리에게까지 전달된 것이다. 무엇이든 기록으로 남기는 것이 중요하다. 교회사가 후스토 곤잘레스는 이 문서가 전달하는 이야기의 흐름이 드라마틱하며 문장이 진지하게 전개되어 흥미를 준다고 했다. 뿐만 아니라 교회가 순교자의 유물을 보관하는 관습이라든지 기독교와 이교도 사이에 일어난 마찰이 어떤 것이었는지 알게 해주는 중요한 가치가 있다고 평가한다.

'폴리캅의 순교' 문서에서 폴리캅을 회유했던 이는 지역의 실권자 '헤롯의 아버지 니세테스'였다. 그는 폴리캅에게 "카이사르를 신이라 말하고 제사를 지내 목숨을 구하는 것이 무엇이 그렇게 해로운 일이냐?"라면서 죽음을 피하도록 권유했다. 그러나 폴리캅은 거절하였다. 군중은 폴리캅을 향해 "그는 그리스도인들의 선생으로서 (로마 황제라는) 신의 파괴자이며 희생 제사를 드리지 못하게 하고 (황제) 숭배도 못하도록 가르쳤다"고 고소하였다. 과연 황제 숭배의 도시답다. 총독 스타티우스 쿠아드라투스가 다시 한번 '신이신 카이사르의 이름으로 맹세하고 그리스도를 저주할 것'을 요구한다. 딴에는 자비를 베푼 것이다. 그러나 폴리캅은 이렇게 고백한다. 교회 역사에서 실로 유명한 고백이다.

"여든 여섯 해 동안 저는 그분을 섬겨왔습니다. 그동안 그분은 저를 한 번도 부당하게 대우하신 적이 없습니다. 어떻게 제가 저를 구해주신 왕에게 불경스러운 말을 할 수 있겠습니까?"[11]

그는 여든 여섯의 생애 동안 오직 사랑과 긍휼을 베푸신 그분을 부정할 수 없다고 말했다. 게다가 순교자들의 반열에 오르게 된 것을 영광스럽고 기쁘게 여겼다. 기쁨으로 화형대에 올랐다. 그는 이렇게 기도했다. "순교자들의 수에, 그리고 성령의 불멸하심 안에서 영과 육의 영생의 부활을 위하여, 그리스도의 잔에 참여할 수 있도록, 제가 이 날과 이때를 위해 가치 있다고 여겨주셨으니 당신을 찬

---

11  김선영 옮김, "스미르나 교회가 필로멜리온 교회에 보낸 서신에 따른 스미르나 감독 폴리카르포스의 순교", 《기독교 고전총서 제1권》, 두란노아카데미(2011), 206쪽.

미합니다."

사실 그리스도인의 삶은 순교와 고난을 빼고 이야기할 수 없다. 고난 받는 것은 복음을 전하는 이들에게 반드시 따라오는 것이기 때문이다. 그러나 오늘날 우리는 실제적인 순교와 현실적인 고난에서 거리가 먼 삶을 살고 있다. 예수를 믿는다고, 교회를 다닌다고 사람을 죽이거나 공개 처형하는 때는 아니기 때문이다. 그러나 교회사에서는 어떻게 하면 그리스도인들의 삶을 순교와 고난과 밀접하게 할 수 있을까를 고민했다. 순교자들의 공적을 숭배하기도 하고 그 정신을 가져보려는 미신적 신앙을 낳기도 했고, 결국 경건이라는 이름으로 포장하기도 하였다. 이른바 자기포기와 자기희생이라는 이름으로 순교를 말하기도 하고, 그리스도인으로서 살아가면서 겪는 삶의 부조리들을 믿음의 시련 내지는 고난이라는 명목으로 적용하기도 하였다. 순교와 고난의 가치와 무게가 이처럼 저렴해지고 가벼워진 것은 사실이다. 어쨌든 순교의 삶을 오늘날 그리스도인의 삶과 어떻게든 연결시키려는 몸부림이다.

스데반을 비롯하여 많은 순교자들은 하나님의 영광을 보았다. 그들이 하나님의 영광을 본 시점은 언제일까? 절정에 다다르는 고통 속에서였을 것이다. 폴리캅은 기쁨으로 화형대로 올랐다. 그리고 찬송했다. 순교는 분명 하나님의 영광이다. 하나님께서 순교자적 삶과 신앙의 시련 위에 그의 영광을 보이시는 이유가 무엇일까? 그것은 낙심치 않기 위해서이며, 두려워하지 않고 지속적으로 그 길을 걸어가게 하시기 위함이다. 그리고 많은 이들에게 순교란 하나님의 영광임을 알려주시려는 것이다. 순교자들은 이 하나님의 영광을 보고서 끝까지 고통 속에서 인내하였고, 믿음의 사람들은 하나님의 영광을 보고 끝까지 걸어갔다. 이것이 그리스도인의 삶이다.

　오늘날 우리가 삶 속에서 하나님의 영광을 보고자 하는 열망은 가득하다. 그러나 그 하나님의 영광은 쉽게 경험할 수 없고 잘 나타나지도 않는다. 왜 그럴까? 어쩌면 그리스도인들의 삶이 순교와 무관하고 고난과 무관하기 때문은 아닐까? 하나님의 영광은 자기포기와 자기희생으로 이루어지는 순교의 삶에 임한다. 하나님의 영광은 신앙과 삶이라는 간극을 메우려는 처절한 몸부림, 신앙적 부조리들을 간절한 기도와 부르짖음으로 극복해보려는 태도에 임한다.


## † 가난하게 살지라도, 삶에 어떤 혜택도 없을지라도

'폴리캅의 순교' 문서 이야기로 돌아가 보자. 이 문서가 우리에게 주는 몇 가지 정보가 있다.

　첫째, 당시 황제 숭배가 기독교인들에게 어떤 영향을 미치고 있었는지, 그리고 그것을 거부했을 때 어떤 결과를 낳았는지를 우리에게 보여준다. 황제숭배는 정치적인 것으로 시작했지만 훗날 점점 종교적인 것으로 변화된다. 기독교인에게 내리는 박해도 조직적으로 확대되기에 이른다. 소수의 학자들에 따르면 기독교가 공인된 이후에도 황제들은 황제 숭배에 대한 야심을 버리지 못했다고 한다. 황제에게 제국을 움직일 명분과 '평화로운 로마'(팍스 로마나)를 위해 황제 숭배는 어쩌면 필요 이상의 것이었을지 모르겠다. 그러나 그리스도인에겐 절대로 있을 수 없는 일이었다. 가난하게 살지라도, 삶에 어떤 혜택이 없더라도 폴리캅처럼 일생 동안 사랑과 긍휼을 베푸신 그분을 부정할 수 없는 것이라고 여겨 기꺼이 순교의 자리로 나아갔다.

둘째, 이 문서에는 당시 초대교회 공동체가 순교자의 유물을 어떻게 보관했는지에 대한 내용도 기록되어 있다. 초대교회 교인들은 순교자의 유해를 아주 가치있게 여겨 보관했다. 그의 순교의 날을 새로운 생일로 정해 축하하는 행사를 열기도 했다. 그런데 오늘날의 교회에 순교자가 나온다면 어떨까? 솔직히 걱정할 일이다. '두려움에 붙들린 성도들이 흩어지지는 않을까?' '교회는 망하지 않을까?'

2020년, 코로나19로 한국교회가 교회에서 예배를 드리지 못하게 되자 혹자는 교회 핍박 시대를 상상했다. 현실은 물론 그와 다르고 공적 위생을 위한 공적 거리 두기를 위함이었지만, 예배를 자유롭게 드리지 못하고 예배를 목적으로 모이는 교회가 비난받았다는 점에서는 상황이 초대교회의 그것과 비슷해 보였다. 더구나 예배당에서 예배를 드리지 못하는 시간이 예상보다 길어지면서 염려는 깊어졌다. 그런데 초대교회의 성도들은 순교의 날을 생일로 축하하여 기쁨과 즐거움으로 모였다.

"유대인들 가운데 우두머리가 그들의 다투기를 좋아하는 기질을 알고는 그것(폴리카르포스의 시신)을 가운데 놓고 그들의 관습에 따라 불살랐습니다. 나중에 저희는 값비싼 보석보다 더 귀중하고 금보다 더 소중한 폴리카르포스(폴리캅)의 유골을 모아 적당한 장소에 묻었습니다. 그곳에서 주님께서는 이미 앞서 간 경기자들을 기념하면서, 저희로 하여금 폴리카르포스가 순교한 날을 그의 생일로 축하하기 위해서, 그리고 장차 올 경기자들을 훈련하고 준비시키기 위해서 기쁨과 즐거움으로 함께 모일 수 있도록 허락해주실 것입니다."

내가 목사가 되고 나서 틈이 나는 대로 스스로에게 조심스레 묻는 것이 있다. '내게 순교의 기회가 주어진다면 기꺼이 순교의 자리로 갈 수 있을까?' 무서워 대답을 못하겠다. 그러나 순교라는 자리가 얼마나 영광스러운 자리라는 것을 안다면, 그리고 하나님의 위로가 우리 가운데 임한다면 우리는 기꺼이 그 자리로 나아갈 수 있을 것이다. 순교는 하나님의 영광이요 기쁨이기 때문이다.


## † 선한 싸움 다 싸우고 면류관 받으리

폴리캅순교기념교회에서는 사실 폴리캅의 비석은 물론 어떤 흔적도 찾을 수 없었다. 천장의 프레스코화의 화려함만이 순교자 폴리캅이 얼마나 위대한 일을 했는지 칭송해주는 듯했다. 좌우로는 복음서의 내용들과 성인들의 기도 장면들이 그려져 있었다. 나는 천장의 그림을 보는 것만으로도 가슴이 뭉클했다. 마치 나도 저 분들의 숭고한 신앙을 통해 여기에서 기쁨을 누리고 있다는 생각마저 들었다.

관계자들에게 허락을 얻어 그곳에서 간단히 예배를 드릴 수 있었다. 찬송가 360장을 불렀다. 스피커나 마이크는 필요 없었다. 그 교회 공간에 찬양이 울려 퍼지기 시작했다.

행군 나팔소리에 주의 호령 났으니
십자가의 군기를 높이 들고 나가세
선한 싸움 다 싸우고 의의 면류관 의의 면류관 받아쓰리라
선한 싸움 다 싸우고 의의 면류관 예루살렘 성에서
면류관 받으리 저 요단강 건너
우리 싸움 마치는 날 의의 면류관 예루살렘 성에서

신앙은 면류관을 얻기 위해 선한 싸움을 싸우는 것이다. 누군가 신앙을 전쟁처럼 하는 것에 대해 비판한 글을 보았다. 그러나 사실 신앙생활의 성격은 전쟁이요 싸움에서 찾아볼 수 있다. 하나님의 말씀과 우리의 삶의 간극을 좁혀가는 싸움이요, 내 생각과 내 가치가 주께 굴복하며 다스림 받는 삶을 위한 싸움이 신앙이다. 면류관을 얻기 위한 싸움 말이다.

찬양을 마치고 기도한 후 밖으로 나가는 길에 벽에 걸린 그림을 보았다. 천장의 화려한 프레스코 벽화는 아니지만 작은 폴리캅의 순

교 그림이 마음에 들었다. 하나님은 폴리캅의 순교 장면을 어떻게 보셨을까? 궁금했다. 또 한편, 폴리캅은 어떻게 이 혹독하고 고된 박해와 죽음의 두려움을 이길 수 있었을까? 그는 어떻게 순교할 수 있었을까? 내 삶이 도무지 그의 삶을 닮아갈 만한 용기나 자신이 없기에 자연스럽게 나오는 질문이었다.


## † 부활을 현실에서 살아내는 것

폴리캅은 기원 후 115년에 서머나의 감독이 된다. 많은 이들은 그가 죽기 전에 사도 요한으로부터 온 요한계시록 2장의 서머나교회에게 보내는 편지를 읽었을 것이라고 추정한다.

> 에베소 교회의 사자에게 편지하라 오른손에 있는 일곱 별을 붙잡고 일곱 금 촛대 사이를 거니시는 이가 이르시되 _계 2:1

예수 그리스도께서 서머나교회에게 자신을 죽었다가 살아나신 이라고 소개하고 있다. 예수께서도 혹독한 고난을 받으셨다. 뿐만 아니라 죽으셨다. 그리고 살아나셨다. 죽음의 권세는 그의 발 앞에 굴복당했다. 예수 그리스도의 승리가, 그의 부활이 그리스도인들에게 주어졌다. 이것을 믿는 이들은 죽음의 권세 앞에서도 두려워하지 않는다. 부활을 믿는다는 것은 그런 것이다. 그래서 부활을 사는 이들은 현실을 두려워하지 않는다. 먹고 사는 문제로 근심하지 않는다. 경제적 어려움이 문제가 되지 않는다. 너무 비현실적인 삶인가? 사실 부활을 산다는 것은 비현실적인 삶으로 들어가는 것을 말한다.

죽음은 진리마저 굴복하게 만든다. 아무리 정확무오한 진리라 할지라도 실제로 목에 칼이 들어오면 굴복하고 부인하게 될 가능성이 높다. 사람에게 죽음은 형벌 같은 것이요 두려운 것이기 때문이다. 하지만 예수의 부활은 죽음을 이겼다. 부활 신앙을 소유한 자들은 죽음 앞에서 당당하게 된다. 폴리캅은 예수님이 죽었다가 살아나신 사실을 믿었다. 그래서 그는 죽음 앞에서도 당당했다. 기꺼이 그 영광스러운 자리로 들어갔다. 그리스도인들은 예수께서 죽으셨고 다시 사신 분이라는 것을 믿는다. 그의 죽으심과 부활은 모든 믿는 자들의 것이다. 그것이 그리스도인이 평안을 소유한 이유다.

죽음의 문제는 살아있는 모든 자들에게 난제요 과제다. 이것은 나에게도 과제다. 그런데, 그리스도인은 죽음을 이긴 부활을 현실에서 살아내야 한다. 부활은 현실에서 살아내는 것이기 때문이다. 나도 그럴 수 있을까?

요즘 나는 틈나는 대로 속으로 중얼거리는 말이 있다.

"예수의 승리 내 승리, 예수의 평안 내 평안."

부활신앙은 사실 내세에 집중하게 만들지 않는다. 현실에 집중하게 만든다. 부활을 우리의 현실에서 살아낸다는 것은 죽음을 두려워하지 않고 사는 것이기 때문이다. 따라서 예수의 죽으심과 부활을 믿는 자들이 현실의 죽음 앞에서 겁을 내고 두려워하는 것은 이상한 일이다. 부활을 믿지 못하거나 내 것이 아니거나, 둘 중 하나다.

영성학자 유진 피터슨Eugene H. Peterson은 그의 책 《부활을 살라 Practice Resurrection : A Conversation on Growing up in Christ》에서 이렇게 말한다.

"부활을 산다는 것은 부활의 생명, 죽음에서 벗어나는 생명, 죽음을 이기는 생명, 결정적 발언인 생명, 예수님의 생명을 믿고 거기에 동참하겠다는 의도적인 선택이다."[12]

그렇다. 부활을 산다는 것은 예수의 생명을 믿고 거기에 동참하는 것이다. 이즈미르의 거대한 쇼핑몰처럼 돈과 물질이 우리를 행복하게 만들어줄 것이라고 믿는 세상 속에서 교회는 무엇을 외쳐야 할까? 우리에게 현존하는 경제적 어려움, 불안과 두려움이 가중되는 현실 속에서 교회는 어떻게 존재해야 할까? 우리의 믿음을 고민해야 하지 않을까? 그러면 우리는 무엇을 믿어야 할까?

첫째, 예수 그리스도의 죽으심과 부활을 믿어야 한다. 그 믿음은 우리로 더욱 견실하며 흔들리지 말고 주의 일에 더욱 힘쓰는 자들이 되도록 한다(고전 15:58). 그리고 장차 받을 고난을 두려워하지 않게 한다. 죽으심과 부활은 우리로 끝까지 한 길을 걷게 한다.

둘째, 우리가 받게 될 환난은 길어야 '십일 동안'이라는 것을 믿어야 한다. 문자 그대로 10일이라기보다, 끝이 있는 환란이라는 뜻이다.

---

12  유진 피터슨, 《부활을 살라》, IVP(2018), 29쪽.

너는 장차 받을 고난을 두려워하지 말라 볼지어다 마귀가 장차 너희 가운데에서 몇 사람을 옥에 던져 시험을 받게 하리니 너희가 십일 동안 환난을 받으리라 네가 죽도록 충성하라 그리하면 내가 생명의 관을 네게 주리라 _계 2:10

십일 동안의 환란은 영원한 삶에 비하면 너무나도 짧은 순간이다. 물론 그동안은 너무 힘들 것이다. '이 환란이 언제 끝나나' 할 것이다. 그러나 우리의 환란은 분명 끝이 있다. 지금 겪는 인생의 고통, 경제적 어려움, 질병은 반드시 끝이 있다. '십일 동안의 환란' 때문에 영원한 생명의 면류관을 얻지 못하는 어리석음이 없어야겠다.

셋째, 환란을 마친 후 우리에게 생명의 면류관을 주신다는 것을 믿어야 한다. 이 생명의 면류관은 부활을 말하는 것일 수도 있다. 그것은 충성한 자들에게 주시는 은혜요 상급이다. 예수께서 우리의 상급이 되신다면, 우리가 영생을 누리는 존재가 되는 것만큼 큰 은혜와 상급이 어디 있을까? 그래서 환란 가운데 충성한 이들의 마지막은 비참하지 않다.

폴리캅의 죽음은 분명 비참한 것이었다. 그러나 그리스도인들의 공동체는 그 죽음을 영광스럽게 생각했고 기뻐하였다. 왜냐하면 그가 예수 그리스도의 보좌 우편에 앉아 있다고 믿었기 때문이다. 환란 앞에서, 죽음 앞에서 두려워하지 않고 견실하며 충성할 수 있는 이유는 그 끝에 생명의 면류관이 기다리고 있음을 믿기 때문이다.

# † 살아있다는 증거

무거움과 기쁨, 폴리캅순교기념교회를 방문하고 나올 때 얻은 복잡한 느낌이다. 그 길을 지나 멋진 야자수가 심겨진 가로수 길을 걸어 갔다. 지금까지 고대 유적지를 방문하면서 조용하고 한적한 시골을 다니다가 이런 대도시를 만나니 낯설기도 했다.

터키는 어디나 현재와 과거가 교차되는 곳 같다. 게다가 이즈미르 근처에는 대학이 있어서인지 거리에 젊은이들이 많았다. 호텔에 들어가니 에게해Aegean Sea가 보였다. 에게해는 호수처럼 잔잔했다. 파도가 거의 일지 않는 해변 도로 주변의 카페에 앉아 여유롭게 차를 즐기는 사람들도 있고 바닷가에서 운동하는 사람도 있었다. 파도가 없는 바다라니, 잔잔해 보여서 좋지만 에게해는 물고기가 별로 없는 바다로 알려져 있다. 해변에는 분명 해산물 식당이 즐비해야 하는데 일본식 스시식당 하나가 전부였다. 그래서 이곳 사람들은 에게해를 죽은 바다라고까지 말한다고 한다. 우리 인생에서 적당한 파도는 살아있다는 증거인 것 같다. 파도가 없는 바다를 죽은 바다라고 한 것처럼 파도가 없는 인생은 죽은 인생이다. 그런 걸 보면 환란과 핍박과 순교, 그것은 교회가 살았다는 증거다. 또한 생명의 면류관을 받을 것이다.

에게해

이즈미르

아테네

셀축(에베소)

밀레토스

# CHAPTER 9

# 에베소,
# 박해의 문을 지나면

이즈미르에서 130킬로미터 정도 남쪽으로 내려갔다. 거의 2시간여 버스를 타니 아나톨리아 서남쪽 에게해와 닿는 해안지역이 나온다. 그곳에 고대 이오니아의 유적지가 있다. 우리의 목적지는 그 유적지에 있는 밀레토스(밀레도)의 야외박물관이다.

대한민국과 달리 터키에서 2시간여 버스 여행은 쉽지 않다. 바깥 풍경이 지겹도록 똑같기 때문이다. 터키의 땅이 비옥하기는 해도 넓은 평야가 끝없이 펼쳐진다. 멀리 보이는 높은 산맥들은 한국과 비슷해서 평화롭기도 하다. 사도 바울은 이런 소아시아에서 전도여행을 다니면서 어떤 마음이 들었을까?

신약성경을 통해 사도 바울의 삶을 추적할 때마다 목사로서 마음에 와닿는 장소들이 많았다. 나 같은 목회자라면 꼭 한번쯤 가보고 싶은 장소가 여럿 있는데, 그중 하나가 밀레토스Miletos이다. 오늘 그 밀레토스, 다시 말하면 밀레도로 가는 것이다.

밀레토스 야외박물관에 도착하자마자 우리를 반기는 것은 거대한 야외극장이었다. 엄청난 크기의 야외극장 한 복판에 서 보았다. 이곳에서 다양한 주제로 연설한 사람이 있었을 수 있고, 연극을 보며 웃고 우는 시간도 보냈을 것이다. 한편, 그리스도인이라면 이 야외극장의 한복판에 서 본다는 것에 아주 특별한 의미가 있다. 야외극장이 그리스도인들의 공개 처형 장소 내지는 순교의 장소로도 사용되었기 때문이다. 나는 노래에는 자신이 없지만, 야외극장 한복판에서 목사님들과 함께 찬양을 해보았다.

저 멀리 뵈는 나의 시온성 오 거룩한 곳 아버지 집
내 사모하는 집에 가고자 한 밤을 새웠네…

고대 극장에서 관람객들의 만족도 평가는 잔혹한 결과를 낳았다. 무조건 감동을 줘야 한다. 그렇지 못하면 처형이었다. 그날 분위기도 그랬다. 목사들이 순례팀에게 감동을 주고자 최선을 다해 노래했지만, 순례팀은 우리를 향해 엄지손가락을 아래로 내려보였다. 처형이다.

# ✝ 밀레토스, 인생은 작별 그 자체이다

밀레토스의 야외극장 좌우에는 커다란 통로가 있었다. 그곳을 지나 극장 뒤쪽으로 걸어가니 넓은 대지가 나왔다. 흥미롭게도 그곳은 원래 항구 터였다고 한다. 지금은 내륙이 되어 있다. 이곳 항구에서 활발하게 무역이 이뤄지던 모습을 지금은 찾기 어렵다. 다만 상상력이 필요하다. 밀레토스의 항구라니! 그리스도인들에게 그리고 목회자들에게 의미 있는 장소가 바로 이곳이다. 밀레토스가 목회자들에게 의미가 있는 이유는 사도 바울의 행적이 고스란히 담겨 있기 때문이다. 특별히 목회자의 마음을 뭉클하게 만드는 장면이 있다면 바로 밀레토스에서 에베소 장로들과 작별인사를 나눈 것이다.

> 내가 달려갈 길과 주 예수께 받은 사명 곧 하나님의 은혜의 복음을 증언하는 일을 마치려 함에는 나의 생명조차 조금도 귀한 것으로 여기지 아니하노라 _행 20:24

사실 목회자뿐 아니라 모든 사람은 마지막 순간을 기대한다. "나의 달려갈 길과 주 예수께 받은 사명"이라고 장엄하게 말할 건 아니더라도, 마지막 순간에 사랑하는 사람들과 함께 그간 같이한 시간의 아름다움을 나누는 것을 기대한다. 그러나 현실은 많은 경우 대체로 갑작스럽게 마지막을 대한다. 아니면 오랜 기간 질병의 고통과 싸우다가 지칠 대로 지친 상태에서 마지막을 대한다. 아름다운 작별은 현실에서 온데간데없다. 그러나 작별은 우리에게 중요하다. 인생 그 자체이기 때문이다.

롤랑바르트Roland Barthes는 그의 책《밝은 방》에서 이렇게 말했다. "사진을 찍는 순간 바로 죽음에 이른다."

짧은 찰나에 셔터로 현재를 찍지만, 셔터가 눌러진 순간 그것은 이미 과거가 된다는 것이다. 즉 '존재했던 것'이 되는 것이다. 어쩌면 지금, 현재라는 순간은 사실 우리에게 없다. 약간 허무하지만 지금 내 눈앞에 보이는 것은 사실 허상이다. 결국 사라질, 사라진 것들이기 때문이다. 인간관계도 마찬가지다. '지금 이 순간의 나'도 시간의 흐름과 동시에 사라진다. 그러므로 인생은 매순간이 작별이고 매순간이 이별일 수밖에 없다. 사라질 것들이기 때문이다. 그래서 작별(作別)은 인간이 고안해낸 아주 좋은 위안법이다. 작별을 통해 아쉬움을 보내고 슬픔을 달랜다. 위안(慰安)하는 것이다. 그러니 현실에서 죽음과 마지막이라는 것, 그리고 우리가 살아가는 지금이 허상이라는 사실을 모른 채 살아간다면 작별이라는 위안을 제대로 느낄 수 없다. 결국 현실에 지나치게 충실하게 된다. 마치 이별이 없을 것처럼 살아간다. 썩지 않을 것처럼 살아가는 것이다. 현실에 지나치게 충실한 것은 어쩌면 작별과 이별이 주는 의미를 모르기 때문일 수도 있다.

기억해야 한다. 인생은 죽어가는 과정이다. 우리가 여행을 하는 이유도 매 순간이 하나의 작별인 것을 느끼고 싶기 때문이다. 같이 밥을 먹고 시간을 같이 보내는 것도 하나의 작별 연습이다. 그런 의미에서 좋은 인생을 살았다는 것은 '얼마나 이별 연습을 잘했느냐'일 것이다. 진짜 작별의 순간에 그런 것들을 얼마나 추억으로 남겨 놓았는가가 인생의 좋은 평가 기준이 될 것이다. 인생은 그 자체로 이별의 과정인 것이다. 그러니 우리에게 이별은 참 중요하다. 작별을 인생에서 소홀히 여겨서는 안 된다.

그런 점에서, 목회자로서 장례는 참 쉽지 않은 사역이다. 그런데 장례예배를 인도할 때마다 드는 생각이 있다. 장례예배는 고인(故人)을 위한 것이 아니라 살아있는 유가족을 위한 것이고, 그들과 더불어 인생의 참 주인이신 하나님을 예배하기 위한 것이다. 한편, 장례예배는 유가족과 고인 간의 작별의 시간이다. 유가족들은 장례예배를 통해서 고인과 영원한 작별을 하거나 남겨준 기억을 회상한다. 그리고 다시 만날 것을 기대하며 떠나보낸다. 이 시간을 잘 보내지 않으면 안 된다.


## † 바울이 고별설교를 한 곳

밀레토스는 사도 바울의 작별의 장소이다. 사도행전 20장 17절은 사도 바울이 밀레도 항구에서 에베소로 사람을 보내 장로들을 오도록 했다고 기록한다. 사도 바울은 이들과 마지막 시간이 될 것이라고 예상했던 것일까? 그는 에베소 장로들과 함께 복음을 위해 헌신했던 순간들을 떠올린다. 그의 사역을 회고하며 다소 장황하면서 마음이 담긴 고별설교를 한다.

"아시아에 들어온 첫날부터 지금까지 내가 항상 여러분 가운데서 어떻게 행하였는지를 여러분도 알고 계시리라 믿습니다. 곧 모든 겸손과 눈물이며 유대인의 간계로 말미암아 당한 시험을 참아 내었습니다. 그리고 주를 섬긴 것과 유익한 것은 무엇이든지 공동 장소에서나 각 집에서나 어디든지 가리지 않고 여러분에게 전하여 가르치고, 유대인과 헬라인들에게 하나님께 대한 회개와 우리 주 예수 그리스도께 대한 믿음을 증언하였습니다.

보십시오. 이제 나는 성령에 매여 예루살렘으로 가는데 거기서 무슨 일을 당하는지 알지 못합니다. 오직 성령이 각 성에서 내게 알려주시기를 결박과 환난이 나를 기다리고 있다는 것입니다. 그러나 내가 달려갈 길과 주 예수께 받은 사명 곧 하나님의 은혜의 복음을 증언하는 일을 마치려 함에는 나의 생명조차 조금도 귀한 것으로 여기지 않을 것입니다.

내가 여러분과 왕래하며 하나님의 나라를 전파하였습니다만 이제는 내 얼굴을 다시 보지 못할 것입니다. 그러므로 오늘 여러분에게 밝히 말씀드립니다만, 여러분 가운데서 누가 구원을 받지 못하는 일이 있더라도, 내게는 아무런 책임이 없습니다. 왜냐하면 내가 주저하지 않고 하나님의 뜻을 모두 아낌없이 여러분에게 전하였기 때문입니다.

여러분은 자기를 위하여 또는 온 양떼를 위하여 자신을 잘 살피시길 바랍니다. 성령이 여러분을 양떼 가운데에 감독으로 세우셔서, 하나님께서 자기 아들의 피로 사신 교회를 돌보게 하셨습니다. 내가 떠난 후에 분명 사나운 이리가 여러분에게 들어올 것입니다. 양떼를 마구 해하려 할 것입니다. 여러분 중에서도 제자들을 미혹하여 자기를 따르게 하려고 어그러진 말을 하는 사람들이 나타날 것입니다. 그러므로 여러분은 깨어 있기를 권합니다. 내가 삼 년이나 밤낮 쉬지 않고 눈물로 각 사람을 훈계하던 것을 기억하세요. 지금 내가 여러분을 주와 및 그 은혜의 말씀에 부탁합니다. 그 말씀이 여러분을 능히 든든히 세우시며, 거룩하게 하심을 입은 모든 자 가운데 기업을 차지하게 하실 것입니다.

나는 아무의 은이나 금이나 의복을 탐하지 아니하였습니다. 여러분이 아는 것처럼 나는 나와 내 일행에게 필요한 것을 내 손으로 일해서 마련하였습니다. 범사에 여러분에게 본을 보였습니다. 이렇게 힘써 일해서 약한 사람을 도와주는 것이 마땅합니다. 그리고 주 예수께서 친히 '주는 것이 받는 것보다 더 복이 있다' 하신 말씀을 반드시 명심해야 합니다."(사도행전 20장 17절 이하의 말씀을 저자가 다시 씀)


밀레토스가 항구였기 때문인지, 이 지역은 지대가 낮다. 바닷물이 내륙까지 밀려왔다고 한다. 그러나 지금은 해안선도 보이지 않는다. 폐허로 남은 유적들만 남아 있다. 저 항구 터 어느 지점에서 바울이 에베소 장로들과 감동적인 작별인사를 나눴을 것이다. 밀레토스는 그런 의미에서 목회자들에겐 꿈과 소망이 담긴 곳이며 감동을 주는 장소라 하겠다. 달려갈 길과 예수께 받은 사명을 마치고 성도들과 감격스러운 작별의 인사를 고하는 모습은 목회자라면 어느 누구나 꿈꾸는 장면이기 때문이다. 그런데 현실은 그렇게 되기 쉽지 않다는 게 아쉽다. 목회자는 작별에 어색하다. 성도들은 그런 목회자가 어색하다. 그래도 인생은 작별 그 자체이므로 목회자는 작별에 어색해서는 안 된다.

밀레토스 항구 터에서 성도들과 함께 기도했다. 바울과 장로들처럼, 목회자들은 성도들을 위해서, 성도들은 목회자를 위해서 기도했다. 우리의 마지막이 하나님 보시기에 아름답기를….

그곳에서 얼마쯤 걸어 내려오니 저 멀리, 이곳에 올 때 처음에 보았던 거대한 야외극장이 보인다. 밀레토스는 성경의 의미가 담긴 곳이기 이전에 철학의 기원이라 할 수 있는 밀레토스 학파가 생겨난 곳이다. 철학과 인문학의 발원지랄까? 철학자 탈레스를 비롯해 만물의 기원을 철학적으로 사유한 학자들을 배출한 곳이다. 철학과 출신의 한 목사님께서 굉장히 진지하게 이곳에 대해 설명해주셨다.

"밀레토스는 철학과 문학의 중심지이다. 헤로도토스Herodotos, BC 484-425의 《역사histories apodexis》에서 등장하는 밀레토스는 리디아와 페르시아에 끊임없는 침략과 괴롭힘을 당한 곳이며 아나톨리아 서부 해안에 있던 고대 도시들 중 하나이다. 항구 도시로서 해양 무역의 중심지였다. 그러니 침략자들은 밀레토스를 끊임없이 공략했을 것이다. 그런데 성경에서 고레스로 불리는 퀴로스Cyrus는 밀레토스와 조약을 맺는다. 그래서 이곳은 한동안 평온을 유지하는 땅이 된다."

철학이 발전하려면 삶에 대한 진지한 고민이 있어야 한다. 번영과 삶의 평온은 삶에 대한 진지한 고민으로 인하여 열매처럼 얻는 것이다. 밀레토스는 지리상 고난을 겪으면서 철학과 문화와 번영의 도시가 될 수 있었다. 이 거대한 야외극장이 한편으로 그것을 말해주는 것 같다. 이곳의 철학과 문명이 얼마나 찬란했는지 말이다.

## † 사도요한기념교회와 변화의 시간

터키 서남쪽 끝에 위치한 셀축Selcuk으로 갔다. 사도요한기념교회를 방문하기 위해서이다. 사도요한기념교회는 교회사에서 가치 있는 곳이다. 사도 요한의 무덤이 이곳에 있기 때문이다. AD 37-48년 사이에 사도 요한은 예수의 어머니 마리아를 이곳으로 모시고 와서 정성껏 돌보았다. 그리고 이곳에서 돌아가신 것으로 알려진다. 이는 예수께서 십자가 위에서 그의 제자 요한에게 하신 부탁 때문이다.

²⁵예수의 십자가 곁에는 그 어머니와 이모와 글로바의 아내 마리아와 막달라 마리아가 섰는지라 ²⁶예수께서 자기의 어머니와 사랑하시는 제자가 곁에 서 있는 것을 보시고 자기 어머니께 말씀하시되 여자여 보소서 아들이니이다 하시고 ²⁷또 그 제자에게 이르시되 보라 네 어머니라 하신대 그때부터 그 제자가 자기 집에 모시니라 _요 19:25-27

십자가 곁에는 세 분의 마리아, 즉 예수의 어머니, 글로바의 아내, 막달라 여인과 예수의 이모, 그리고 사랑하는 제자인 요한이 있었다. 예수께서는 요한이 어머니 마리아 곁에 있는 것을 보시고 그에게 어머니를 부탁했다. 복음서를 연구하는 이들은 예수의 이모도 십자가 곁에 있었음을 발견한다. 예수의 이모는 야고보와 요한의 어머니일 것으로 추정한다. 이 추정이 맞다면, 예수의 제자이자 세베대의 아들들인 야고보와 요한은 예수와 이종사촌 사이일 것이다. 예수는 십자가 위에서 사촌에게 어머니를 부탁한다.

요한은 사랑의 사도이다. 그런데 그는 본래 보아너게Boanerges, 우뢰의 아들들라고 불렸다. 그의 급하고 과격한 성격 때문이었다. 그가 사랑의 사도로 변화된 것은 십자가에 달린 예수 때문이었다. 십자가 위에서 예수의 고뇌와 인류를 위한 처절한 사랑의 몸부림을 본 것은 그의 삶을 변화시키고도 남을 만한 능력이 되었다. 그리고 그의 어머니 마리아를 섬기며 사랑의 사도로서 인생은 절정에 달하게 되었다. 오늘 방문할 곳이 바로 그 요한을 기념하는 사도요한기념교회이다.

에베소 유적지 주차장에 도착했다. 주차장에 내리자마자 한글이 눈에 띄었다. 처음에는 터키에 한국인들이 많이 오니까 무슨 식당을 소개하는 광고 문구이겠거니 했다. 호기심에 가까이 가보았다. 다름 아닌 '누가의 무덤S.t Luke's Tomb'으로 추정되는 곳이라는 푯말이었다. 사도 바울의 충성스러운 동역자이자 의사였던 누가! 그의 이름을 보는 순간 온 몸에 전율이 흘렀다. 한참이나 멍하니 서 있었다.

섣불리 진위여부는 판단할 수 없으나, 나는 사도 요한을 기념하는 유적지에서 누가의 무덤을 먼저 만날 줄은 전혀 예상하지 못했다. 무덤의 기둥에 십자가와 황소의 문양이 발견되었다고 하여 이곳이 누가의 무덤으로 추정된다고 한다. 누가복음은 황소복음이라는 별명을 가진다. 예수는 억압받는 자들, 고아와 과부들, 하나님께 나아갈 수 없는 자들을 일으켜 하나님께 나아갈 수 있도록 돕는 우직한 황소가 되신다. 그 황소는 하나님과 우리 사이를 화목케 하신 최상의 화목 제물이 되신다. 누가는 사도 바울과 다닌 전도여행을 통해서 그 예수를 만났다. 그는 사도 바울 곁에서 충성스러운 황소처럼 섬겼다. 그리고 이곳에 묻혔다고 알려졌다.

무덤은 그가 어떻게 살았는지를 기억하게 하는 추모(追慕)의 동력을 가진다. 추모를 통해 묻혀 있는 이를 기억으로 살려내는 것이다. 그래서 어떤 이들은 무덤에 집착하기도 한다. 그러나 어떤 이들은 무덤조차 세우는 것을 거부한다. 죽으면 육신은 결국 흙으로 돌아가는 것인데, 무덤이 무슨 소용이냐는 생각 탓일 것이다. 어쨌든 누가의 묘소로 추정되는 곳에서 마음이 뜨거워졌다. 복음을 위한 열정이 다시 살아나고 회복되는 것 같았다.

원래 가려던 곳, 또 한 사람의 무덤으로 향한다. 이곳의 주인공 사도 요한의 무덤이다. 사도요한기념교회에 가려면 무덤들 말고도 반드시 거쳐야 하는 관문이 있다. 바로 박해의 문이다. 왜 박해의 문일까? 오랜 세월 기독교의 박해가 끝나자 로마의 황제가 그리스도인들을 박해한 장소였던 야외 경기장을 무너뜨리고 그 자재를 사용해 이곳에 문을 세웠기 때문이다. 그래서 후대의 사람들이 박해의 문이라 부르게 되었다고 한다.

박해의 문을 통과하는데 어째 마음이 음산하다. 그리스도인들은 박해를 통해 순교의 영광을 맛보았고, 박해를 통해 다시 사는 능력을 경험했다. 박해의 문을 통과해 눈을 들어보니 멀리 셀축 성이 보이고, 넓은 대지 위에 사도요한기념교회가 눈에 들어왔다. 교회 터가 상당히 넓었다. 규모로 보면 당시 그리스도인들은 이곳에 상당한 역사적 가치를 두었을 것이다. 예수의 사랑하는 어머니와 사랑하는 제자가 박해를 피해 이곳에 와서 살았고 묻혔기 때문이다.

대리석 계단을 지나 교회 내부였을 것으로 짐작되는 곳으로 들어갔다. 정면을 응시하자 네 개의 대리석 기둥이 보였다. 그곳이 사도 요한의 무덤이다. 사도 요한은 예수의 제자 중에서 유일하게 순교하지 않은 제자로 알려져 있다. 그의 최후에 대해 분명한 역사적 기록

네 개의 대리석 기둥이 있는 사도 요한의 무덤과 사도요한기념교회 터.

은 없다. 다만 '사랑의 사도'라는 별명만 남겨졌다. 번개 같이 성격
이 급하고 강했던 요한이 사랑의 사도로 변화된 것은 예수의 인품
과 성품을 지켜보았기 때문이다. 십자가에 달리신 예수를 가장 가까
이에서 보았고 부활하신 예수 곁에 있었다. 그리고 예수의 어머니
마리아를 섬기며 복음을 전하다 유배지 밧모섬에서 영원하신 예수
그리스도를 만났다.

　사랑의 사도로 불린 그의 변화는 그러나 결코 단시간에 이루어

진 것이 아니다. 일반적으로도 사람의 변화는 짧은 순간에 이루어지는 게 아니다. 존재와 존재가 만나는 수많은 만남 속에서 이루어진다. 빚어지고 깨지는 부딪힘 속에 이루어진다. 변화는 그렇게 긴 시간 속에서 이루어진다. 자로 잰 듯 계획된 시간과 경험에 의해 변화되지 않는다. 그 시간은 결단코 인간의 시간이 아니다. 그것은 하나님의 시간이다. 우리를 향한 하나님의 계획과 철저한 반복과 '굴림'이 이루어지는 하나님의 시간, 이것이 바로 변화의 주요한 원리이자 중요한 축이다. 사도 요한은 그 시간 속에서 사랑의 사도가 되었다. 요한의 무덤 앞에서, 내가 계획한 내 가정의 변화와 나 스스로를 변화화려는 것에 모든 초점을 맞추며 살았던 지난 시간들을 잠시나마 참회하였다. 시간은 오직 하나님의 것이라는 사실을 기억하지 못하고 그 시간을 오로지 내 것이라 여기며 살아왔던 것을 회개했다.

요한의 무덤을 뒤로하고 좌측 공간으로 걸어갔다. 세례단이 있었다. 이곳에 물이 담기면 세례단이 되는 것이다. 죽음에서 생명으로 변화되는 순간이 이곳에서 경험된다. 사탄의 종노릇하는 이가 하나님의 자녀가 되는 놀라운 신분의 변화가 이곳에서 일어난다. 그 변화를 위한 시간은 최소한 물이 잠기는 시간만큼 필요하다. 하나님의 시간 말이다.

세례단을 지나 높은 곳으로 올라왔다. 교회 터가 한눈에 들어왔다. 사도요한기념교회는 여느 유적지와 같이 이제는 돌무더기만 남아 있다. 다시 박해의 문을 나서며 주차장으로 내려간다. 박해의 문을 통해 나는 교회로 들어왔고, 박해의 문을 통해 세상을 향해 나간다. 그리스도인들은 긴 시간 동안 그렇게 박해의 문을 드나들면서 성숙하고 변화된다. 이것이 바로 한 인간을 향한 하나님의 시간이요 한 인간을 변화시키기 위한 하나님의 열심일 것이다.


## † 에베소, 첫 사랑을 회복하라

사도요한기념교회를 방문한 후 에베소 유적지로 향하였다. 이번 여행에서 가장 기대가 되었던 일이 바로 에베소 유적지를 방문하는 것이다. 점심식사를 위해 '터키 속의 그리스 마을'로 불리는 쉬린제로 향했다. 경기도 파주의 프랑스 마을로 불리는 프로방스 같은 색다른 분위기가 느껴지는 쉬린제 마을은 에베소에 거주했던 그리스인들이 15세기 무렵에 이주해 만들어졌다.

버스는 서둘러 산비탈을 따라 형성된 도로를 따라 한참을 올라갔다. 도로 주변은 올리브 나무들이 무성했다. 우리를 환영하는 올리브 나무들이 이곳의 특산지가 무엇인지 힌트를 주었다. 버스에서 내려 마을로 들어가니 흰색 벽에 붉은 기와지붕이 그리스풍 분위기를 자아내고 있다. 여기저기서 들리는 음악 소리는 우리가 정말 관광지에 온 느낌을 주었다.

계단을 올라가 야외 식탁에 둘러앉았다. 먼저 올리브유와 함께 빵이 나왔다. 한 조각을 떼어 올리브유에 찍어 먹으니 행복했다. 주식(主食)은 역시 고기였다. 모양은 소고기 떡갈비 구이 같은데 향기가 좋았다. 빵을 쪼개 그 사이에 고기를 넣고 샐러드를 얹어 먹으니 맛이 일품이다. 언덕 너머로 올리브나무 밭이 보이는 좋은 경치에서 맛난 식사는 체력을 보충해주고 좋은 기운을 주는 것 같다.

점심을 해결하고 다시 주차장으로 내려왔다. 아기자기한 소품과 기념품 가게들이 다음 장소로 가는 이들을 붙잡았다. 하지만 순례자는 단호히 유혹을 끊어야 한다. 다음에 갈 곳은 에베소 유적지 박물관이다. 에베소 유적지는 관광객이 많은 곳이다. 정신을 차려야 한다. 그렇다고 해서 앞만 보고 걷거나 여행사 가이드 깃발만 보고 가면 말 그대로 돌무더기만 보고 오는 꼴이 된다.

에베소는 세계문화 유산 중 7대 불가사의에 꼽히는 아데미 신전Artemision이 있는 곳이다. 그래서 에베소는 지리학적으로나 교회사적으로나 중요한 도시이다. 로마 제국 시대부터 행정과 교통으로 중심지에 속한다. 유적들의 규모만 보아도 에베소라는 도시가 얼마나 중요한 도시였는지 짐작 가능하다. 이 지역의 아데미 신전이 유명했던 이유는 헤로도토스의《역사》에서도 읽어볼 수 있다.

리디아 왕 크로이소스가 35세에 왕위에 오른다. 그가 왕위에 오르자마자 가장 먼저 공격한 곳이 에베소였다. 그곳을 아데미 여신에게 봉헌한다. 그후 에베소는 페르시아의 고레스에게, 그리고 BC 355년 알렉산더 대왕에게 점령당한다. 에베소는 에게해의 중요한 항구도시로서 점차 금융과 상업의 중심지가 된다. 수차례 지배자가 바뀌면서도 이 도시는 아데미 신전을 고수하였고, 이것을 내세워 돈벌이에 성공한다. 사도 바울은 2차 전도여행과 3차 전도여행 시기에 이곳을 방문하였다. 아데미 신전은 사도 바울 시대에 이미 웅장한 규모와 아름다움으로 유명했다. 아데미 신전은 에베소의 주요 생존 수단과 연결되었다. 특히 은세공업자들은 아데미 여신상을 만들어 팔아 돈을 벌었다.

사도행전 19장을 읽어보면 바울이 에베소에서 제자들의 무리를 만난다. 이들은 요한의 세례만 받았다. 바울이 그들에게 안수하자 그들에게 성령께서 임하셔서 방언도 하고 예언도 하는 일이 일어났다. 성경은 그들이 열두 사람쯤 되었다고 밝히고 있다.

바울은 곧바로 회당에 들어가 무려 석 달 동안 담대하게 하나님의 나라에 대해 말한다. 그리고 두 해 동안 두란노서원에서 사람들을 만나 토론하고 가르쳤다. 이때 유대인 대제사장 스게와와 일곱 아들이 '예수의 이름으로' 귀신을 내어 쫓는 축귀를 하다 봉변을 당한다. 그 귀신들이 이렇게 말했다. "나는 예수도 알고 바울도 아는데 도대체 너희는 누구냐?"(행 19:15). 에베소에 사는 유대인들과 그리스 사람들이 이 소식을 듣고 두려워 떨며 예수의 이름을 부르는 일이 일어난다. 많은 신자들이 찾아와서 죄를 고백하고 마술사들도 그들의 마술책을 불태우는 일이 일어난다. 그 값이 약 은 오만이나 되었다고 증언한다.

주의 이름을 부르짖을 때 성령이 임하시고, 죄가 있고 거룩하지 못한 곳에 거룩의 영을 부으시니 저마다 과거의 죄와 어두움을 토해놓고 불태우는 역사가 일어났다. 부흥이 일어난 것이다.

바울이 에베소에 머물고 있을 때, 그들이 전한 복음으로 인해 에베소에 큰 소동이 일어났다. 데메드리오라는 은 세공인이 바울이 전한 복음으로 인해 생계의 어려움에 봉착하자 동업자들을 불러놓고 설득하기 시작했다.

> 25 "여러분, 여러분이 아시는 바와 같이, 우리는 이 사업으로 잘 살고 있습니다. 26 그런데 여러분이 보고 듣는 대로, 바울이라는 이 사람이 에베소에서 뿐만 아니라, 거의 온 아시아에 걸쳐서, 사람의 손으로 만든 신은 신이 아니라고 말하면서, 많은 사람을 설득해서 마음을 돌려 놓았습니다. 27 그러니 우리의 이 사업이 명성을 잃을 위험이 있을 뿐만 아니라, 위대한 아데미 여신의 신당도 무시당하고, 또 나아가서는 온 아시아와 온 세계가 숭배하는 이 여신의 위신이 땅에 떨어지고 말 위험이 있습니다."
>
> _행 19:25-27, 표준새번역

이 말을 들은 사람들이 분노가 가득하여 "크도다(위대하다), 에베소 사람의 아데미여!"라고 외치기 시작한다. 에베소는 성령의 능력이 강하게 나타났던 도시인 반면 사탄의 방해도 강했던 도시다. 어디든 성령의 역사에는 사탄의 방해가 따라붙는 법이다.

계속해서 길을 따라 걸어 내려갔다. 상점이었던 곳이 보인다. 로마의 도시에는 반드시 목욕탕과 크고 작은 야외극장이 있었다. 그들의 문화다. 특히 그 좌우로 황제의 신전이 보였다. 아데미 신전과 황제의 신전, 두 신전이 가진 의미는 무엇일까? 여신과 황제의 신전은 모두 풍요와 쾌락에 대한 인간의 욕망을 발하는 곳이다. 황제 숭배를 통해 풍요와 물질적 축복에 대한 욕망을 발현한다. 아데미 숭배를 통해서는 쾌락에 대한 욕망을 발현한다.

한참을 걷다보니 에베소에서도 인기가 많은 곳에 이르렀다. 셀수스도서관이다. 이곳은 이집트의 알렉산드리아 버가모 도서관과 함께 세계적인 도서관이었던 곳으로 꼽히는데, 약 2십만 권에 달하는 장서가 비치되었던 곳이라고 전해진다. 인간은 성적 쾌락만큼이나 지적 쾌락도 갈망한다. 쾌락에는 성적 쾌락과 더불어 지적 쾌락도 포함된다.


## † 쾌락에 빠진 세상에 복음을 전하는 사명

우리가 세상에 빠져 사는 이유는 무엇일까? 쾌락을 발현하는 장소이기 때문이다. 죄가 관영하는 곳에는 반드시 쾌락이 있는데, 쉽게 죄를 끊지 못하는 이유가 쾌락에 있다. 죄에는 놀랍게도 즐거움의 요소가 있는 것이다.

셀수스도서관은 지적 쾌락의 발현지였다. 이런 세상에 복음을 전한다는 것은 무엇이었을까? 복음을 전하는 것은 잘못된 인간의 욕망을 원래의 자리로 회복시키는 것이다. 하나님의 다스리심을 받는 자리로, 하나님의 사랑을 받는 자리로 돌이키는 것을 말한다. 그러므로 복음을 전할 때는 반드시 돌이킴, 즉 회심의 역사가 일어난다. 회심은 회개와 자복을 동반한다. 처절하게 죄를 고백하고 지금까지 허무한 데 굴복했던 것을 불태우는 역사가 일어난다. 사람이 원래의 자리로 돌아가기 때문이다. 영적 몸살을 겪는 것이다. 이때 악한 권세는 인간 내면의 깊은 욕망을 더 자극하고 선동하여 복음의 역사를 가로막는 일을 시작한다. 우리는 이를 영적 전쟁이라고 말한다. 복음을 전하는 것은 바로 그 악한 역사를 드러내 보이는 일이다. 그리고 드러난 악한 역사와 치열한 영적 전쟁을 통해 마침내 이 땅이 하나님께 순복하고 자복하는 원래의 자리로 되돌아간다. 이것이 부흥의 역사이며 교회의 사명이라고 할 수 있다. 교회는 그래서 복음을 전할 사명을 가진다.

에베소 교회는 거대한 욕망의 도시 한복판에 세워졌다. 그리고 주님은 이 교회에 복음을 전할 사명을 주셨다. 에베소 교회는 거대한 도시에서 믿음을 지키기 위해 힘써 분투했다. 황제 숭배를 하지 않기 위해 견디고, 게으르지 않고 인내하였다. 이러한 에베소 교회를 향해 우리 주님은 그들을 알고 있다고 말씀하신다.

²내가 네 행위와 수고와 네 인내를 알고 또 악한 자들을 용납하지 아니한 것과 자칭 사도라 하되 아닌 자들을 시험하여 그의 거짓된 것을 네가

드러낸 것과 ³또 네가 참고 내 이름을 위하여 견디고 게으르지 아니한 것을 아노라 ⁴그러나 너를 책망할 것이 있나니 너의 처음 사랑을 버렸느니라 _ 계 3:2-4

에베소 교회는 악한 자들을 용납하지 아니하고 이단자들을 시험하여 드러낸 교회였다. 교리를 확립하고 말씀을 가르치면서 신앙의 순수성을 유지하기 위해 몸부림쳤다. 그런데 주님은 한 가지 책망을 하신다.

"너의 처음 사랑을 버렸느니라."

처음 사랑이라니, 왠지 생각만 해도 부끄러운 '풋풋했던 첫사랑'이 떠오른다. 사람과 사람 사이의 열정적인 첫사랑, 이웃을 향한 봉사와 섬김으로 해석할 수도 있겠다. 하지만 이 말씀에서 처음 사랑은 예수께서 처음 교회를 세울 때 주신 사명, 바로 복음을 전하는 사명이다. 그런데 그 사명을 잃어버렸다. 왜 잃어버렸을까?

바울이 에베소에서 죽음을 각오하며 전했던 것은 복음이다. 쾌락과 풍요의 인간적 욕망을 발현하는 도시인 에베소에 교회를 세운 것은 다른 게 아니라 회복시키는 사역인 복음, 즉 하나님의 능력의 복음을 전하기 위함이라는 것이다. 이것이 바로 촛대로서의 사명, 혹은 별Star의 사명이다. 어두운 곳을 밝히는 사명 말이다. 드러난 어두움을 상대로 하는 치열한 영적 전쟁을 통해 그 땅이 다시금 원래의 자리, 곧 하나님나라가 되게 하는 것이다. 복음 선포를 통해 회심

○

에베소의 신전 유적

의 역사가 곳곳마다 일어나고 어두움의 땅 한가운데서 하나님의 백성이 군대와 같이 일어나는 것이다. 이것이 처음 사랑의 열매이다. 우리 주님은 교회에게 이 처음 사랑을 회복하라고 촉구하신다.

에베소를 떠난다. 이제는 터키를 떠나 그리스로 향한다. 눈에 담아두려고 뒤를 잠깐 돌아보았다. 사도 바울이 에베소를 떠난 뒤, 그들을 향하여 애타게 외쳤던 소리가 귀에 들리는 것 같다.

너희는 열매 없는 어둠의 일에 참여하지 말고 도리어 책망하라 _엡 5:11

우리는 주님의 책망을 들어도 싼데, 안타깝게도 지금은 세상이 교회를 '책망'하고 있다. 세상이 도리어 교회를 향해 '어둠의 일'에 참여하지 말라고 외친다. 첫 사랑의 회복은 바로 교회가 세상을 향하는 어둠의 일에 참여하지 말고, 도리어 책망하는 원래의 자리로 돌아가는 것이 아닐까.

우리 교회는 부디 교회됨의 본질로 돌아가자. 그렇지 않고 처음 사랑을 잃어버린다면 우리도 훗날 어떻게 될까? 장엄하지만 폐허일 뿐인 에베소의 유적지들이 지금도 눈에 아른거린다.

그리스도인은 죽음에 집중은 하지만
집착하지는 않는다.
오히려 생명에 집착하고 삶에 집중한다.

PART 3

인간의
얼굴이 있는
장소를 걸었네

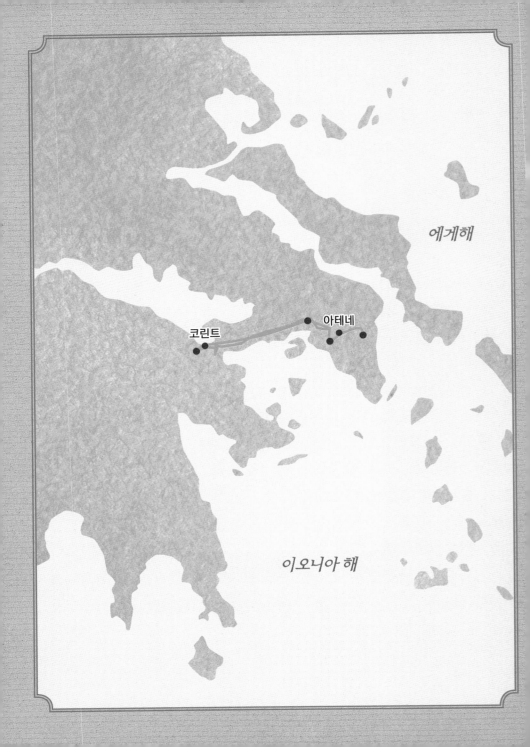

에게해

코린트　아테네

이오니아 해

# CHAPTER 10

# 고린도,
# 인간의 욕망 한 가운데

드디어 터키를 떠나 그리스로 향한다. 터키 이즈미르의 아드난 메데레스 공항Adnan Menderes Havalimani으로 버스로 이동한 후 수하물을 부치고, 한 시간여 비행기를 타고 그리스 아테네 국제공항에 도착하는 일정이다. 아테네 국제공항은 생각보다 작았다. 에베소의 일정이 쉽지 않았기에 눈꺼풀이 반쯤 내려앉았다. 입국 심사를 마치고 개인 수하물을 찾기 위해 짐 찾는 곳으로 갔다. 짐이 반쯤 나오더니 한참이나 나오지 않는다. 참을성 없기로 소문난 한국인들이기에 다들 무슨 일인가 싶어 좌불안석이었다. 기다린 지 한참만에야 짐이 나왔다. 그리스와의 첫 만남은 생각보다 좋지 않았다. 그래도 현지 가이드의 말을 들으니, 그리스 사람들은 대체로 순하고 착하다고 한다. 특히 그리스 남성들의 대화 대부분은 정치와 철학에 관한 것이라고 하니 역시 철학자들의 도시답다. 거리에서 차를 마시는 남성들을 많이 볼 수 있었는데, 시장에서도 철학을 논할 정도라니 아마도 철학 이야기를 하고 있었을 것이다. 그러고 보니 카페마다 남자들뿐이다.

아테네에서 첫날을 보냈다. 조식(朝食)을 먹고 코린토스Corinth, 코린도로 향한다. 차창 밖으로 그리스 사람들이 다니는 것을 보았다. 거리의 건물은 온통 '그래비티gravity'로 칠해져 있었다. 철학자들의 도시에서 만난 그래비티는 자유에 대한 갈망을 표현한 것 같다. 혹은 사회에 대한 불만을 낙서로 표현한 것일까? 들리지 않는 외침 같기도 했다. 담벼락의 낙서들을 애써 지우려 하지도 않는다. 법적인 제재가 없는지 그냥 살아가고 있다. 자유라는 이름으로 자신의 경계에 누군가 침범해오는 것을 극도로 혐오하는 한국의 정서와는 전혀 다르다. 이곳에서 시작되는 성지순례 여행이 기대가 된다.

터키도 그렇지만 그리스로 성지순례를 떠난다는 것을 의아해하는 분들이 있었다. 터키는 그런대로 성지순례 장소로 납득할 만한 구석이 많아 고개를 쉽게 끄덕이지만, 그리스는 갸우뚱하는 이들이 많은 것이다. 어떤 연관성이 있는 것일까?

사실 그리스는 사도 바울의 복음 선교의 열정이 그대로 스며든 곳이다. 바울이 첫 유럽으로 복음의 관문을 열었던 네압볼리, 즉 고린도에 보낸 편지를 보면 그리스에 존재했던 교회들을 향해 바울이 어떤 마음이 있었는지를 알 수 있다.

> [24]유대인들에게 사십에서 하나 감한 매를 다섯 번 맞았으며 [25]세 번 태장으로 맞고 한 번 돌로 맞고 세 번 파선하고 일 주야를 깊은 바다에서 지냈으며 [26]여러 번 여행하면서 강의 위험과 강도의 위험과 동족의 위험과 이방인의 위험과 시내의 위험과 광야의 위험과 바다의 위험과 거짓 형제 중의 위험을 당하고 [27]또 수고하며 애쓰고 여러 번 자지 못하고 주리며 목마르고 여러 번 굶고 춥고 헐벗었노라 [28]이 외의 일은 고사하고 아직도 날마다 내 속에 눌리는 일이 있으니 곧 모든 교회를 위하여 염려하는 것이라 _고후 11:24-28

그가 평생 사랑했으며 노심초사 교회의 존립 여부를 염려하던 곳이 지금의 그리스였다. 우리는 이곳에서 바울의 복음 열정과 더불어 교회 사랑의 뜨거움을 느껴보고자 한다.

아테네에서 버스를 타고 서쪽으로 차로 약 1시간 가면 코린토스가 나온다. 차창 밖으로 아테네의 도시 풍경을 보며 낯선 곳으로 여행하는 기분을 만끽했다. 이곳에는 엄청난 규모의 운하가 있다. 1882년에서 1893년 사이에 완공된 이 운하는 그리스와 펠로폰네소스 반도를 가로지르는데 무려 6.3킬로미터 정도의 긴 길이를 자랑하고 있다. 60미터 높이의 아찔한 다리 위에서 몇 장 사진을 찍고 다음 행선지로 이동했다.

# † 시지프스 산 아래에서 인간의 부조리를 깨닫다

운하에서 약 40분 정도 버스를 타고 고대고린도박물관Archaeological Museum of Ancient Corinth으로 갔다. 코린토스에 도착할 무렵 멀리 산이 하나 보였다. 시지프스 산이다. 이 산에 고대 고린도의 도시인 코린토스 아크로폴리스Acro Corinth가 있다.

시지프스Sisypos는 아이올로스와 에나레테 사이에서 태어나 코린토스의 왕이 된다. 시지프스는 그리스 신화의 인물 중에 가장 교활하다고 평가받는다. 그가 코린토스의 왕으로 제위하던 어느 날 제우스가 강(江)의 신 아소포스Asopos의 딸 아이기나Aigina를 유괴하는 것을 목격하게 된다. 시지프스는 아소포스에게 코린토스의 아크로폴리스에 샘물이 솟아나게 해주면 딸에 대해 알려주겠다고 한다. 이에 아소포스가 페일레네 샘을 만들어주어 요구를 들어준다. 시지프스는 그에게 독수리 한 마리가 아이기나를 유괴하여 오이노네 섬으로 날아가는 것을 보았다고 말해주었다. 화가 난 아소포스는 당장 오이노네 섬으로 쳐들어갔지만 제우스에게 벼락을 맞고 강의 물줄기가 된다. 그래서 아소포스 강의 바닥에서 시커먼 석탄이 나오기 시작했다고 전해진다. 한편 제우스는 시지프스의 고자질에 분노한다. 죽음의 신 타나토스Thanatos를 보내 그를 저승으로 데려가도록 한다. 그런데 교활한 시지프스는 타나토스를 속여 토굴에 감금해버린다. 죽음의 신 타나토스가 사라지자 갑자기 세상에 죽음이 사라진다. 죽음이 사라진다는 것은 세상에 좋은 일일까? 당황한 신들은 전쟁(戰爭)의

○
고대 도시 아크로폴리스와 시지프스 산.

신 아레스Ares를 보내 타나토스를 풀어주고 결국 시지프스는 붙잡히고 만다. 그러나 그리스에서 가장 교활하기로 유명한 시지프스였다. 그는 저승에서 하데스Hades를 만나 꾀를 내어 다시 지상으로 오게 된다. 시지프스는 결국 이 일로 무거운 돌을 굴려 산에 올리는 일을 반복하는 형벌을 받게 된다. 무거운 바위를 힘껏 밀어 올리면 바위는 다시 아래로 굴러 내려간다. 다시 바위를 굴려 올린다. 바위는 또 아래로 내려간다. 그는 영원히 똑같은 일을 반복해야 했다. 가장 고된 노역 형을 받은 셈이다. 아무리 생각해도 차라리 죽는 것이 낫겠다 싶은 형벌이다. 바로 저 산이 시지프스가 돌을 굴려 올린 곳이다.

그런데 시지프스의 노역과 형벌은 프랑스의 실존주의 철학자 알베르 카뮈Albert Camus, 1913-1960에 의해 새롭게 해석된다. 그의 책《시지프의 신화Le Mythe de Sisyphe》에서 인간의 부조리에 맞서는 삶으로 말이다.

"시지프는 돌이 순식간에 저 아래 세계로 굴러 떨어지는 것을 바라본다. 그 아래로부터 정상을 향해 다시 돌을 밀어 올려야 하는 것이다. 그는 또다시 들판으로 내려간다. 시지프가 나의 관심을 끄는 것은 바로 저 산꼭대기에서 되돌아 내려올 때, 그 잠시의 휴지(休止)의 순간 때문이다. 그토록 돌덩이에 바싹 닿은 채로 고통스러워하는 얼굴은 이미 돌 그 자체다! 나는 이 사람이 무겁지만 한결같은 걸음걸이로, 아무리 해도 끝장을 볼 수 없을 고뇌를 향해 다시 걸어 내려오는 것을 본다. 마치 호흡과도 같은 이 시간, 또한 불행처럼 어김없이 되찾아오는 이 시간은 바로 의식의 시간이다. 그가 산꼭대기를 떠나 제신의 소굴을 향해 조금씩 더 깊숙이 내려가는 순간순간 시지프스는 자신의 운명보다 우월하다. 그는 그의 바위보다 강하다."[13]

카뮈가 발견한 시지프스의 삶은 분명 끊임없이 돌아가는 인생의 굴레 속에서 사는 것이다. 부조리다. 그러나 그는 인생의 부조리 속에서도 긍정적인 의미를 찾는다. 끊임없이 굴러 내리는 바위를 끌어 올리며 실존적인 삶의 의미를 찾는 것이다. 그래서 카뮈에 의하면

---

**13** 알베르 카뮈,《시지프 신화》, 민음사(2016), 181–182쪽.

시지프스는 행복한 사람이다. 굴러 내리는 바위가 삶을 향해 살아내야 할 도전과 의미를 주기 때문이다. 나는 신들이 시지프스를 바라보던 것처럼 시지프스 산을 바라보았다. 시지프스는 돌을 다시 굴려 올리면서 신(神)들과 삶의 부조리를 향해 경멸과 비웃음을 던졌을 것이다. 그러나 과연 인간은 삶의 의미를 저 산에서 찾을 수 있을까? 시지프스의 신화를 카뮈가 잘 해석한 것인지 모르겠다.

인간은 힘든 삶의 의미를 무거운 바위뿐 아니라 작은 돌멩이에서도, 심지어 의미 없어 보이는 쪽지 같은 것에서도 찾는다. 왜냐하면 죽음이라는 두려운 존재가 늘 우리 주변에 도사리고 있기 때문이다. 인간에게 가장 큰 부조리는 죽음인 것이다. 죽음을 극복하기 위해 인간은 발버둥친다. 시지프스는 돌이 굴러 내려오는 것을 보면 다시 밀어 올려야 했다. 가장 큰 부조리인 죽음을 극복하고자 하는 것이다. 이것이 그가 살아가는 것의 의미이다. 그러나 그리스도인은 시지프스처럼 산에서 굴러 떨어지는 바위를 보며 삶의 의미를 찾지 않는다. 산을 향하여 눈을 들어 주님을 찾는다. 우리의 삶의 의미는 오직 여호와를 만날 때 찾기가 가능하다.

¹내가 산을 향하여 눈을 들리라 나의 도움이 어디서 올까 ²나의 도움은 천지를 지으신 여호와에게서로다 _시 121:1-2

인간에게 가장 큰 부조리는 죽음인데, 누군가는 이 죽음이라는 실존을 맞닥뜨려 긴장과 노력을 통해 극복이 가능하다고 말한다. 투쟁이 필요하다는 것이다. 그러나 죽음의 부조리는 그것으로 극복 가능한 것이 아니다. 죽음은 진정한 생명으로 극복해야만 한다. 그 생명을 얻으려면 생명 그 자체 혹은 생명을 주관하는 이에게 가야 한다. 그러니 시편의 저자는 산을 향하여 눈을 드는 것이다. 먼저 자신의 부조리를 한탄하기는 한다. 그러나 부조리의 해법을 산에서 찾지 않는다. 아니, 찾을 수 없다. 그는 곧 진정한 생명이신 하나님을 바라보아야 해결 가능하다는 사실을 깨닫는다.


## † 우리도 시지스프 산에 살고 있는 건 아닌지

우리는 언감생심 시지프스 산에 오르지는 못했다. 멀리서 바라볼 뿐이었다. 흐린 날씨에 본 산의 장관은 어떤 글로도 표현할 수 없을 것이다. 시지프스 산 정상에는 고대 아크로폴리스가 존재한다. 가보지는 않았지만 환락과 퇴폐의 역사가 남겨진 곳으로 아프로디테Aphrodite 신전의 여사제들이 국가 공인 창부 역할을 하던 곳이다.

아프로디테 여신은 그리스 신화에 나오는 아름다움과 사랑을 주관하는 신이다. 산드로 보티첼리Sandro Botticelli의 유명한 그림 '비너스의 탄생'에서 아프로디테로 불린 비너스는 바다에서 탄생한 것으로 묘사되었다. 호메로스Homeros의 《일리아스Ilias》에 따르면 아프로디테는 제우스와 디오네 사이에서 태어났다고 한다. 그러나 헤시오도스Hesiodos의《신들의 계보Theogony》에 따르면 비너스의 탄생은 좀더 신화(神話)적으로 그려진다. 크로노스가 아버지 우라노스의 악행에 대항했는데, 크로노스가 휘두르는 낫에 우라노스의 성기가 잘리고 바다에 떨어진다. 그때 그의 정액과 바닷물이 섞이며 거품이 생겼는데 아프로디테는 그 거품에서 태어났다는 것이다.

사랑과 아름다움을 관장하는 신으로서 아프로디테는 미모가 뛰어났다. 제우스는 신들이 아프로디테를 놓고 벌어질 사랑 싸움을 방지하기 위해 그녀를 못생긴 절름발이 신 헤파이스토스에게 시집보낸다. 그러나 그녀는 사랑의 신답게 질투와 성적 욕망으로 인간과 신 가릴 것 없이 구애(求愛)하였다. 올림포스에 끊임없이 많은 스캔들을 남겼다. 아름다움에 대한 집착과 질투의 화신이 되어 온갖 불륜을 저지른 것이다. 그러다보니 아프로디테 신전을 섬기는 여사제들은 향락과 음란의 상징이 되었다.

코린토스 항구에 배가 들어오면 여사제들은 선원들을 맞이하여 산에 있는 아프로디테 신전으로 데려갔다. 그곳에서 하룻밤을 보내는 동안 여사제들은 세상 돌아가는 이야기를 전해 들었다. 그래서 코린토스 여인들은 철학과 문학과 정치에 해박했다고 한다. 반면 남자들은 게으르고 무능했다. 그런 여인들에게 넋이 팔려 사는 날이 많았기 때문일 것이다. 천여 명이나 되는 여사제들이 있었고, 코린토스는 그들을 통해 명성을 얻었다는 말이 있을 정도로 향락의 도시였다. 사도 바울은 이러한 고린도를 향해 엄중히 경고했다.

¹⁵너희 몸이 그리스도의 지체인 줄을 알지 못하느냐 내가 그리스도의 지체를 가지고 창녀의 지체를 만들겠느냐 결코 그럴 수 없느니라 ¹⁶창녀와 합하는 자는 그와 한 몸인 줄을 알지 못하느냐 일렀으되 둘이 한 육체가 된다 하셨나니 ¹⁷주와 합하는 자는 한 영이니라 ¹⁸음행을 피하라 사람이 범하는 죄마다 몸 밖에 있거니와 음행하는 자는 자기 몸에 죄를 범하느니라 ¹⁹너희 몸은 너희가 하나님께로부터 받은 바 너희 가운데 계신 성령의 전인 줄을 알지 못하느냐 너희는 너희 자신의 것이 아니라 ²⁰값으로 산 것이 되었으니 그런즉 너희 몸으로 하나님께 영광을 돌리라

_고전 6:15-20

바울은 퇴폐와 향락의 성(城) 코린토스에서 고전(苦戰)하는 교회를 잘 이해하고 있었다. 안으로는 분열과 다툼이 존재하였고 밖으로는 세상 문화가 틈을 노리고 있었다. 바울이 이런 교회를 향해 엄중한 경고와 더불어 눈물로 편지를 써보냈는데 그것이 바로 코린토스인들에게 보내는 편지, 즉 고린도전후서이다. 그는 편지에서 교회 안에 드러난 문제들을 하나하나 바로잡고 경고했다. 성적 욕망과 쾌락에 휩싸인 코린토스에서 그리스도인들이 살아가는 방식을 가르쳤다. 그것의 결론은 사랑이었다.

그런즉 믿음, 소망, 사랑, 이 세 가지는 항상 있을 것인데 그 중의 제일은 사랑이라 _고전 13:13

바울은 진짜 사랑을 전했다. 인간 욕망에 숨겨져 있는 쾌락이 가미된 가짜 사랑이 아니었다. 쾌락은 더 큰 쾌락을 추구한다. 그것이 채워지지 않으면 인간은 더 자극적인 것을 추구한다. 결국 쾌락에 목마른 삶을 살게 될 것이다. 그러나 그리스도인은 하늘로부터 오는 사랑을 구한다. 그 사랑으로 충만하고 충분하다고 느끼는 사람들이다. 십자가에 나타난 예수의 사랑, 그 아들을 내주기까지 우리를 사랑하신 하나님의 사랑, 교회를 세우시며 서로 믿고 인내하고 버티게 해주시는 성령 하나님의 사랑, 이 삼위 하나님의 사랑이 우리 안에 온전한 사랑으로 자리잡는다. 하나님의 사랑이 우리 안에 역사할 때 능력이 된다. 세상을 이길 힘이 된다. 버티고 인내하게 된다. 우리 안에 세상의 쾌락이 비집고 들어올 틈이 없도록 하나님의 사랑으로 가득 채워지기 때문이다.

너희 모든 일을 사랑으로 행하라 _고전 16:14

시지프스 산을 보면서 많은 생각에 잠길 수밖에 없었다. 인간의 부조리를 극복해보고자 허무한 데 삶의 의미를 주는 것, 그리고 채울 수 없는 인간의 욕망을 채워보고자 버둥거리며 사는 삶이 어떠한 것인지 깨달았다. 사실 이런 것들은 결국 온전하고 진정한 것을 만나보지 못한 데서 발생되는 것이다.

<sup>10</sup>온전한 것이 올 때에는 부분적으로 하던 것이 폐하리라… <sup>12</sup>우리가 지금은 거울로 보는 것 같이 희미하나 그때에는 얼굴과 얼굴을 대하여 볼 것이요 지금은 내가 부분적으로 아나 그때에는 주께서 나를 아신 것 같이 내가 온전히 알리라 <sup>13</sup>그런즉 믿음, 소망, 사랑, 이 세 가지는 항상 있을 것인데 그 중의 제일은 사랑이라 _고전 13:10,12-13

한국교회가 정치와 세습과 성적인 욕망으로 얼룩진 것은 어쩌면 온전한 사랑을 잊어버렸기 때문일 것이다. 아니면 아직 그 온전한 것을 만나지 못했거나…. 그러니 고작 돌멩이 같은 것에 삶의 의미를 두거나 채울 수 없는 욕망 따위에 마음을 쏟는 것이다.

결국 우리는 모두 시지프스의 산에 살고 있는 것 같다. 그곳에서 시지프스와 아프로디테를 본다. 그렇게 살아가는 것이 인생이라고 여긴다. 그러나 그리스도인들은 안다. 그것은 모두 허무한 데 복종하는 삶인 것을 말이다. 우리는 비록 시지프스 산에 사는 것 같을지라도 우리의 도움은 천지를 지으신 여호와께 있다. 하나님에게서 삶의 의미를 찾고 온전한 사랑이신 그분께 우리의 마음을 드려야 한다. 그것이 그리스도인이다.

## † 코린토스에서 바울의 발자취를 따르다

한참 시지프스 산을 바라보고 있는데 갑자기 날씨가 흐려지더니 이

내 빗방울이 떨어지기 시작하였다. 자리를 옮겨 코린토스박물관으로 갔다. 다행히 실내 박물관이다. 수많은 고대 유적들과 조각들이 잘 전시돼 있는 곳이다. 고고학이라는 학문이 우리에게 주는 유익은 타임머신처럼 과거로 여행을 떠나도록 돕는 것이다. 코린토스박물관은 고대 코린토스 사람들의 일상과 삶이 어떠했는지를 전해주고 있다. 박물관은 발굴된 유적들을 주제와 연대기적 순서에 맞추어 차곡차곡 진열해놓은 장소이다. 그런데 더 깊은 의미가 있다. 과거를 살려내는 것이다. 살려낸 과거들은 현대를 살아가는 우리에게 끊임없이 메시지를 준다. 과거는 후회와 반성을 권하기도 하고 미래의 삶으로 발걸음을 내디딜 용기를 주기도 한다. 박물관에서 과거의 자취들 사이를 거닐면서 보폭을 수정하기도 하고 방향을 재조정하기도 한다.

박물관의 이곳저곳을 둘러보았다. 우리가 방문한 코린토스박물관은 고대 코린토스인들의 삶과 일상을 살려내고 있었다. 박물관에서 관구(棺柩)를 마주했다. 당시나 지금이나 죽음을 극복하기 위한 인간의 노력이 어떠했는지를 직면하게 한다. 질병으로부터 치유되고 건강을 염원하는 마음으로 제조한 부조물로서 도기들도 있었다. 머리는 사람이고 몸은 사자인데 날개를 단 스핑크스 조각도 있었다. 이는 사후세계의 동행자이거나 망자가 어려움을 당하지 않도록 돕는 보호자일 것이다. 죽음으로부터 위로와 안위를 얻으려는 인간들은 두려운 죽음의 세계로부터 안정과 평안을 가져다줄 어떤 상징들을 끊임없이 만들어냈다. 이와 같은 유적들은 대부분 무덤에서 발견된 것이다. 발굴된 무덤과 유물들은 당시 사람들의 사후세계에 대한 생각이 어떠했는지를 알려준다. 고대 코린토스 사람들이 어떻게 살았을지, 무엇을 고민하며 어떤 것을 염두에 두고 살았는지를 우리에게 고스란히 가르치고 있다. 이 박물관은 고대 사람들의 일상뿐 아니라 죽음과 사후 세계에 대한 메시지도 전해주고 있었다.

그때나 지금이나 사람은 죽음을 두려워한다. 마틴 하이데거의 말처럼 '인간은 이 세상에 던져진 존재In Die Welt Gewortfenes Wesen'이기 때문이다. 세상에 던져진 존재는 또 다른 세상인 죽음으로 던져질 수 있다. 죽음은 인간 자신의 의지에서 비롯된 것이 아니기에 수동적이다. 절대적으로 당한 것이므로 갑작스럽고 당황스럽다. 죽음 앞에서 인간의 존재는 사실 허무 그 자체이다. 그래서 현대 철학에서 죽음은 부조리요 두려운 것으로 극복과 투쟁의 대상이 된다. 그러나 죽음에 대한 두려움은 허무와 두려움만 양산하지 않는다. 오히려 현실에 충실하도록 발걸음을 인도하기도 하며, 죽음 이후의 세계에 대한 믿음을 낳기도 한다. 죽음이 우리에게 존재하는 한 종교가 우리 삶에서 절대 사라지지 않을 까닭이 이것이다.

인간은 저마다 자신이 살고 있는 세상에서 죽음이라는 두려움을 이기기 위해 많은 노력을 하였다. 인간은 이토록 두려움의 대상에 집착하지만, 바울을 통해 전해진 하나님의 말씀은 우리의 집착 대상을 죽음이 아니라 하나님께로 옮긴다.

⁵⁵사망아 너의 승리가 어디 있느냐 사망아 네가 쏘는 것이 어디 있느냐 ⁵⁶사망이 쏘는 것은 죄요 죄의 권능은 율법이라 ⁵⁷우리 주 예수 그리스도로 말미암아 우리에게 승리를 주시는 하나님께 감사하노니 ⁵⁸그러므로 내 사랑하는 형제들아 견실하며 흔들리지 말고 항상 주의 일에 더욱 힘쓰는 자들이 되라 이는 너희 수고가 주 안에서 헛되지 않은 줄 앎이라

_고전 15:56-58

그리스도인은 죽음에 집중하는 존재이기도 하지만 집착하지 않는다. 오히려 생명에 집착하고 삶에 집중한다.

사후(死後) 세계에 대한 코린토스인들의 문화를 살펴본 후 각종 옹기들과 유리관이 전시된 도자기 전시 공간으로 갔다. 어두웠던 무덤 공간을 지나 밝은 공간에 들어선 것이다. 유리관에 전시된 작은 옹기들과 도자기들은 한국에서도 쉽게 볼 수 있는 것과 비슷해서 그다지 신기하거나 눈길이 가지는 않았다. 이 박물관에서 인상적으로 본 것은 로마의 유적들이다. 이곳이 그리스와 로마의 문화가 교차를 이룬 곳임을 보여주는 것이다. 보기만 해도 이목구비가 또렷한 잘생기고 건장한 남성들의 조각상이 전시

돼 있다. 이들은 모두 로마의 황제들이다. 특히 네로황제의 얼굴을 보고 몹시 당황했다. 조각으로 만난 그의 얼굴은 굉장한 훈남이었다 (209쪽의 사진). 역시 사람은 외모로 평가해서는 안 된다.

그런데 여기에 왜 로마 황제들의 조각상이 있는 것일까? 코린토스가 로마 제국에서 중요한 도시 중 하나였던 것이다. 유명한 항구 도시로서 무역의 중심이었으며 동서방의 통로 역할을 감당했던 곳이기 때문이다. 게다가 역사가들에 따르면 로마는 이곳을 차지하기 위해 몇 차례 전쟁을 치렀다. 로마의 장군 루키우스 문미우스Lucius Mummius Achaicus가 코린토스를 함락시키는 데 성공한다. 그는 BC 146년경 로마의 집정관에 선출된다. 그리고 로마 군단을 이끌고 펠로폰네소스 반도 원정을 나선다. 이 전쟁에서 문미우스는 아카이아 동맹을 상대로 승리를 거둔다. 이 전쟁으로 함락된 코린토스는 완전히 소멸된다. 성경에 등장하는 코린토스는 BC 44년 율리우스 카이사르Julius Caesar에 의해 재건된 도시를 말하는 것이다. 로마 황제의 조각상들은 재건된 코린토스의 회복 역사에서 로마 제국이 어떤 영향을 미쳤는지 고스란히 보여준다. 코린토스는 명실상부 로마 제국에 의해 재건된 도시였던 것이다.

박물관을 나왔다. 부슬부슬 내리던 비도 그 사이에 멈추었다. 때마침 하나님께서 비를 피할 박물관을 주셨던 것이다. 산책할 시간이 충분히 주어져 자유롭게 야외박물관을 거닐었다. 거대한 아폴론 신전이 보인다. BC 560년경 전형적인 배흘림 모양인 도리아 양식 기

등 일곱 개가 웅장한 면모를 드러내며 서 있다. 배흘림 기둥은 아저씨 배처럼 볼록하게 생긴 덕분에 안정감을 준다. 도리아 양식의 기둥은 아주 깔끔하다. 화려함이나 정교함은 없지만 군더더기 없고 세련미가 느껴진다. 아폴론 신전은 음악과 예술 의술, 궁술을 주관하는 신인 아폴론의 모습을 대변하듯 깔끔하면서도 웅장하고 안정감을 준다. 고대 코린토스는 대제국 로마와 아폴론 신전 아래에서 안정감을 누렸을 것이다. 그러나 그것들이 진정 그들에게 안정감의 근원이 되었을까?

## † 교회의 흔적이 보이지 않은 까닭

아폴론 신전을 곁에 두고 길을 걷다보니 이내 코린토스의 아고라Agora가 한눈에 보이는 곳이 등장한다. 이곳 어딘가에 '고린도 교회'가 있었을 것이다. 신약학자 브루스 롱쥐네커Bruce Longenecker는 코린토스 안의 일부 그리스도인은 어느 정도 부와 지위를 누린 이들이었을 것으로 추정한다. 고린도 교회 교인들을 모두 대접하고 섬긴 가이오와 스데바나 같은 이들은 넉넉한 부를 누렸을 것으로 추정하며, 이들은 분명 주의 백성을 섬기는 일에 헌신했을 것이다. 그러나 고린도전서 1장 26절에 의하면 바울은 그들 안에 '권력 있는 자'들이나 '가문이 훌륭한 사람'은 많지 않다고 말한다. 게다가 코린토스에 그리스도인이 많았을 것이라고 추정하긴 더욱 어렵다. 그들은 주로 가정에서 예배를 드렸을 것이기 때문이다.

　성지를 순례하면서 가장 궁금했던 것은 교회가 어떻게 세워졌으며 어디에 존재하느냐는 것이다. 하지만 성지순례 기간 동안 바울이 세운 교회라든지 사도들이 세운 교회가 건물 형태로 남아 있는 것을 기대하는 것은 조금 무리가 있다. 왜냐하면 바울과 사도들이 교회를 세운다는 것은 단지 건축의 의미가 아니었기 때문이다. 바울과 사도들이 교회를 세우는 것은 건물이 아니라 사람을 세우는 것을 의미했다. 복음에 헌신된 일꾼을 세우는 것이 바로 교회를 세우는 것이었으며, 사도들은 이것을 면류관이요 자랑이라고 여겼다.

> 19우리의 소망이나 기쁨이나 자랑의 면류관이 무엇이냐 20그가 강림하실 때 우리 주 예수 앞에 너희가 아니냐 너희는 우리의 영광이요 기쁨이니라 _살전 2:19-20

　사도 바울은 하나님나라의 확장이 교회 건물을 세우는 것이 아니라 사람을 세우는 것임을 알았다. 우리가 바로 하나님나라다. 건물이 교회가 아니다. 그러므로 바울이 세운 교회를 찾으려 하거나 무너져 있는 건물로서의 교회 흔적을 보고 낙심하면 안 된다. 우리는 그 돌들 속에서 살아계신 하나님의 열정을 볼 줄 알아야 한다. 하나님의 나라는 건물이 아니라 말 그대로 하나님나라라는 것을 이해할 줄 알아야 하는 것이다. 그것이 성지순례가 주는 진정한 교훈이자 의미일 것이다.

사도행전 18장은 바울이 코린토스에서 복음을 전한 사건을 기록하고 있다. 바울은 아테네(아덴)에서 복음을 전한 다음 코린토스로 갔다. 그곳에서 브리스길라와 아굴라를 만났다. 안식일마다 회당에서 하나님나라와 복음을 강론했다. 그런데 이곳 유대인들이 복음을 거절하고 대적하여 비방했다. 바울은 옷을 털며 이렇게 말했다.

너희 피가 너희 머리로 돌아갈 것이요 나는 깨끗하니라 이 후에는 이방인에게로 가리라 _행 18:6

바울은 자리를 옮겨 회당 옆 디도 유스도의 집으로 갔다. 그는 하나님을 경외하는 사람으로 불리는 좋은 사람이었다. 그곳에서 복음의 진보가 있었는데, 회당장 그리스보가 온 집안과 더불어 복음을 듣게 된다. 뜻하지 않은 곳에서 복음의 진보를 경험한 사도 바울은 어땠을까? 두려웠을까? 유대인들이 대적하고 비방한 사건에 대해 위안이 되었을까? 밤에 하나님께서 바울에게 찾아오신다.

9밤에 주께서 환상 가운데 바울에게 말씀하시되 두려워하지 말며 침묵하지 말고 말하라 10내가 너와 함께 있으매 어떤 사람도 너를 대적하여 해롭게 할 자가 없을 것이니 이는 이 성중에 내 백성이 많음이라 하시더라 _행 18:9-10

하나님께서 두려워하지 말라고 하신다. 침묵하지 말고 말하라 하신다. 우리가 복음을 증거하는 삶을 살아가는 유일한 이유는 하나님께서 침묵하지 말고 말하라고, 두려워하지 말라고 말씀하시기 때문이다. 나는 이 역사적인 장소를 다녀왔다. 우리가 비방과 대적하는 소리에 두려워하고 조금이라도 위축될까봐 예수께서 찾아오셔서 위로해주시는 그곳 말이다. 이제 그곳을 증거하고 기념해주는 장소로 향한다. 코린토스의 바울기념교회이다.

이곳에 세워진 코린토스 바울기념교회가 디도 유스도의 집터인지 확인할 수는 없다. 다만 교회 옆 마당에 커다란 모자이크가 있는데, 그것을 보는 순간 감동이 밀려왔다(우측 사진). 이 모자이크에는 세 가지 이야기가 하나로 그려져 있다. 모자이크의 왼쪽 부분은 바울이 코린토스의 유대인들에게 대적당하고 비방받는 모습을 그리고 있다. 가운데는 환상 중에 예수께서 나타나셔서 담대하게 전하라고 명하시는 장면이다. 오른쪽은 거침없이 복음을 전하는 장면이다. 오른쪽 그림에선 바울이 벽돌로 된 강단을 밟고 설교하고 있는데, 그 강단이 바로 비마Bema다.

복음을 전하는 이들이 낙심하거나 두려워하지 않는 이유는 단 한 가지이다. 두려워하지 말고 침묵하지 말고 말하라고 하시는 위로 때문이다. 예수께서 우리의 모든 수고를 알아주시는 것이다. 사도 바울은 위축된 마음과 두려운 심령을 위로하고 다독여주시는 예수 그리스도를 만날 때 사명자로서 다시 회복되었다.

○
바울기념교회 마당의 모자이크.

## † 영원한 영광에 비해 짧고 가벼운 것

갈리오가 아가야 총독이 되었을 때 유대인들이 바울을 대적했다. 그들은 비마에 바울을 세웠다. 재판하기 위해서였다. 사람들은 사도 바울이 율법을 어기면서 하나님을 경외하라고 사람들을 권한다고 몰아세우기 시작했다. 긴급한 상황이다. 그러나 바울은 담대했다. 바울이 입을 열어 말하고자 했으나 총독 갈리오가 유대인과 그리스도인들 사이의 문제에 관여하지 않겠다고 문제를 회피하려 했다. 그리고 폭도들과 바울을 법정에서 쫓아냈다. 문제가 일단락된 것 같았다. 그런데 성경은 사람들이 회당장 소스데네를 잡아 법정 앞에서 때렸다고 증언한다. 회당장 소스데네는 바울의 복음을 듣고 회심한 회당장 그리스보의 후임자였다. 어쨌든 사람들은 바울이 아니라 왜 회당장 소스데네를 때렸을까? 아마도 바울에게 강론의 기회를 준

*214*
*215*

회당장에게 화가 나서 그런 것이라고 추측해본다. 억울하게 당한 소스데네는 어떻게 되었을까? 나라면 평생 그리스도인들을 원망하며 살았을 텐데, 놀랍게도 그의 기록은 고린도전서 1장에 등장한다.

> [1]하나님의 뜻을 따라 그리스도 예수의 사도로 부르심을 받은 바울과 형제 소스데네는 [2]고린도에 있는 하나님의 교회 곧 그리스도 예수 안에서 거룩하여지고 성도라 부르심을 받은 자들과 또 각처에서 우리의 주 곧 그들과 우리의 주 되신 예수 그리스도의 이름을 부르는 모든 자들에게 [3]하나님 우리 아버지와 주 예수 그리스도로부터 은혜와 평강이 있기를 원하노라 _**고전 1:1-3**

회당장 소스데네가 결국 복음을 받아들이고 그리스도인이 된 것이다. 그리고 바울이 강론했던 비마 자리에 교회가 세워진다. 모자이크 속의 비마 터로 가보았다. 코린토스 아고라를 둘러보고 목욕탕과 신화 속에 등장하는 샘물들을 보며 걷다가 문득 벽돌 건물 앞 광장에 멈추었다. 'BEMA'라는 문구가 보였다. 모자이크 속의 비마 터다. 비마란 아고라 한복판에 연설이나 재판할 때 청중을 내려다 볼 수 있는 돌로 만든 단을 말한다. 이 비마 터가 특별히 왜 중요할까? 사도 바울이 복음을 전할 때 종종 회당을 이용하였지만 여의치 않을 때는 아고라와 같이 사람들이 모이는 곳에서 복음을 전하였는데, 이때 사람들은 바울에게 비마에서 복음을 전하도록 기회를 주었다.

비마 터가 사도가 복음을 변론하고 선포하는 장소였던 것이다.

비마 터 뒤로 돌아가 보았다. 비마 터 위에는 벽돌로 제작된 계단이 있었는데, 계단을 올라보니 코린토스 아고라가 훤히 보였다. 아고라가 훤히 보이는 비마 터 위에 코린토스 교회가 존재하고 있었을 것이다. 강대상이 보이는 곳에 고린도후서 4장 17절의 말씀이 새겨진 비석이 있다(위의 사진).

우리가 잠시 받는 환난의 경한 것이 지극히 크고 영원한 영광의 중한 것을 우리에게 이루게 함이니 _고후 4:17

이 말씀을 제대로 묵상한 적이 없었다. 노트에 적어보고 코린토스의 유적들을 돌아보며 가만히 묵상을 시도해보았다. 신기하게도 이 짧은 하나님의 말씀은 묘한 의미를 던져주었다. 환난의 경한 것과 영광의 중한 것이 대비를 이루고 있다. 환난은 잠시 받는 것이다. 말하자면 가벼운 것이며 끝이 있는 것이다. 그러나 하나님의 영광은 영원하다. 순교의 신앙은 이 사실을 깊이 이해하는 데서 비롯된다.

우리의 삶에 허락된 환난은 영원한 영광에 비해 가벼운 것이며, 그것은 잠시 받는 것이다. 우리가 순교의 신앙을 기꺼이 따라 살 수 있는 것은 영원한 것을 바라볼 때 가능하다는 것이다. 본문은 더 깊은 차원으로 우리를 끌고 간다. 우리가 잠시 받는 환난이라는 경한 것이 결국 지극히 크고 영원한 영광을 가져오게 한다는 것이다. 환난이 영원한 영광을 가져다준다니, 이해가 안 된다. 그런데 이 말씀을 좀더 묵상하며 살아보면 이해가 된다. 복음을 전할 때 받는 환난이 크지만 영원한 영광, 즉 구원을 이루고 하나님나라를 이루어낸다. 그리스도인들은 그러므로 환난을 즐거워한다. 말 그대로 이상한 사람들이다. 그러나 그것이 때때로 우리 인생의 항해 길에 순풍이 되어 우리가 바라는 영원한 항구인 하나님나라로 가게 한다. 코린토스의 그리스도인들은 그 사실을 알았다.

성경의 고린도 교회에는 분명 외부에서 박해와 환난과 세상 가치관들이 엄습하고 침투해왔을 것이다. 내부에는 분열과 불순한 것들이 혼재해 있었다. 사도 바울은 고린도에 보내는 편지를 몇 차례에 거쳐 보낼 정도로 사랑했다. 심지어 눈물의 편지도 보내고 강한 어조의 권면도 보냈다. 고린도 교회를 향한 바울의 권면은 십자가의 사랑으로 모아진다. 십자가의 사랑이야말로 사람을 변화시키는 능력이 되기 때문이다. 그래서 그는 그들에게 그리스도의 십자가 외에 아무것도 전하지 않기로 작정한다.

²내가 너희 중에서 예수 그리스도와 그가 십자가에 못 박히신 것 외에는 아무 것도 알지 아니하기로 작정하였음이라 ³내가 너희 가운데 거할 때에 약하고 두려워하고 심히 떨었노라 ⁴내 말과 내 전도함이 설득력 있는 지혜의 말로 하지 아니하고 다만 성령의 나타나심과 능력으로 하여 ⁵너희 믿음이 사람의 지혜에 있지 아니하고 다만 하나님의 능력에 있게 하려 하였노라 _고전 2:2-5

십자가…. 그것은 무엇일까? '환난의 경한 것'(고후 4:17)이다. 그런데 그 십자가는 영광이다. 구원을 이루는 능력이기 때문이다. 환난의 경한 것이 지극히 큰 하나님의 영광을 이루는 것이 십자가인 것이다. 그래서 그리스도인들을 기꺼이 십자가를 지는 삶을 선택하였다. 그렇다면 우리가 왜 오늘날 하나님나라의 영광을 맛보지 못하는지, 그 이유는 분명하다. 잠시 받는 환난을 멀리하기 때문이다. 복음으로 인해 받는 고난을 피하고 있기 때문이다. 잠시 받는 환난의 경한 것을 아주 무겁게 여길 뿐 아니라, 그 환난을 받지도 않고 영광은 취하려고 하기 때문이다. 그것은 분명 가짜 영광일 것이다.

코린토스 비마 터 위에 세워진 교회의 비석과 그곳에 새겨진 말씀은 우리의 나른하고 게으른 신앙에 자극을 준다. 인스턴트 음식에 넣은 조미료가 주는 자극이 아니라 우리의 깊은 양심을 자극하는 말씀이다. 고난받기 싫어하고, 어려운 일이라면 피하고 싶고, 편하게 신앙생활하고 싶어하는 오늘날의 그리스도인들에게 "너는 지금 무엇을 위해 살고 있는가?" 묻는 것 같다.

## † 잠시 받는 환난을 멀리하기에

아주 무거운 마음으로 비마 터를 내려왔다. 하늘마저 구름으로 가득
했다. 옛 코린토스의 아고라 터를 다시 걸었다. 멀리 바울의 비마 터
를 되돌아보았다. 우리는 지금 무엇을 잊고 살았는지, 무엇을 되찾
아야 하는지 해답은 얻었지만, 하늘이 무서워 아래를 보고 걷는 편
을 선택한다. 나는 바울의 발자취를 따라가겠다고 하여 이 목회의
길로 들어왔다. 바울은 환난의 지극히 경한 것을 기꺼이 감내해 영
원한 영광을 맛보았다. 그 바울이 그 길로 들어오라고 내게 손짓하
는 것 같다. 영광을 다른 데서 찾지 말라고 말하고 있다.

교회는 바울처럼 담대히 비마 위에 서야 한다. 잠깐 받는 환난과
복음으로 인해 고난 받는 것을 두려워해서는 안 된다. 그것이 그리
스도인이고 우리를 부르신 이유이다. 두려워하지 말라, 침묵하지 말
고 말하라고 다독이시는 예수 그리스도의 음성이 우리를 바울처럼,
사도들처럼, 초대교회 그리스도인들처럼 영원한 영광을 맛보며 살
도록 하실 것이다.

코린토스박물관을 나와 버스를 타러 주차장으로 가다가 기념품
상점에 들러보았다. 기념품 상점은 성화로 가득했다. 개인적으로 성
화나 이콘Icon, 성상 聖像을 좋아하지는 않는다. 인위적으로 보이기 때

문이기도 하고 뭔가 신비스럽게 만들어진 그림들이 눈을 자극하기 때문이었다. 호기심에 예수님의 형상이 그려진 성화를 하나 집었다. 생각보다 값이 쌌다. 곁에 계신 목사님께서 사주시겠단다. 감사했지만 미안하기도 했다. 미안한 마음에 상점 주인과 가격 흥정을 하여 저렴하게 구입했다. 귀한 성화를 이런 방식으로 싸게 사도 되나 싶었다.

성화에 그려진 예수님의 눈은 초점을 잃은 듯 가운데로 모여 있다. 우스꽝스럽게 보이기도 한다. 그러나 한편 무언가를 강하게 주시하는 것 같다. 입과 귀는 작게 그려져 있다. 수도생활에서 말은 작게, 듣기도 작게 하라는 뜻이다. 순교자적인 삶은 다른 게 아니다. 절제다. 나를 죽이는 삶이다. 나를 죽임으로 내 안에 예수로 채우고 예수님만 살게 하는 삶, 이것이 진짜 순교의 의미일 것이다. 기꺼이 순교의 삶을 살아갈 수 있는 것은 영원한 영광에 이르는 삶이기 때문이다. 그 삶을 향해 나아가는 것이 우리의 신앙생활이다. 코린토스를 떠나 다시 아테네로 향한다.

○
코린토스박물관 기념품 상점에서 사온
예수님 성화.

"저곳, 하나님은 사람의 손으로 지은
저 신전에 거하시지 않습니다!"

# CHAPTER 11

# 아테네,
# 그리스인의 일상을 거닐다

코린토스에서 버스를 타고 1시간여 이동하여 다시 아테네로 돌아왔다. 조용했던 고대 코린토스 유적지를 벗어나 복잡하고 시끌벅적한 도시로 진입하니 알 수 없는 답답함이 밀려왔다. 이런 마음을 아는지 버스는 도시를 그대로 관통했다. 그리스의 대표적인 교통수단인 전기 버스 '트롤리'가 사방으로 뻗어 놓은 거미줄처럼 생긴 전선 아래를 다닌다. 복잡한 거리는 바쁘게 움직이는 사람들로 가득하다. 대도시의 복잡함 속에서도 오후의 카페는 한적하고 여유롭게 수다를 떠는 그리스인들이 자리잡고 있다.

터키를 방문했을 때는 이슬람 사원들이 눈에 띄었는데, 그리스에

오니 그리스정교회 건물이 눈에 들어온다. 개인적인 느낌 탓이지만 그리스정교회는 평안함 자체이다.

아테네 오후 일정은 아크로폴리스를 방문하는 것이다. 가장 기대되던 일정이다. 고대 그리스는 지금의 '그리스'라는 국가처럼 통일된 단일 국가로 존재하지 않았다. 폴리스Polis라고 불리는 식민도시 또는 작은 도시국가와 같은 마을 공동체들을 세웠고, 이렇게 수많은 폴리스들이 지중해 세계를 중심으로 존재하였다.

고대인들은 그리스인들이 모여 사는 폴리스를 '헬라스'라고 불렀다. 이는 국가라는 개념보다 그저 '그리스인들이 사는 땅'이라는 의미를 지녔다고 할 수 있다. 그럼에도 불구하고 폴리스는 마을 공동체를 넘어 작은 도시국가로서 정치와 군사와 종교의 중심 역할을 하였다. 아테네 사람들은 도시의 중앙에 우뚝 솟은 석회석 바위 언덕을 아크로폴리스Acropolis라고 하였다. 이는 높은 곳을 의미하는 그리스어 아크로Acro와 도시를 의미하는 폴리스Polis에서 온 것이다. 말 그대로 아크로폴리스는 높은 도시, 최고의 도시라는 의미다. 그곳에 세워진 파르테논 신전은 과거나 지금이나 아테네를 상징하는 멋진 건축물이다. 명실상부 이곳은 신들의 도시다.

## † 고대 그리스 남성의 일상

아테네 시내를 관통하여 한 광장에 정차한 버스에서 내렸다. 멀리

높은 곳의 도시 아크로폴리스의 파르테논 신전.

높은 언덕에 파르테논 신전이 보인다. 저곳으로 가려면 언덕을 걸어 올라가야 한다. 언덕을 향하는 길이 인산인해를 이룬다. 이곳의 명성이 느껴진다. 높은 언덕을 오르다 보니 아테네 시가 시야에 들어온다. 아크로폴리스 초입에서 고대 그리스의 야외극장을 만났다. 아테네 시와 고대 야외극장의 아름다운 건축물이 한 눈에 펼쳐진다. 장관이다. 이들은 어떻게 삶과 건축이 완벽하게 조화를 이루도록 설계하고 건설하였을까?

오늘날 우리가 살고 있는 도시는 삶과 건축물이 조화를 이룬다고 느끼기 힘들다. 인간의 정신은 아랑곳하지 않은 채 지어진 학교 건물이라든지, 심지어 교회 건물도 그저 부와 명성을 뽐내도록 건설되었다. 높디높은 고층빌딩들은 우리네 일상을 비웃기라도 하듯 주변 환경과 전혀 상관없이 크게만 지어졌다. 사람들은 고층 빌딩을 보며 더 높이 사는 법을, 더 빠르게 사는 법을 동경하며 살아간다. 그러나 건축물은 인간의 삶과 조화를 이루어 지어져야 한다.

아크로폴리스로 오르는 길의 초입에 만난 그리스식 야외극장은 로마 집정관 헤로데스 아티쿠스가 세운 극장으로 알려져 있다. 그의 아내를 위해 세운 이곳은 음악당으로 사용되었다. 극장의 무대 좌우에 항아리가 눕혀져 있는데, 일종의 스피커 역할을 했던 울림통이다. 저 울림통을 통해 관객에게 아름다운 음악이 울려나갔을 것이다. 아니면 오페라나 일리아드와 오디세이 같은 영웅들의 모험담이 연기자들에 의해 멋지게 재현되었을 것이다. 이곳에서 지금도 야외

공연이 열린다고 하니 놀랍다. 이곳에서 펼쳐지던 음악의 향연이 귀에 들리는 듯하다. 음악은 일상(日常)이다. 인간의 일상은 음악으로 시작해서 음악으로 마감한다. 순간, 고대 그리스인들의 일상이 궁금해졌다. 그들의 일상은 어땠을까?


## † 에클레시아로 살아가다

고대 그리스 남성들이 하루 일상 중에 반드시 들러야 하는 특별한 장소가 있었는데, 그것이 짐나지움Gymnasium이다. 지금의 체육관 또는 헬스클럽이라고 보면 좋을 것 같다. 이곳에서 남성들은 나체로 운동을 했다. 고대 그리스인은 인체의 아름다움을 동경하였고, 남성들은 몸이 완벽한 사람일수록 지식이 뛰어나다고 생각했기 때문이다. 남성들은 이곳에서 운동 경기뿐 아니라 목욕과 토론을 할 수 있었다.

대부분의 그리스 남성들이 하루의 일과로서 짐나지움에 가야 했다면, 그리스인은 유대인의 할례 문화를 굉장히 불편한 것으로 여겼을 가능성이 크다. 어쩌면 그리스인은 유대인을 야만적이라고 느꼈을 것이다. 반대로 유대인은 그리스인을 향해 '할례 받지 못한 이들'이라고 경멸했을 것이다. 율법의 할례가 그들이 그리스도인이 되도록 하는 데 방해가 될 수도 있었겠다 싶다. 반면, 사도 바울은 표면적 유대인이 아니라 내면적 유대인이 진정한 유대인이요 표면적인 할례가 아니라 마음의 할례가 중요하다고 주장했다. 이것이 당시 그리스인이 그리스도인이 되게 하는 데 어떤 의미가 되었을까?

짐나지움을 나와 아고라로 향했다. 아고라는 광장이다. 시장이나 재판과 연설을 하는 공적인 활동 장소로 사용되었다. 이곳에서 남성들은 정치를 배웠다. 정치가들의 연설을 이곳에서 들을 수 있었기 때문이다. 참전 용사들의 이야기를 들으며 국방의 정신을 다질 수도 있었다. 당시의 전쟁 이야기는 신들의 이야기였다. 고대의 전쟁은 곧 신들의 전쟁이었기 때문이다. 그런 의미에서 참전 용사들의 전쟁 이야기는 곧 신화(神話)였다. 이곳에서 호메로스 같은 탁월한 이야기꾼들은 전쟁 영웅들의 이야기와 모험담을 통해 청년들의 상상력을 자극시켰을 것이다. 그리스 남성들은 아고라로 가야 세상을 배울 수 있었다.

아고라를 나온 남성들은 곧바로 신들의 세계인 신전, 즉 아크로폴리스로 갔다. 아크로폴리스는 신들의 세계였다. 그리스의 남성들은 종교의식과 행사에 참여하였다. 지금도 그렇지만 당시에도 종교는 인간의 삶과 죽음을 돌아보는 것이다. 신이라는 존재 앞에서 인간의 나약함과 유한함을 인정하는 것이다. 더불어 신전은 공동체의 뿌리를 발견하는 곳이다. 그리하여 아크로폴리스는 아테네의 토대를 이루는 전설들이 발현되는 곳이 되었다. 그리스 남성들은 신전에서 인간의 뿌리와 공동체의 뿌리를 발견했다.

마지막으로 그리스의 남성들은 야외극장과 심포지엄Symposium으로 갔다. 남성들은 야외극장에서 일리아드와 오디세이를 눈으로 보고 배울 수 있었다. 고대 그리스에서 일리아드와 오디세이는 교과서와 같았다. 남성들은 야외극장에서 눈과 귀로 신들의 이야기를 마주하고 심포지엄에서는 강연을 듣고 토론하였다. 특별히 고대 그리스의 심포지엄은 향연symposion이라는 단어에서 유래된 것으로 친목을 다지는 모임 또는 와인을 즐기는 모임이었다. 와인을 마시며 던져지는 주제를 가지고 토론도 한 것이다. 남성들은 친목을 통해 정치를 배우고 토론을 통해 생각과 지식의 폭을 넓혀갔다.

이로 보건대 인간의 삶은 장소에서 이루어지고 일상은 그 장소에서 일어나는 수많은 에피소드로 채워진다. 인간들은 그곳에서 공동체를 이루며 인생을 배우며 에클레시아Ecclesia, 부름받은 존재 또는 시민, 민회로서 살아간다. 이러한 모습은 그리스도인도 마찬가지다. 그리스도인은 영과 육을 분리하거나 신앙과 일상을 분리하는 삶을 사는 이들이 아니다. 일상과 공동체에서 영적인 삶을 살아내는 사람들이다. 일상과 공동체적 삶을 통해 우리가 무엇을 위해 부르심을 받았는지를 깨닫고 부름 받은 존재로서 살아가는 것이다. 그리하여 일상을 하나님나라가 되게 하는 삶을 사는 것이 그리스도인이다. 말 그대로 일상에서 하나님나라를 사는 것이다. 그리스도인은 이것을 위해 세상으로 부름을 받았고, 세상 속에서 거룩하게 살라고 부름받은 존재인 것이다. 그러므로 우리가 부름받은 위치를 아는 것이 진정한 지혜라 하겠다.

## † 여전사 아테나를 위해 세워진 신전

야외극장을 벗어나 언덕을 오르면 멋진 대리석의 건물들이 등장한다. 아크로폴리스다. 아크로폴리스의 관문으로 올라가는 계단을 만났다. '이곳이 세계적인 관광지구나' 싶은 생각이 들 정도로 수많은 외국인들이 눈에 들어왔다. 오색 빛깔의 아웃도어를 입고 단체사진을 즐기고 계시는 한국 아주머니들도 보였다. 남는 것은 사진밖에 없다는 눈빛으로 열심히 사진을 찍고 있다. 잠시 계단을 오르다 내려다보니 아테네 시가 한눈에 보였다. 멀리 바울이 아테네인들을 향해 설교했던 아레오파고스Areopagos도 보였다.

대리석 벽돌로 쌓아놓은 이름 모를 신전들을 지났다. 몇 계단을 오르자 감탄사와 함께 눈에 들어온 것은 멋진 이오니아식 배흘림 기둥으로 든든하게 받치고 있는 파르테논Parthenon 신전이다. 이 기둥들은 대리석 지붕을 버티고 있었으며 직사각형의 넓은 평면 위에 세워졌다. 평면의 좁은 쪽에는 8개, 긴 쪽으로는 17개의 기둥을 세웠다. 원래는 이 대리석 기둥들에 화려한 색을 입힌 것으로 알려져 있으나, 상상해보니 웅장한 면에서 보자면 지금이 좋은 것 같다. 색이 어땠을지 몰라도 자칫 '촌스럽게' 보였을 수 있고, 지금의 하얀 기둥만 보고도 모두 감탄사를 내뱉게 되니 말이다. 감탄사는 나라와 말씨가 다르고 살아온 환경은 달라도 비슷하게 내는 소리다. 인간 문명의 위대함을 탄성하는 소리이기도 하지만, 역사라는 장엄한 흐름 속에 한낱 먼지 같은 존재가 내는 소리이기도 하다. 어쨌든 멋지기 때문이다. 감탄사는 각자 핸드폰을 들어 사진을 찍는 것으로 완성이 된다. 이래서 아테네 하면 파르테논이라고 하는 것이다.

파르테논 신전은 아테나 여신을 위한 신전이다. 헤시오도스<sub>Hesiodos</sub>의 《신들의 계보》에 따르면, 아테나는 제우스와 메티스 사이에서 태어난다. 그런데 신화니까 가능한 이야기이지만, 아테나는 아버지 제우스에게서 태어난 자식이다. 제우스는 자신의 권세와 지위를 훗날 태어날 자신의 아들에게 빼앗길 것에 대한 두려움으로 가득하였다. 그의 왕권도 자신의 아버지와 할아버지로부터 찬탈(簒奪)한 것이었기 때문이다. 그때 제우스의 두려움을 가중시키는 가이아의 신탁을 듣게 된다. 메티스 사이에서 태어날 아들이 올림포스를 차지하게 될 것이라는 신탁이었다. 제우스는 개구리로 변신하고 메티스를 파리로 만들어놓은 후 메티스를 통째로 삼겨버린다. 메티스와 태중에 있는 아이의 운명은 어떻게 되었을까?

메티스는 제우스의 뱃속에서 아이를 낳게 된다. 몇 달 후, 제우스에게 갑자기 심한 두통이 몰려왔다. 트리톤 강가에서 두통이 심해지자 헤파이스토스가 두통의 원인을 알아보기 위해 제우스의 머리를 도끼로 쪼갰다. 그러자 황금 갑옷으로 무장한 아테나가 그 속에서 튀어나왔다. 이때 하늘과 땅과 바다가 아테나의 탄생을 축하하며 박수를 치며 성대하게 환호를 보냈다고 한다. 제우스는 자신의 몸에서 태어난 아이라 부성애가 자극되었을까? 아니면 자신의 머리를 쪼개고 나온 이가 아들이 아니라 딸이라 안도했을까? 아테나는 아버지 제우스의 사랑을 받았다. 사실 세상의 모든 딸은 아빠의 사랑을 받을 자격이 있다. 아테나 여신은 '앞장서서 싸우는 전사Promachus'라는 별명이 있다. 그녀는 선봉에 서서 아테네를 비롯한 그리스를 이끌었다. 게다가 지혜의 여신으로서 장인들의 기술과 예술을 주관하는 여신이었다. 이런 아테나를 사랑했던 것은 제우스만이 아니었다. 그리스인들도 아테나 여신을 사랑했다. 아테나 여신의 후예를 자처하여 그 도시의 이름을 아테네라고까지 명명하였다. 급기야 그리스인은 아크로폴리스 언덕에 그녀를 위한 신전을 세웠다. 그것이 파르테논Parthenon 신전이다.


## † 신들의 전쟁과 아테네의 승리

사실 그곳에 아테나 여신을 위한 신전을 세운 데는 다른 역사적 이유가 있다. 탁월한 역사가인 헤로도토스는 그의 책《역사》에서, 고대 그리스 역사에서 중요하게 생각하는 페르시아와의 전쟁사를 생생하게 기록했다. 당시 페르시아는 강대국이었다. 페르시아의 왕 퀴로스 때로부터 소아시아와 그리스의 정복을 위한 계획을 세웠고, 퀴로스 사후 다레이오스는 페르시아 원정대를 꾸려 아테네를 칠 준비를 한다. 그러나 원정 준비를 하던 중 다레이오스는 재위 36년 만에 세상을 떠난다. 그의 왕위는 그의 아들 크세르크세스가 계승한다. 그는 고민 끝에 아버지 다레이오스의 뜻을 이어받아 아테네를 정복

할 계획을 세운다. 이것이 제2차 페르시아 침공이다. 헤로도토스는 그리스 원정에 동원된 페르시아 대군이 보병만 170만 명, 기병 80만 명, 동맹군 32만 명 등 260만 명 이상의 규모라고 적고 있다.[14] 고대 역사가들은 늘 과하다. 현대 연구자들은 약 9만 명에서 많아야 30만 명 정도로 보고 있다. 아테네 사람들은 이런 상황에서 델포이의 신탁을 듣기 위해 사람을 보냈다. 신탁의 결과는 참람했다. 나무 성벽이 아테네를 지켜줄 것이라고 했던 것이다. 나무 성벽에 대해 의견이 분분했지만, 좌우간 나무를 깎아 군선을 만들어 해전을 대비해야 한다는 의미로 해석하게 되었고, 아테네 사람들은 대규모 해전을 대비했다. 늘 그렇듯 신탁은 애매하다. 무엇이든 해석의 문제다.

이렇게 해서 크세르크세스가 이끄는 페르시아의 대군과 그리스 연합군 사이에 전쟁이 시작된다. 테르모필레 전투에서 그 유명한 레오니다스와 300용사가 고전하였지만 패전하게 된다. 그래도 레오니다스와 스파르테(도리아 그리스어 발음인 '스파르타'의 아티케 그리스어 발음)의 용맹한 용사들은 그리스가 페르시아를 상대로 해전에서 전쟁을 준비할 시간을 벌어주는 아주 중요한 역할을 감당해준다. 아르테미시온 해전에서도 그리스 연합군은 큰 손실을 입고 퇴각하게 된다. 페르시아의 크세르크세스는 그 길로 헬레스폰토스 해협에서 아티케까지 행군한다. 꼬박 4개월이 걸렸다고 한다. 그 결과 페르시

---

14  헤로도토스, 《역사》, 숲(2009), 7권 184장.

아는 아테나이까지 입성하게 된다. 페르시아인들은 그대로 아레오파고스로 올라 아크로폴리스까지 진입하였고, 살육하고 신전을 약탈하고 불을 질렀다. 아테네가 불에 소멸될 것이라고 했던 신탁이 이루어진 셈이다. 아크로폴리스는 페르시아의 공격에 역사의 뒤안길로 사라질 수도 있었다. 그러나 역사는 페르시아와의 전쟁 종결을 서두르지 않았다.

살라미스 해협에서 수적으로 우세한 페르시아는 아테네인들의 함대를 포위하여 공격할 계획을 가지고 있었다. 그러나 그 해협의 입구는 좁았다. 테미스토클레스가 이끄는 헬라의 함대들은 마치 살라미스의 해협에 갇혀 있는 것처럼 보이도록 하였다. 페르시아 함대를 그곳으로 유인한 것이다. 비좁은 해협에서 페르시아 함대는 아무것도 할 수 없었다. 대열이 완전히 무너졌고 테미스토클레스의 헬라 함대는 대열을 유지하며 해전을 벌이게 된다. 결국 페르시아 함선 대부분은 살라미스에서 완전히 파괴된다. 심지어 헬라인들은 사상자도 많지 않았는데, 대부분의 헬라인은 헤엄을 칠 줄 알아 함선이 파괴되거나 백병전에서 살아남은 자들은 살라미스로 헤엄쳐서 갈 수 있었다. 페르시아 사람들은 헤엄칠 줄을 몰라 바다에서 죽었다. 이것이 기원전 480년경 살라미스와 육지 사이의 해협에서 일어난 유명한 전쟁이다. 이를 역사는 살라미스 해전이라고 부른다. 트라팔가르 해전과 칼레 해전과 더불어 세계 3대 해전으로 꼽히는 것이다. 그리스 연합 해군이 승리하자 크세르크세스의 전의는 완전히 꺾였다. 그런 의미에서 살라미스 해전은 페르시아 전쟁에 결정적인 전환점이었다. 이로써 아테네는 한동안 지중해의 강자요 맹주로 자리잡을 수 있었다.

아테네와 그리스의 도시국가들은 페르시아 전쟁의 후속 조치로 델로스 동맹을 맺게 된다. 이 시기에 그리스인이 아테네를 지켜준 아테나 여신을 기념하기 위해 파르테논 신전을 봉헌한 것이다. 아테네의 승리는 곧 수호신인 아테나 여신의 승리였기 때문이다. 사실 고대의 전쟁은 신들의 전쟁으로 간주되었고, 그런 의미에서 아크로폴리스는 신들의 도시가 된 것이다. 신들의 도시가 아테네에 존재하는 한 그들은 평안했다. 그러나 현재 파르테논 신전의 모습을 보면 알 수 있듯이 이곳은 이제 신들의 도시가 아니다. 고대 도시의 일상을 담고 있는 유적지요 박물관에 불과하다. 파르테논 바깥쪽 면의 지붕은 휑하니 뚫려 있다. 지금도 보수공사가 이루어지고 있다.

파르테논 신전은 아테나 여신을 위한 것이었지만 로마 제국이 기독교를 공인하고 이어 제국의 국교가 되자 이곳은 자연히 예배를 위한 공간이 되거나 교회 건축 자재로 사용되었다. 오스만 제국이 그리스를 정복한 후 모스크로 사용되었다가 전쟁 시에 무기고와 화약고로 사용되기도 하였다. 1687년 베네치아 군이 이곳에 포탄을 떨어뜨리는 바람에 화약이 터져 지붕이 날아가 버렸다. 그나마 남아 있던 그럴싸한 유물들은 19세기 초 영국대사였던 엘긴이 가져가 대영박물관에 전시하고 있다.

이제 파르테논은 이렇게 인간의 욕망 한복판에 서 있다. 이곳은 원래 신들의 영역이었지만, 인간이 신들의 영역까지 들어가 자신의 욕망으로 채운 것이다. 신성한 영역은 때때로 인간에게 금지의 영역이 되지만, 호기심과 욕망의 영역이기도 하다. 인간은 종교라는 이름으로 욕망을 대체하고 전쟁이라는 이름으로 욕망을 발현한다. 조각이라도 취하고 싶은 소유의 욕망이 솟아오른다. 지금의 파르테논은 종교, 전쟁, 소유의 욕망으로 인해 완전히 망가졌고 유실되었다. 파르테논의 오랜 역사를 마주 대할수록 인간의 실존을 만나게 되고, 파괴되고 유실된 파르테논을 보면서 인간의 본능이 어떠한지를 깨닫게 된다. 그래서 많은 사람들이 이곳을 찾는 것 같다.


## † 인간에게 죽음이 존재하는 한

순례팀에게 자유시간이 주어졌다. 파르테논을 충분히 관찰하고 가까이 볼 수 있는 기회이다. 일단 아내와 파르테논이 한눈에 보이는 광장에 서 보았다. 아테네 도시가 한눈에 들어왔다. 멀리 제우스 신전도 보였다. 몇 개의 기둥밖에 남지 않았지만, 원래의 웅장한 모습을 상상해볼 수 있었다. 아테네인들이 아테나 여신을 얼마나 사랑했는지 알 수 있었다.

고대 그리스인들은 파르테논 신전을 방문하면서 어떤 생각을 했을까? 페르시아를 물리치고 아테네를 지중해의 강대국으로 만들어

놓은 전쟁 여신의 이야기를 들으며 감탄했을까? 신전은 번영과 평안을 바라는 인간들의 마음에 적잖은 위안을 주었을 것이다. 인간에게 죽음이 존재하는 한, 앞날을 한 치 앞도 예측할 수 없는 존재로서 살아가는 한, 신의 존재는 인간에게 필수적이다. 신전은 그리스인들에게 위안과 평안을 주었다. 이것이 고대 그리스인들이 일상을 이곳에서 보낸 까닭일 것이다.

잠시 그리스도인의 일상을 다시 묵상해본다. 그리스도인들도 적잖이 죽음을 마주 대하며 산다. 한 치 앞도 볼 수 없는 인생길을 걸어간다. 그런데 그리스도인들의 위안은 교회의 예배당에 있지 않다. 예배당을 바라보며 '하나님께서 저기에 계시지' 하며 평안을 누리지 않는다. 교회를 일컬어 신의 도시라고 말하지도 않는다. 그리스도인은 우리가 서 있는 이곳, 말씀대로 살아가는 현실의 삶을 하나님의 나라라고 한다. 하나님을 인정하고 존중하며 살아가는 이곳을 하나님나라라고 믿는 것이다. 우리는 하나님을 어떤 웅장한 건축물에 가두지 않는다. 아니 절대 가둘 수 없다. 아무리 멋지게 교회를 건축하고 예배당을 화려하게 지어도 그분과 상관없이 산다면 하나님은 거기에 계시지 않는다.

주께서 이르시되 하늘은 나의 보좌요 땅은 나의 발등상이니 너희가 나를 위하여 무슨 집을 짓겠으며 나의 안식할 처소가 어디냐 _행 7:49

하나님을 인간이 지은 건물에 가둘 수 없다. 하나님은 그분을 인정하고 존중하며 주인으로 모시는 이들의 마음 한복판에 계시고 그들의 삶의 자리에 계신다. 믿는 이들이 하나님의 말씀으로 살아가고 믿음으로 살아가 지경을 점점 넓혀가는 것, 하나님을 인정하는 삶의 태도들이 점점 많아지는 것, 이것이 바로 하나님의 나라요 그 나라가 확장되는 것이다. 이것이 그리스도인의 일상이며 일상이 하나님 나라가 되는 과정이다.

잠시 그리스인들의 일상을 거닐어 보았다. 그들은 신의 영역과 인간의 영역을 구분한다. 그러나 그들은 신의 영역에서든 인간의 역역에서든 동일하게 자신의 문명의 뿌리를 배우고 인간을 배웠다.

이제 내려갈 시간이다. 신의 영역에서 인간의 영역으로 향한다. 신들의 도시 아크로폴리스와 파르테논 신전은 아름다웠다. 다음 일정을 위해 파르테논 신전을 뒤로 하였다. 그러자 인간의 영역인 아레오파고스(아레오바고)가 보였다. 인간의 도시인 아레오파고스는 치열한 삶의 장소이다. 살기 위해 발버둥쳐야 하는 생존의 세상이다. 아레오파고스로 향하니 순간 내가 있어야 할 곳이 어디인지 정신이 퍼뜩 든다. 걷는 방향을 수정하자 나의 본분을 깨닫는다. 이래서 인간에게는 방향 수정이 중요하다. 방향을 바꿔, 알지 못하는 신에게까지 정성을 쏟았던 아테네인들을 향해 거룩한 분노를 쏟아냈던 사도 바울의 열정의 장소, 아레오바고로 간다.

# CHAPTER 12

# 아레오바고,
# 바울의 흔적을 찾다

아크로폴리스 계단을 천천히 내려왔다. 신의 도시에서 인간들의 도시로 내려온 셈이다. 계단은 높고 낮은 곳을 오르고 내려오는 데 쓰이는 통로이다. 층을 지어 만들기 때문에 반드시 위층과 아래층으로 나뉜다. 분명한 경계선이 생긴다. 한 계단씩 오르면 오르는 재미가 있다. 아직 가보지 않은 계단 위의 세계는 상상력의 세상이다. 상상력의 세상은 때때로 인간의 욕망이 투사되기도 하는 곳이다. 반면, 현실의 세상은 저마다의 이성과 합리가 이끌어가는 곳이다. 계단 아래의 세상은 현실이다.

계단 위의 세상을 거닐었다면 반드시 아래로 내려와야 한다. 변화산 위에서 예수님과 영광스럽고 황홀한 세상(눅 9:33)을 만났다면 아래로 내려가야 한다. 귀신들린 아들을 붙들고서 저마다의 이성과 합리로 판단하고 있는 세상으로 내려와야 한다. 하나님께서 우리를 그곳으로 보내시기 때문이다. 예수께서 실천하신 성육신적 삶이란 그런 것이다. 그분은 육신을 입고 오셨다. 그리고 사람과 같이 사셨다. 경계를 뚫고 이 땅에 오신 것이다. 영향을 끼치셨고 치유하시고 회복시키셨다. 그러므로 그리스도인과 교회는 성육신하신 그분처럼 경계를 넘어 삶으로 내려가야 한다. 경계를 허물어야 하고 어그러진 것을 곧게 하며 치유하고 회복시켜야 한다. 이것이 그리스도인들의 사명이다. 성육신을 실천하는 삶, 즉 보냄을 받은 공동체가 되는 것이다. 우리는 신의 도시에서 과감하게 경계를 뚫고 인간들의 도시로 내려와야 한다. 그것이 선교적인 삶이고 교회이다. 아크로폴리스가 신들의 도시라면 우리가 향하는 아레오파고스(아레오바고)는 인간들의 세상이다.

계단을 다 내려왔다. 그리스의 길에는 개들이 많다. 주인 없는 개들인 것 같은데, 굉장히 유유자적하고 마치 자기네 삶의 터전인 것처럼 당당하다. 그리스인들은 모두 동물을 좋아하는지 누구나 주인 없는 개들의 주인인 것처럼 돌본다고 한다. 그래서 이곳의 개들은 사람을 무서워하여 피하거나 대들지 않는다. 나무 그늘 아래에서 늘어지게 낮잠을 자기도 하고 누군가가 던져주는 음식을 받아먹기도 한다. 사람이 있는 곳에는 어디나 개들도 있다.

아레아파고스, 아레스의 언덕.

## ✝ 사도 바울의 설교 장소

아레오파고스는 고대 아테네 귀족정치의 중심이었다. 이곳은 또한 법정으로서 역할을 감당했던 곳이다. 그리스의 모든 장소와 건축물은 신화를 담아낸다. 아레오파고스도 그렇다. 신화에 등장하는 아레오파고스는 흥미롭다. 특별히 아레오파고스는 아레스와 관련이 있다. 아레스는 잔혹한 전쟁의 신이다. 그는 아글라우로스 사이에서 딸 알키페Alkippe를 낳았는데, 포세이돈의 아들 할리로티오스가 알키페를 납치하려 했다. 그러자 아레스가 할리로티오스를 살해한다. 포세이돈이 아레스를 법정에 고발한다. 포세이돈과 아레스를 제외

한 올림포스의 열두 신이 배심원 자격으로 표결한 결과 무죄 판결이 내려졌다. 이후 재판이 열린 이 언덕은 '아레스의 언덕'이라는 뜻인 아레오파고스로 불려졌다.[15] 여기에 세워진 귀족 중심의 정치모임을 아레오파고스회라고 한다. 아테네는 아르콘이라 불렸던 행정관들에 의해 통치되었다. 이들의 임기는 1년이었는데, 임기가 끝나게 되면 아레오파고스회의 의원이 되었다. 솔론Solon과 같은 정치가들의 사법개혁과 정치개혁은 아테네의 민주제를 한층 더 견고하게 발전시킬 수 있었다.

그러나 이곳에서 우리가 중요하게 볼 것은 다른 것이다. 아레오파고스에서는 바울의 흔적을 찾아야 한다. 사도 바울의 흔적이 남아 있는 곳이기 때문이다. 아레오파고스 언덕으로 올라가는 계단 오른편에서 사도행전 17장 22절 이하의 구절이 적혀진 동판을 볼 수 있다. 동판의 내용은 아레오파고스를 내려오면서 본 것인데, 헬라어로 되어 있었다. 이래서 목사들의 결단은 늘 해외에서 시작된다. 영어권에 가면 귀국해서 '영어 공부 하리라!' 다짐하고, 유럽에 가면 '아, 라틴어!' 하고, 이스라엘에 가면 '신대원 시절에 히브리어 좀 열심히 할 것을' 후회하고, 그리스와 터키에 오면 '헬라어 공부를 왜 안 했을까' 한탄한다더니, 오늘도 그랬다. 동판에는 사도 바울이 아레오파고스에서 한 설교가 헬라어로 빼곡히 적혀 있었다.

---

15  장영란, 《아테네 영원한 신들의 도시》, 살림(2011), 64–65쪽.

# † 복음의 장애물 앞에 설 때

사도행전 17장 1절을 보면 바울과 전도팀이 데살로니가의 한 유대인 회당에서 복음을 전한 이야기로 시작한다. 사도 바울의 데살로니가 복음 전도 일정은 성공적이었다. 유대인 회당에서 세 번의 안식일에, 말하자면 3주간 성경을 강론했다. '경건한 헬라인의 큰 무리'와 적지 않은 귀부인도 권함을 받고 바울과 실라를 따랐다. 무엇이 이들의 마음을 움직였을까? 헬라인들이 많이 따르자 그곳의 유대인들이 시기했다. 이들은 사도 바울과 전도팀이 복음의 거점으로 삼은 야손의 집에 쳐들어왔다. 그러나 바울과 실라를 찾지 못하고 야손과 성도들 몇 명을 끌고 가 읍장들 앞에서 호소했다.

> 6 "세상을 소란하게 한 그 사람들이 여기에도 나타났습니다. 7 그런데 야손이 그들을 영접하였습니다. 그 사람들은 모두 예수라는 또 다른 왕이 있다고 말하면서, 황제의 명령을 거슬러 행동을 합니다."
>
> _행 17:6-7, 표준새번역

성도들은 바울과 실라를 베뢰아로 보냈다. 바울은 그곳의 회당에서도 말씀을 전했다. 이곳에서도 역사가 일어났다. 이 사람들은 날마다 성경을 상고하였고 믿는 사람들이 생겼다. 이 소식을 전해들은 데살로니가의 유대인들은 곧바로 베뢰아로 가서 또 소란을 피웠다. 결국 성도들은 바울을 바닷가로 떠나보내지만 실라와 디모데는 거기에 남겨졌다. 이때 바울의 마음은 어땠을까?

복음의 역사가 강한 곳에는 방해꾼들의 역사도 강하다. 복음을 전할 때, 우리에게는 장애물이 많이 등장한다. 내가 대학생이던 시절 서부 경남 지역에 전도여행을 다녀온 적이 있었다. 당시 전도팀은 우리나라에서 가장 복음화율이 낮다고 알려진 서부 경남 지역, 그 중에서도 진주 지역의 한 교회를 거점으로 삼고 마을을 다니며 전도하였다. 마지막 날에 교회로 초청하여 마을 잔치를 여는 일정이었다.

그 마을은 복음을 받아들이기를 몹시 어려워했다. 전해 내려오는 이야기가 있었는데, 이 마을에 한 선교사님이 오셔서 교회를 개척하고 성실하게 복음을 전하고 사역을 하셨다. 마을 중심에 '성스럽게 여기는 오래된 나무'가 있었다. 사람들은 이곳에서 소원을 빌고 건강과 평안을 구하였다. 어느 날 선교사님께서 거룩한 분노로 밤새도록 도끼질을 하여 그 나무를 베어버렸다. 그러면 마을에 평강이 오고 선교사님의 목회가 순조로워야 할 텐데, 선교사님은 시름시름 앓다가 결국 세상을 떠나셨다. 하나님의 뜻은 정말 모르겠다. 그러자 마을 사람들 사이에서 "나무신이 예수신보다 강하다. 나무신이 노해서 선교사에게 벌을 줬다" 하는 소문이 나기 시작했다. 결국 이 마을은 복음의 문이 닫히게 되었다.

나를 포함, 형제 세 명으로 구성된 전도팀이 그 마을에 들어갔다. 인사를 하고 한 집으로 들어갔다. 뜻밖에 매우 반가워하셨다. 세 형제 중 리더는 그 집의 할머니가 계시는 방으로 들어가 마사지를 해 드렸고, 남겨진 나와 다른 한 명의 형제는, 아마 할머니의 며느리였을 텐데, 부엌에 있는 아주머니에게 복음을 전하였다. 그 아주머니는 남묘호렌게쿄(南無妙法蓮華經)를 신봉하는 분이셨다. 우리가 긍휼의 마음으로 다가갔고, 할머니에게 정성껏 마사지를 하는 리더 형제를 보더니 마음이 열리신 것 같았다. 그래서 마루에 앉아 아주머니에게 복음을 전하고 드디어 영접기도를 권할 수 있게 되었다. 아주머니께서 복음을 받아들이겠다고 하셨다. 모든 것이 순조로웠다.

한 형제가 기도를 해드리겠다고 하였고, 나는 그 사이에 서서 아주머니의 마음에 예수께서 임하시길 기도하였다. 그때였다. 갑자기 윙 하는 급하고 강한 바람소리와 함께 기도를 인도하던 형제가 "앗 따가워!"라고 소리를 지르기 시작했다. 나도 깜짝 놀라 눈을 떠보니 쇠파리가 강한 날갯짓으로 바람을 일으키며 기도하는 형제를 공격한 것이었다. 그 순간, 아주머니께서 뭔가 정신을 차리셨다는 듯이 우리를 쫓아내셨다. "종교를 바꾸려 하니 신이 노하셨다"면서 말이다. 나는 그때 일을 생각하면 아직도 의문이다. '하나님께서 왜 그런 일을 막아주지 않으셨을까?'

우리는 복음을 전할 때 많은 방해물을 만난다. 복음의 역사가 강할수록 방해의 역사도 강하다. 왜 그럴까? 사도 바울도 영적 방해를 많이 만났다. 큰 무리의 헬라인과 적지 않은 귀부인들이 예수를 영접하는 일이 일어났다면 하나님께서 그곳에 교회가 견고하게 설 수 있도록 도와주시면 좋겠는데, 사도 바울이 도망갈 수밖에 없는 상황이 되고 말았다. 그러나 나와 바울의 차이점은 크다. 나는 복음의 장애물 앞에서 이유를 알 수 없어 패배감을 느꼈지만, 바울은 같은 상황에서 열정과 승리의 마음을 품었다. 그는 데살로니가에서도 베뢰아에서도, 이제 곧 도착하게 될 아테네에서도 승리감에 도취되어 복음을 전했다. 바울처럼 복음을 전하는 이들은 현실에 낙심하지 않는다. '때가 이르매 거두리라'는 믿음을 가지고 앞으로 나아간다. 그게 복음전도자다.

결국 사도 바울은 배를 타고 아덴, 즉 아테네로 향한다. 바울은 아테네 온 도시가 우상으로 가득 찬 것을 보고 격분했다. 그는 아고라에 가서 만나는 사람들마다 토론하였다. 에피쿠로스 철학자들과 스토아 철학자들을 만났다. 어떤 이들은 굉장히 혼란스러워했지만, 어떤 이들은 바울이 전한 복음과 부활 이야기에 반응하고 흥미로워했다. 어렸을 적부터 그리스 신화를 들었던 이들이라 가능했겠다 싶다. 아프로디테 여신의 이야기, 제우스의 머리에서 나온 아테나 여신의 이야기, 반신반인의 용사 헤라클레스의 이야기 등을 들어온 이들은 예수의 동정녀 탄생이나 신이 인간이 된 이야기를 진지하게 들었을 것이다. 결국 사람들은 사도 바울에게 부탁하여 새로운 교훈을 더 말해줄 것을 부탁한다. 그러면서 바울을 세운 곳이 바로 이곳 아레오파고스이다.

바울은 아레오바고 법정 가운데 서서 이렇게 말하였다.

²²"아테네 시민 여러분, 내가 보기에, 여러분은 모든 면에서 종교심이 많습니다. ²³내가 다니면서, 여러분이 예배하는 대상들을 살펴보는 가운데 '알지 못하는 신에게'라고 새긴 제단도 보았습니다. 그러므로 나는, 여러분들이 알지 못하고 예배하는 그 대상을, 여러분에게 알려 드리겠습니다. ²⁴우주와 그 안에 있는 모든 것을 만드신 하나님은 하늘과 땅의 주님이시므로, 사람의 손으로 지은 신전에 거하지 않으십니다. ²⁵또 하나님은, 무슨 부족한 것이라도 있어서 사람의 손으로 섬김을 받으시는 것이 아닙니다. 그분은 모든 사람에게 생명과 호흡과 모든 것을 주시는 분이십니다. ²⁶그분은 인류의 모든 족속을 한 혈통으로 만드셔서, 온 땅 위에 살게 하시며, 그들이 사는 시대와 거주의 경계를 정하셨습니다. ²⁷이렇게 하신 것은, 사람으로 하여금 하나님을 찾게 하시려는 것입니다. 사람이 하나님을 더듬어 찾기만 하면, 만날 수 있을 것입니다. 사실, 하나님은 우리 각 사람에게서 멀리 떨어져 계시지 않습니다. ²⁸여러분의 시인 가운데 몇몇도 '우리도 하나님의 자녀다' 하고 말한 바와 같이, '우리는 하나님 안에서 살고 움직이고 존재하고 있습니다.' ²⁹우리가 하나님의 자녀이므로, 우리는 하나님을 금이나 은이나 돌에다가 사람의 기술과 고안으로 만들어 낸 것들과 같다고 생각해서는 안 됩니다. ³⁰하나님께서는 그 무지의 시대에는 그대로 지나치셨지만, 이제는 어디에서나 모든 사람에게 회개하라고 명하십니다. ³¹그것은 하나님께서 세계를 정의로 심판하실 날을 정하셨기 때문입니다. 하나님께서는 자기가 정하신 사람을 내세워서 심판하실 터인데, 그를 죽은 사람들 가운데서 살리심

으로, 모든 사람들에게 확신을 주셨습니다." _행 17:22-31, 표준새번역

이것이 유명한 사도 바울의 아레오바고 설교이다. 더러 이 설교를 강론 내지는 변론이라고 말하는 이들이 있다. 어떤 이들은 이 강론 안에 복음의 내용이 없기 때문에 실패했다고 평가절하하기도 한다. 반면 어떤 해석가들은 이 강론이 당시 그리스 철학과 대등한 수준이며 복음이 문화의 옷을 입고 선포된 탁월한 변증이었다고 평가한다. 이 설교는 특별히 고대 그리스의 철학자들과 시인들까지 인용한 것이다. 진 에드워드는《디도의 일기. 아레오파고스》에서 바울의 설교를 이렇게 그려낸다.

"글깨나 읽었다는 청중들도 놀라서 입을 다물지 못했다. 바울은 거기서 멈추지 않고 철학자 아라투스Aratus까지 끌어냈다. 파에노메나Phenomenon를 비롯해 여러 저서를 남긴 3백년 전 인물이다. 바울이 인용한 구절은 '우리도 그의 자손이다'라고 한 대목이다(행 17:28)."

소설이지만 개연성이 짙다. 바울의 아레오바고 설교가 당시 그리스인들에게 굉장히 설득력이 있었을 것이라는 말인데, 그리스의 철학자들도 바울이 그저 말쟁이에 불과한 인물이 아니라는 것을 깨닫게 되는 대목이라는 것이다.

## † 아레오파고스의 비마 터에 서보다

필자가 개인적으로 바울의 아레오파고스 설교에서 가슴이 시원해진 대목은 따로 있다.

> 우주와 그 안에 있는 모든 것을 만드신 하나님은 하늘과 땅의 주님이시므로, 사람의 손으로 지은 신전에 거하지 않으십니다. _행 17:24 표준새번역

아마도 바울은 아레오파고스에서 보이는 저 높은 신들의 도시를 향해 손가락을 들고 강한 확신으로 강론했을 것이다. 아테네를 평안과 행복으로 만들어줄 것이라고 믿고 지은 파르테논 신전과 니케 신전들을 가리키며 그는 자신 있게 말했을 것이다.

"저곳, 하나님은 사람의 손으로 지은 저 신전에 거하시지 않습니다!"

사도 바울이 강론을 펼쳤던 비마 터에 서 보았다. 아크로폴리스가 상당히 웅장하게, 마치 병풍처럼 서 있다. 하나님나라와 복음을 선포하는 바울에게 거대한 파르테논 신전은 매우 위협적이었을 것이다. 그런 신전을 향해 손가락을 펼쳐, 저곳에 하나님이 계시지 않다고 말할 때 사람들의 눈빛은 어땠을까?

이따금 그리스도인은 복음을 전할 때 가장 그리스도인다워지는 것을 알 수 있다. 야성이 생기고 생명의 귀중함을 알게 되기 때문이다. 따라서 그리스도인은 복음의 야성을 회복해야 한다. 이것이 바

울과 내가 다르다면 다른 점일 것이다. 그는 복음을 매우 잘 누렸던 사람인 것이다. 복음을 누릴 줄 알았기에 두려움이 없었고, 생명에 대한 참 가치를 알았다. 우리는 얼마나 복음을 누리며 사는가.

아레오파고스 설교 이후에 성경은 이렇게 평가한다.

> 32그들이 죽은 사람들의 부활을 전해 들었을 때에, 더러는 비웃었으나, 더러는 "이 일을 두고, 선생의 말을 다시 듣고 싶소" 하고 말하였다. 33그런 다음에, 바울이 그들을 떠나니, 34몇몇 사람은 바울 편에 가담하여 신자가 되었다. 그 가운데는 아레오바고 법정의 판사인 디오누시오도 있고, 다마리라는 부인도 있고, 그 밖에 다른 사람도 있었다.
>
> _행 17:32-34, 표준새번역

성경은 몹시 냉정하게 사도 바울의 설교를 이렇게 평가한다. "더러는 비웃었으나 더러는 관심을 가졌다." 그래서 어떤 이들은 사도 바울의 아레오파고스 설교가 실패였다고 말하는 것이다. 그러나 34절까지 깊이 읽었다면 너무 성급한 평가라고 생각된다. 몇몇 사람이 신자가 되었기 때문이다. 아레오파고스 법정의 판사인 디오누시오와 다마리와 몇몇 사람이 바울이 전한 복음을 듣고 신자가 되었다.

성지순례 가이드가 아레오파고스 절벽 끝으로 나를 불렀다. 손으로 어느 지점을 가리켰다. 작은 교회가 보였다. 저곳이 디오누시오 기념교회라고 한다. 디오누시오에 대한 기록은 교회사가 필립 샤프에 의해 소개되고 있다.

"전승(이레나이우스, 에우세비우스, 제롬)에 따르면, 도미티아누스의 재위 때 사도 요한이 밧모 섬에 유배되었고(하지만 사도의 유배는 네로의 재위 때 발생했다고 보아야 옳다) 로마에서 죽지 않고 기적으로 살아 남았으며(테르툴리아누스의 증언) 안드레와 마가와 오네시모와 아레오바고 관원 디오누시오가 이때 순교했다고 한다. 이그나티우스가 순교하기 전에 도미티아누스 치하에서 박해가 많이 자행되었다."[16]

즉, 아레오파고스의 관원 디오누시오는 아테네 교회의 감독이 되었고 도미티아누스 때 순교했다는 전승이 이어지고 있다는 것이다. 그러므로 바울의 아레오파고스 설교가 복음의 내용이 없어서 실패한 것이라고 폄하하는 우를 범하지 않기를 바란다. 바울의 설교를 통해 적어도 디오누시오가 회심하고 교회가 세워지는 역사가 일어났고, 훗날 순교자가 나오는 역사가 일어났기 때문이다.

돌계단을 밟으며 아레오파고스를 내려왔다. 복음은 계단과 같은 통로이다. 우리는 복음이라는 계단을 통해 하나님께로 올라가고 세상으로 나아간다. 돌계단을 내려오니 아까 본 동판이 보였다. 사도 바울의 아레오파고스 설교가 기록된 것이다. 그곳에서 더 내려가 아고라를 지나면 소크라테스의 감옥으로 추정되는 곳으로 가게 된다.

---

16 《교회사 전집 2권》, 59–60쪽.

저녁식사를 하고 산책을 하였다. 도심 한 가운데를 가로질러 오르막길을 한참 올랐다. 기념품 가게들이 보였다. 아직 초저녁인데 상점들은 일찍 문을 닫았다. 아크로폴리스가 훤히 보이는 카페 앞에 앉았다. 아마도 아테네에서 가장 경치가 좋은 카페일 것 같다. 저녁이 되니 아크로폴리스는 낮에 본 모습과 전혀 다른 옷을 입고 있었다. 낮에는 웅장함과 차분함이 보였다면, 밤에는 화려하면서 아름다웠다. 신전 곳곳에 켜진 조명이 신비감을 더했다. 따뜻한 커피 한잔을 마셨다. 멀리 보이는 아크로폴리스 야경은 아름다웠고 날씨는 쌀쌀해서 커피 값이 전혀 비싸게 느껴지지 않았다. 그래도 밀려오는 아쉬움을 뒤로하고 서둘러 숙소로 돌아가야 했다. 내일은 산 위에 수도원이 있는 메테오라Meteora로 간다. 날씨가 좋아지기를 기도했다.

아크로폴리스의 야경.

그 험한 길을 지나간
사도 바울의 발걸음이
우리에게 복음을 전해주었다.

# CHAPTER 13

# 테르모필레,
# 그리스도인의 야성

새벽 일찍 일어났다. 적응이 잘 안 되는 그리스의 변덕스러운 날씨 때문에 그만 감기에 걸렸다는 걸 알았다. 그리스의 여기저기에서는 스산한 바람이 불어왔다. 아내가 준비해준 두터운 겉옷으로 몸을 여미고 스카프를 목에 둘러 버텨보려 했지만, 감기는 그냥 지나가지 않았다. 아내는 준비성이 철저하다. 반면 나는 준비성과 거리가 멀다. 특히 내가 여행에서는 준비성이 부족하다는 것을 아내와 여행을 갈 때마다 느낀다. 나는 워낙 어디서든 잘 먹고 잘 자는 성격이라 챙길 게 별로 없다고 생각한다. 하지만 막상 여행지에 오면 손이 많이 가는 스타일이다. 아내가 한국에서 가져온 감기약이 얼마나 반가

윘는지 모른다. 아마도 어제 저녁 파르테논의 야경을 보며 밤바람을 쐰 탓 같다. 몸살기운마저 느껴졌다. 다시 몸을 추스르고 이어질 여행을 준비햇다. 오늘은 듣기만 해도 설레는 곳이다. 그리스의 대표적 명소 메테오라로 간다. 날씨가 좋아야 산 정상에 수도원이 있는 메테오라의 풍경을 제대로 볼 수 있다. 그 전에 테르모필레부터 들를 것이다. 그러나 어젯밤의 기원과 달리 아침부터 비 소식이 마음을 불안하게 했다. 앞서 간 관광객들이 메테오라의 장관을 보지 못하고 구름 잔뜩 낀 수도원만 보고 왔다는 소문을 들었다. 흐린 하늘을 보니 심상치 않다. 아무래도 우산을 챙겨야 할 것 같다.

나는 사실 여행을 많이 다녀본 사람은 아니다. 해외여행이라고 해야 문화탐방 또는 비전트립 목적으로 중국과 태국과 라오스 정도를 방문한 것이 전부이다. 여행에 대한 기억의 소재는 다양하다. 비가 내리기만 해도 새록새록 그날의 기억이 떠오른다. 부슬부슬 비가 내리니 대학생 시절 중국에 갔을 때가 생각났다. 교회의 청년들과 함께 중국과 북한 접경지역을 방문했다. 일정의 마지막 날이었다. '북한 접경지역의 문화탐방으로 가장 의미 있는 곳이 어디일까?' 고민하다 선택한 곳이 백두산이었다. 백두산을 방문한다니! 그것만큼 설레는 일이 어디 있을까? 마침 등산하는 당일 아침 날씨가 좋았다. 인생은 타이밍이라는 말은 도박에만 해당되는 말인 줄 알았다. 원래는 점심을 먹고 오후에 등산하는 일정이었으나 가이드가 재촉하였다. 지금 서둘러 가야 천지(天地)를 볼 수 있다는 것이었다. 가이드의 강권에 못 이겨 아침부터 백두산을 올랐다. 하늘은 맑았다. "드디어 백두산을 오르는구나!" 감격이 밀려왔다. 오르는 동안 눈에 들어온 백두산의 아름다움은 지금도 잊을 수가 없다. 산의 최고 절경은 언제나 정상에서 경험할 수 있다. 그러나 산이 주는 즐거움은 정상을 향해 내딛는 발걸음 속에서 발견할 수 있다.

드디어 백두산 정상에 올랐다. 그러나 백두산은 고약하고 심술궂은 친구인 먹구름을 불러내어 천지의 모습을 꼭꼭 숨겨버렸다. 비까지 내리기 시작하였다. 이내 바람마저 불었다. 강하게 내리는 비와 바람은 마치 폭군과 같았다. 등산객을 몰아세우고 쫓아내려 했다. 몸을 가누지 못해 어찌할 바를 몰라 결국 하산하기로 결단하였다. 아쉬움이 가득하였다. 다음에 다시 오겠다고 지키지 못할 약속을 하며, 무거운 몸과 마음으로 산을 내려왔다.

심술궂은 백두산의 날씨를 만났던 그때의 아쉬움이 메테오라로 가는 길에서도 그대로 재생되었다. '날씨가 좋아야 할 텐데…' 한참 날씨 걱정을 하던 중, 차창 밖으로 백두산만큼의 절경은 아니지만 멀리 구름에 가린 신비로운 명산들이 보였다. 그리스에는 생각보다 골이 깊고 높은 산들이 많다.

사람들이 산을 찾는 이유는 산이 자신을 품어준다고 믿기 때문일 것이다. 그래서 어떤 이들은 속세를 벗어나 산에 안기기 위해 산으로 들어간다. 산이 품어주고 세속으로부터 숨겨준다고 믿는 것이다. 일제 시절, 고국의 독립과 혁명을 위해 망명의 길을 걷던 이들도 산으로 들어갔다. 도적이나 실향민들, 하루 끼니를 때워야 하는 가난한 백성들도 산으로 들어갔다. 산이 먹여주고 품어주기 때문이다. 산을 보고 있자니 내 마음이 편해졌다.


### † 바울은 이런 길을 걸어다녔다

사도 바울이 그리스 지역으로 들어온 것은 2차 전도여행 때이다(행 15:40-18:22). 우리 일행이 택한 그리스에서의 순례 일정은 사실 사도 바울의 전도여행 순서를 따르는 것이 아니다. 오히려 역추적해가는 과정이다. 코린토스에서 아테네로, 테살로니키(데살로니가)에서 필리피(빌립보)로, 말하자면 아래 지역에서 위쪽으로 거슬러 올라가는 중이다.

　메테오라로 가는 길에서 사도 바울의 이야기를 잠깐 더 해보고자 한다. 2차 전도여행을 시작하는 시점에 마가 요한을 전도팀에 합류해야 할지 여부를 놓고 바울은 바나바와 심하게 다툰다. 바울은 마가의 동행을 반대하였다. 그래서 바나바는 마가 요한을 데리고 구브로로 가고 바울은 실라와 함께 육로로 올라갔다. 그 길에서 성령의 강권적인 역사로 한 마게도냐 사람이 건너와서 도와달라는 환상을 보게 된다. 그래서 계획을 바꾸어 그곳으로 가서 복음을 전하게 되는데, 그 여행의 첫 성이 빌립보였다. 바울과 전도팀은 빌립보에서 다시 데살로니가로 갔다. 데살로니가에서는 유대인들의 격렬한

스콥페

북마케도니아

티랑나

알마니아

그리스

트리칼라
메테오라
라리사

테르모필레

아테네

이오니아 해

반대에 부딪혀 베뢰아로 이동했다. 베뢰아에서 아덴으로 갔다. 아레오파고스에서 복음을 전한 후 고린도로 갔다. 그러니 우리의 여행은 바울이 간 길을 거꾸로 가보는 셈이다.

바울이 다녔던 지역들은 대체로 해안선을 따라 형성된 도시들이다. 지금은 지형이 많이 바뀌었다. 바울 시대에는 해안가 또는 바다였던 곳이 그동안 퇴적층이 형성되어 지금은 평야 또는 들판이 되었다. 해안선은 그만큼 멀리 밀려나 있다. 그리스는 내륙 쪽으로 이어진 큰 산맥들이 마치 등뼈처럼 굵직하게 형성돼 있다. 이런 산맥들은 그리스의 문화와 기후에 영향을 미쳤을 것이다. 아무래도 해안과 산맥을 따라 도시가 형성되었기에 도로도 잘 닦여졌을 것이다.

사도 바울도 에베소 같은 항구도시나 테살로니키처럼 해안을 따라 형성된 도시들을 방문하였다. 분명 도보(道步)로 이동했을 것이다. 내가 차로 달리는 이 길은 2시간이면 순식간에 갈 수 있지만, 바울은 몇 날 며칠이고 걸어야 했을 것이다. 우리가 누리는 복음의 정수는 바울 같이 누군가의 희생과 고통으로 허락된 것이다. 산맥이 나오면 그 산을 넘어야 했다. 그러니 때때로 산으로 들어가야 했다.

26자주 여행하는 동안에는. 강물의 위험과 강도의 위험과 동족의 위험과 이방 사람의 위험과 도시의 위험과 광야의 위험과 바다의 위험과 거짓 형제자매의 위험을 당하였습니다. 27수고와 고역에 시달리고. 여러 번 밤을 지새우고. 주리고. 목마르고. 여러 번 굶고. 추위에 떨고. 헐벗었 멀리서 보는 산은 분명 그 자체로 넓은 품이다. 모든 이들을 받아주는 따뜻한 환대의 장소일지 모른다. 그러나 들어가 보면 사실 위험천만한 곳이다. 가까이 갈수록, 산은 생명의 온기라고는 찾아볼 수 없는 차갑고 배고픈 어둠의 장소이다. 복음 전파의 사명을 감내한 사도 바울에게도 산은 그 자체로 외로움의 장소요 주림과 목마름의 현실이었다. 그런데 하나님께서는 바울을 그리로 몰아가셨다. 복음의 진수는 차가운 곳을 그리스도의 피로 뜨겁게 만들고, 생명의 온기가 사라진 곳에 그리스도의 생명을 심어주기 때문이다. 그 험한 길을 지나간 사도 바울의 발걸음이 우리에게 복음을 전해주었다.

야성이란 그런 것이다. 산지라도 평야라도 개척해내고, 훗날 자신의 발걸음이 누군가의 발걸음이 되도록 먼저 밟아가는 것, 그것이 개척이요 야성이다. 그러니 사도 바울은 엄연히 개척자이다. 그 야성으로 복음의 진수를 우리에게 전달했다. 하나님나라를 세워갈 과제를 우리에게 남겨주었다. 그렇다면 우리는 그가 밟은 길을 그대로 걸어가면 된다. 아니, 뛰어넘어야 한다. 바울이 이룬 하나님나라를 더 확장시켜야 할 의무가 있기 때문이다. 이것이 그리스도인의 야성일 것이다. 그리스의 거친 산맥을 보며 사도 바울이 위험과 수고를 떨쳐내고 치열하게 다녔을 그 모습을 상상해보았다.

## † 테르모필레와 '300'의 레오니다스

아테네 도심을 벗어나 버스를 타고 3시간여를 갔다. 변화무쌍한 산과 바다에 눈이 피곤하거나 심심할 틈이 없었다. 그러다 버스가 한 지점에서 멈추었다. 언뜻 보기엔 기념탑이 있는 휴게소 같았다. 서울 인근에서 볼 법한 전쟁기념탑 같은 것이 세워져 있는 광장이었다. 이곳의 지형이 독특해 보였다. 내륙 쪽으로 거대한 산맥이 펼쳐지고 바깥쪽은 낭떠러지가 펼쳐진다. 광장에는 동상이 세워져 있는데, 고대의 근육질 청년이 자기 몸만 한 거대한 방패를 들고 적군을 향해 창을 던질 기세로 서 있다. 여기가 바로 그 유명한 테르모필레Thermopylae이다. 그렇다면 근육질 청년이 누구인지 짐작이 간다. 바로 영화 〈300〉의 주인공 레오니다스Leonidas다. 그가 목숨을 건 테르모필레 전투the battle of Thermopylae는 제2차 침공을 한 페르시아의 크세르크세스Xerxes I와 레오니다스Leonidas I가 이끄는 스파르테 용사 300명, 그리고 헬라의 동맹국 7천 명이 각축전을 펼친 일을 말한다. 이 전투가 얼마나 치열했는지는 2007년 잭 스나이더Zack Snyder가 연출한 영화 〈300〉을 보면 상상할 수 있다.

역사가 헤로도토스는 테르모필레에 대해 이렇게 소개한다.

"크세르크세스 왕은 트라키스의 멜리스에 진을 치고 헬라스인들은 고갯길에 진을 쳤는데, 대부분의 헬라스인들은 이 고갯길을 테르모퓔라이(온천이 솟는 고갯길)라고 부르지만 지역 주민들은 퓔라이(문)라고 부른다."[17]

테르모필레, 레오니다스의 동상.

　페르시아의 크세르크세스는 아테네로 향하는 길목인 테르모필레를 반드시 차지해야 했다. 헬라인들은 목숨을 걸고 그 길을 지켜야 했다. 그러니 전쟁은 치열했다. 고갯길은 공간이 좁아 수적인 우세로만 밀어붙이기 어려웠다. 게다가 페르시아의 창은 헬라 군의 창보다 짧았다. 페르시아는 퇴각을 반복하였다. 풀리지 않는 전쟁으로 페르시아 왕이 난감해 하고 있을 때, 에피알테스라는 멜리스 사람이 왕을 찾아온다. 그가 테르모필레에 이르는 오솔길을 알려준다.

---

**17** 《역사》, 7권 201장.

역사는 기억이다. 기억을 위해 기록이라는 방법을 사용한다. 그래서 역사가는 기억을 위해 기록해두는 것을 사명으로 가진다. 때로는 밀고자 같은 느낌이 들 정도로 소심하게 기록해놓아 다분히 속 좁은 양반 기질이 보일 때가 있다. 그럼에도 불구하고 한 조각의 역사적 기록들이 역사의 분기점을 이루기도 하고 흐름을 바꾸기도 한다. 헤로도토스의 기질이 보이는 대목이 그의 책에 있다.

"산을 넘어 오솔길을 따라 페르시아인들을 안내한 것은 다름아닌 에피알테스이며, 그래서 나는 그를 범인으로 기록해둔다."

이걸 보면 헤로도토스는 역사가라기보다 밀고자 같다는 느낌마저 드는 것이다. 소문대로 탁월한 이야기꾼임이 분명하다.

레오니다스와 헬라의 동맹국들은 패전의 분위기를 감지했다. 패전의 신탁을 들은 이후 동맹국들이 전쟁에 대한 의견이 나뉘자 레오니다스는 그들을 되돌려보낸다. 스파르테 사람들은 그곳에 그대로 남는다. 이는 그들의 용맹함 때문이기도 했지만, 용사가 사명으로 부여된 장소를 떠나는 것을 치욕으로 아는 그들의 습성 때문이었을 것이다. 결국 페르시아 군대가 진격해왔다. 스파르테 군인들은 용맹스럽게 싸웠다. 페르시아는 많은 전사자를 냈다. 좁은 지역의 치열한 전투로 인해 바다에 빠지기도 하고 전우들의 발에 밟혀 죽기도 했다. 헤로도토스는 테르모필레 전투의 마지막 장면을 이렇게 묘사한다.

"헬라스인들의 창은 이제 대부분 부러졌다. 그래서 그들은 칼로 페르시아인들을 도륙했다. 레오니다스는 이 혼전 중에 용전분투하다가 전사했고, 그와 함께 내가 이름을 알고 있는 다른 저명한 스파르테인들도 기억에 길이 남을 인물들로서 전사했다. 사실 나는 300명 전원의 이름을 알고 있다."[18]

왜 300명이었을까? 사사기를 보면 기드온과 300용사의 이야기가 나온다. 사실 레오니다스의 300용사와 기드온의 300용사는 선발 과정부터 다르다. 레오니다스의 300용사는 스파르테에서 훈련받은 일당백의 용사들이다. 자신의 몸만큼 큰 방패와 긴 창으로 덤벼오는 적군들을 단번에 두 동강낼 수 있었다. 그들은 자신의 명예를 위해 싸웠다. 죽음을 예견한 레오니다스도 스파르테가 모든 명예를 얻도록 하기 위해 동맹국들을 되돌려 보냈을 정도였다.

이에 비해 기드온의 300용사는 스파르테의 300용사와 엄연히 다르다. 하나는 방어와 패전의 이야기요 하나는 승리의 이야기이다. 기드온의 300명 용사는 하나님의 위대하심을 드러내기 위해 인간의 노력이나 전술을 최소한으로 줄이기 위한 시도였다. 인간의 용맹스러움이나 전술로 이 일이 가능했다는 평가를 얻기 위해서가 아니라 전술에 능하신 하나님이 승리하셨다고 말하기 위한, 말하자면 표적과 같은 것이다.

---

18 《역사》, 7권 224장.

# † 죽음을 두려워하지 않으려면

물론 기드온의 300용사와 레오니다스의 300용사에게 동일하게 필요한 것은 다름 아니라 용맹이었다. 특히 레오니다스의 용사들의 용맹은 두려움을 떨치기 위한 몸부림이었다. 용맹은 죽음과 전쟁을 치러야 하는 용사에게 가장 필요하다.

테르모필레의 용사의 동상에는 '몰론 라베Molon Labe'라고 적혀 있다. '와서 가져가라'는 뜻이다. 페르시아의 크세르크세스가 레오니다스에게 사절단을 보낸다. 그리고 "무기를 내게 바치면 살려주겠다"라고 한다. 그러자 레오니다스가 이렇게 답했다고 한다. "몰론 라베!" 영웅은 영웅이다. 그의 용사다움과 기개는 헬라의 도시국가 연합을 하나로 단결시킬 만한 예가 되었다.

용사는 죽음 앞에서 두려워하지 않는다. 죽음을 두려워하지 않으려면 죽음을 대하는 자세가 달라야 한다. 생명에 대한 욕심이나 지나친 집착은 금물이다. 오직 생명을 넘어서는 가치가 죽음을 이기게 한다. 용사들은 그 가치가 무엇인지 아는 사람들이다. 사소해 보일지라도 그것에 생명을 건다. 이것이 바로 레오니다스와 300용사들이 가진 용맹스러움이었다.

성경에 등장하는 기드온의 300용사 이야기로 넘어가보고자 한다. 성대하면서 도전을 주는 레오니다스의 용맹과 달리 기드온의 이야기는 뭔가 어설프다. 시작부터 용사의 용맹과는 거리가 멀다

여호와께서 기드온에게 이르시되 너를 따르는 백성이 너무 많은즉 내
가 그들의 손에 미디안 사람을 넘겨 주지 아니하리니 이는 이스라엘이
나를 거슬러 스스로 자랑하기를 내 손이 나를 구원하였다 할까 함이니
라 _삿 7:2

미디안과 전쟁을 하기 위해 달려온 3만여 명의 용사들을 집으로
귀가시키고 남은 건 고작 300명이다. 사실 3만 명도 기드온에게는
적은 수였을 것이다. 그나마 하나님께서 되돌려 보내신다. 너무 많
다는 것이다. 많으면 하나님을 의지하지 않게 되고 교만해진다는 것
이었다. 전쟁 후 기념비를 세우고 탁월한 전쟁 용사인 기드온을 높
일 것이 분명하다. 그래서 하나님은 300명만 세우신다. 그들은 용
사라기보다 단지 물을 손으로 움켜 입에 대고 떠먹는 이들이었다.
남은 300명은 전략과 전술이라는 것을 알 턱이 없는 오합지졸 같
다. 그들을 보는 기드온의 마음은 어땠을까? 그는 더욱 하나님을 의
지했을 것이다. 탁월한 전략가이신 하나님께 맡기게 된다. 그러므로
하나님의 백성들의 용맹은 다름 아니라 믿음이다. 뛰어난 전략가이
신 하나님을 믿는 믿음 말이다. 하나님을 향한 전적인 믿음과, 하나
님나라의 확장이라고 하는 영원한 가치에 우리 마음을 둘 때 그리
스도인은 용사가 된다.

　우리가 하는 모든 전쟁이 하나님의 손에 있다는 믿음, 이 믿음이
우리에게 있으면 그리스도인은 영원한 하나님나라의 가치를 가지

고 어디라도 간다. 산으로도 들어간다. 바다 한복판도 뛰어든다. 불 속이라도 상관없다. 어디든 들어가 그곳을 하나님나라로 만든다. 이를 성경은 세상이 감당할 수 없는 사람들이라고 말한다.

> (이런 사람은 세상이 감당하지 못하느니라) 그들이 광야와 산과 동굴과 토굴에 유리하였느니라 _히 11:38

하나님을 향한 전적인 믿음, 하나님나라를 위한 영원한 가치, 그리스도인의 야성은 그곳에서 나온다.

300용사를 이끌고 간 두 지도자는 전술도 다르고 훈련하는 방식도 달랐다. 상황도 전혀 다르다. 다만 그들에겐 모두 두려움에 맞설 용맹이 필요했다. 용맹의 근거만 조금 달랐을 뿐이다. 레오니다스와 300명의 용맹이 명분과 가치에서 온 것이었다면, 기드온과 300명 용사들의 용맹은 전적인 믿음에서 온 것이었다. 우리로선 무엇이 옳다고 말할 수 없다. 그러나 분명한 문제는, 지금 현재 우리는 명분과 가치보다 생존과 목숨을 연명하는 데 집착하고 있으며, 전적인 믿음보다 두려움과 불안에 떨고 있는 것이다. 그래서 지그문트 바우만Zygmunt Bauman은 그의 책《모두스 비벤디Modus vivendi》에서 "이 시대는 생존과 두려움에 집착한 나머지 세상을 개인주의적으로 만들었고, 다른 이들을 성공을 위한 도구로, 동시에 자기 혼자 힘으로 살아가도록 방치하는 세상이 되었다"고 평한다. 그리고 "이런 세상은 그런 괴물들이 출몰하는 곳이다"라고 하였다. 원색적이고 적나라한 표현이다. 그래서 현대인은 미친 듯이 분노하며 실패의 두려움 속에서 살아간다. 낙심과 좌절이 삶의 전부인 양 살아간다. 그 속을 흐르는 것이 바로 공포다.

공포가 저변에 흐르는 세상이다. 같이 살아가기보다 혼자 살아가는 세상에서 명분과 가치는 쓸모없는 것이다. 전적인 믿음은 시간낭비이다. 그러니 우리가 사는 세상에서 용사들의 용맹은 찾아보기 힘들다. 영웅(英雄, Hero)들은 이제 극장에서, 마블 영화에서나 볼 수 있다. 에너지에 의지해 날아다니거나 철갑옷으로 무장한 능력자나 돌연변이거나, 하루아침에 건물을 세우고 온갖 좋은 무기들을 만들어낼 수 있는 거대 자산가에게서나 찾아볼 수 있다. 사람들은 그런 영화를 통해 인간의 영웅 심리를 발현하고, 영화를 보고서 눌린 마음을 시원하게 해소하고 나온다. 그것이 오늘날 우리가 살아가고 있는 세상에서 만들어내는 괴물들이다.

그리스도인은 모두 군사다. 우리가 가진 용맹은 하나님나라를 위한 명분과 가치에 근거한 것이며 하나님을 향한 전적인 믿음에서 나오는 것이다. 우리는 용맹스러움을 찾아 떠나는 여행을 시작해야 한다. 어디로 가야 할까? 바로 전쟁터이다. 우리의 삶, 현실이라는 전쟁터 말이다. 그리스도인의 야성은 오히려 그런 전쟁터 같은 삶에서 회복된다. 레오니다스의 동상 앞에서 그리스도인의 야성의 회복을 동경한다. 그래서 지금 우리는 여행 중이다. 그리스도인의 용맹을 찾아 회복하려는 여행 말이다.


### † 테르모필레, 무명용사기념비 앞에서

테르모필레의 레오니다스 동상 앞에서 사진을 찍었다. 내 삶에도 그와 같은 용맹이 있기를 기대하는 마음에서였다.

용맹스러움은 이 시대에 안겨진 과제요 살맛나는 세상을 위해 우리에게 필요한 인간다움의 요소이다. 그런데 사실 테르모필레의 레오니다스의 동상은 페르시아와의 승전을 기념하는 것이 아니다. 패전을 기념하는 것이다. 스파르테의 용사들이 비록 패전할 것을 알면서도, 대규모의 군대 앞에서 두려워하지 않고 테르모필레의 지형을 역이용하여 훌륭하게 싸워낸 전투를 기념하는 것이다. 이로써 살라미스 해전을 승리로 이끌고 아테네로 향하는 페르시아의 발을 묶어놓아 시간을 벌어준, 그야말로 목숨을 건 혈전(血戰)이었기 때문이다. 그래서 역사는 이 영웅들에게 찬사를 아끼지 않는 것이다. 역사가 헤로도토스도 그들의 이름을 일일이 기억하며 기록해놓았다.

근대 시대 이전 역사는 대부분 영웅에게 집중했다. 그러나 근대로 넘어가면서 역사는 한 시대의 역사를 이끌어갔던 특정한 유명 인물이나 그 상황에 국한되지 않는다. 있는 그대로의 역사에 집착했던 랑케Leopold von Ranke는 과거의 사실에 따른 문헌사료 비평연구를 중요하게 생각했고, 이는 실증주의 역사관을 든든하게 지탱해주는

○
무명용사기념비.

도구가 되었다. 하지만 문헌사료 비평연구는 19세기의 독일 중심주의나 유럽과 서양 중심의 역사관을 낳게 된다.

랑케 이후의 역사학은 E. H. 카Edward H. Carr를 중심으로 발전을 이룬다. 그에게 역사는 '역사가와 과거 사실 사이의 지속적인 상호과정이자 현재와 과거의 끊임없는 대화'이다. 대화라는 상호과정을 통해서 역사는 얼마든지 재해석된다. 역사가는 해석이라는 도구를 사용하여 과거의 이야기들을 현재로 가져오기도 하고 적용하기도 하며 현대를 이해한다. 이로써 역사는 발전, 즉 진보를 이룬다.

역사 연구에서는 점차 그 시대 일반인의 이야기, 즉 삶의 자리가 중요해진다. 기존의 영웅이나 황제, 남성들의 이야기뿐 아니라 여성, 노예, 무명용사들의 이야기로 확장된다. 역사의 한 복판에서 가려졌던 무명용사들의 이야기는 영웅들의 이야기와는 또 다른 이야기와 감동을 준다. 과연 이것이 사회과학적이어야 하며 사실과 실증에 집착해야 하는 역사 연구에 얼마나 동의가 될지는 모르겠다. 그럼에도 불구하고 역사가 시대를 풍미했던 한 영웅의 이야기로만 해석되고 도배되는 것은 옳지 않다. 공동체의 이야기, 일상의 이야기, 무명인들의 이야기로도 채워져야 한다.

레오니다스의 동상에 몰입하고 있는 내게 아내가 어깨를 두드렸다. 이제 가야할 때가 되었나 보다 하고 마음을 추스르는데, 이곳에서 멀찍이 떨어진 곳에 무명(無名)용사기념비가 있다는 말을 해주었다. 무명용사들의 기념비라니, 궁금했다. 레오니다스의 역동적인 동상을 지나 광장의 외곽으로 가니 정말 무명용사기념비가 보였다. 그런데 이 기념비는 상대적으로 굉장히 초라해 보였다. 역사는 늘 천하를 호령했던 시대의 인물들의 이야기에 관심이 많은 것 같다. 때를 맞춘 듯, 먹구름이 잔뜩 끼더니 급기야 비가 부슬부슬 내리기 시작했다.

무명용사기념비가 세워진 이유와 기원에 대해서는 알 수 없었다. 비석에 새겨진 그리스어는 흐릿하고 해석하기 어려웠으나 하단에 연도가 기입된 것으로 보면 생각보다 최근에 세워진 것이 분명하다.

헤로도토스의《역사》에 따르면, 레오니다스가 일부 동맹군들을 떠나보내기 전에 전사한 이들이 있었다. 이들을 위해 기념비를 세웠는데 다음과 같은 명문이 새겨 있다고 전해주고 있다.

"이곳에서 전에 펠로폰네소스에서 온 4천 명이 3백만의 적군과 맞섰노라."

내 앞에 현존하는 기념비에 헤로도토스가 소개하는 그 명문이 새겨진 것은 아닐 것이다. 그러나 가슴은 뭉클했다. 이들도 3백만의 페르시아 적군을 맞이하여 치열하게 싸운 이들이기 때문이다. 승리의 가능성이 없는 전쟁에 뛰어든 이 무모한 용사들은 분명 누군가의 아들이었고 누군가의 아버지요 남편이었을 것이다. 나라를 지켜내야 한다는 일념 아래 가족들과 생이별을 해야 했다. 이들은 카리모도로스 산에서 부는 차가운 바람과 페르시아의 상상도 할 수 없는 난폭함에 두려움을 느꼈고 불안과 굶주림 가운데 있었을 것이다. 이것저것 생각하니 무명용사기념비에 고개가 저절로 숙여진다. 하마터면 레오니다스의 동상만 보고 갈 뻔했다.

무명용사라는 말에서 느껴지듯, 역사는 이들의 이야기에는 큰 관심이 없다. 이들의 기념비조차 레오니다스의 동상에서 조금 떨어진 한적한 곳에 있다. 무명용사기념비라는 이름에 어울리게 말이다. 무명의 삶에는 분명 서러움이 있다. 어느 누구도 무명의 시절을 흠모하지 않는다. 그런데 성경을 보면 곳곳에 무명인들에 대한 이야기가 나온다. 다윗과 무명용사들의 이야기도 있다. 다윗에겐 분명 유명한 용사들이 많았다. 그러나 성경에 일일이 이름을 기록하지 않은 무명의 용사들도 있었다. 누가복음 10장에 나오는 예수님의 70인의 제자들도 어찌 보면 무명의 제자들이다.

# † '인싸'가 되고 싶어하는 시대에

사실 오늘날 무명이라는 말은 열등감의 상징이다. 요즘은 인싸와 아싸라는 신조어가 유행이다. 인싸는 '인사이더Insider'의 발음을 줄인 말이다. 친화력이 있는 사람들, 말하자면 그룹 내에 인지도가 있는 사람을 말한다. 반면에 아싸는 '아웃사이더outsider'의 줄임말로 그룹 내에 들어오지 못하고 무명이며 영향력이 없는 사람을 말한다. 외톨이 정도로 이해될 수 있다. 무명은 속된말로 아싸인 것이다. 아싸가 되고 싶어하는 사람은 없을 것이다. 무명, 아싸라는 단어에는 굉장한 사회적 열등감이 포함되어 있다.

사람은 누구나 인싸가 되기를 원한다. 인싸가 되기 위해 구비해야 할 아이템을 '인싸템'이라고 한다. 고급 의류나 최신 스마트 기기 같은 것들이다. 그래서 최근에는 그런 제품의 마케팅 전략으로 사용되고 있다. 이름을 남기고 싶고 영향력을 끼치고 싶어하는 인간의 심리적 욕망 때문이다. 유명해지려는 건 인간의 존재방식 자체이다. 물론 인간의 존재방식이라는 것이 어떤 이들에겐 명예를 얻고 인정을 받는 데서 증명되기도 하고, 어떤 이들은 후손을 많이 낳아 키움으로써 얻기도 한다. 그러나 사실 이 모든 것을 깊게 들여다보면 이름을 남기고 싶어하는 인간의 본능이요 영향을 끼치고 싶은 존재방식이다. 하지만 무명의 삶은 그것에 반(反)하는 것이다. 아무도 그렇게 살기를 원치 않는다.

하지만 우리가 일상(日常)을 살아간다는 것, 즉 일상에서 하나님나라를 굳건하게 세우는 일은 사실 유명과 크게 관련이 없다. 일상이라는 것 자체가 주는 의미 때문일 것이다. 일상은 반복적인 삶을 말한다. 평범하고 지루한 하루이다. 그럼 일상의 반대는 무엇일까? 축제(祝祭)다. 축제는 기념일 같은 것으로서 특별한 날이다. 유명해지는 시간이요 인싸가 되는 순간이다. 그러나 일상을 사랑하고 일상에서 맛보는 하나님나라를 위해 고군분투하기로 다짐하는 것은 철저히 아웃사이더의 삶을 자처하는 것이다. 누가 알아주지 않아도 해야 하는 것이 일상을 살아가는 것이요, 평범하고 미천해 보이는 일들을 해나가는 것이기 때문이다.

매일의 삶에서 하나님나라를 꿈꾸며 반복되는 시간 속에서 주와 동행하며 살아가는 것, 인싸보다는 아싸가 그리스도인에게 어울리는 삶이다. 그러나 반드시 기억해야 할 것은, 일상을 그렇게 살다보면 결국 일상이 하나님의 임재로 특별해지는데, 그것을 우리는 축제라고 부르게 된다. 우리의 일상을 쪼개어 예배를 드리고 그 예배를 통해 하나님께서 임하시면 그 시간은 하나님나라의 축제가 되는 것이다. 무명한 자 같으나 유명한 자의 삶을 사는 것이다.

분명 하나님의 나라에는 아싸 같은 이들이 모여 있을 것이다. 그러나 그곳에선 하나님께서 인정해주시기 때문에 인싸가 된다. 그런 점에서 무명용사들의 삶을 묵상해보면 은혜가 된다. 내가 그런 삶을 살고 있기 때문이다. 그것이 모든 그리스도인의 부르심 같다.

하나님나라의 역사는 인간의 역사와 다르다. 그 나라와 영광을 위해 살아가는 자들이 역사의 주인공이다. 사도 바울의 고백이다.

> 4우리는 무슨 일에서나, 하나님의 일꾼답게 처신합니다. 우리는 끝까지 참았습니다. 환난과 궁핍과 곤경과 5매 맞음과 옥에 갇힘과 난동과 수고와 잠을 자지 못함과 굶주림을 겪었습니다. 6또 우리는, 순결과 지식과 인내와 친절과 성령의 감화와 거짓 없는 사랑과 7진리의 말씀과 하나님의 능력으로, 이 일을 해왔습니다. 우리는 오른손과 왼손에 의의 무기를 들고, 8영광을 받거나, 수치를 당하거나, 비난을 받거나, 칭찬을 받거나, 그렇게 합니다. 우리는 속이는 사람과 같으나 진실하고, 9이름없는 사람과 같으나 유명하고, 죽은 사람과 같으나, 보십시오, 살아 있습니다. 징벌을 받는 사람과 같으나 죽임을 당하는 데까지는 이르지 않고, 10근심하는 사람과 같으나 항상 기뻐하고, 가난한 사람과 같으나 많은 사람을 부요하게 하고, 아무것도 가지지 않은 사람과 같으나 모든 것을 가진 사람입니다. _고후 6:4-10, 표준새번역

다음 일정이 있지만 무명용사기념비 앞에서 잠시 더 머물렀다. "우리는 이름 없는 사람 같으나 유명합니다"(고후 6:9). 이 구절이 마음에 남아 있었기 때문이다.

바울의 3차 전도여행은 2차 전도여행 시기에 세워진 교회들을 되돌아보는 일정으로 계획되었다(행 18:24-21:26). 그 여행에 대해 사도행전 20장 1-5절은 아주 짧게 기록되어 있지만 시간으로 따지

면 굉장히 긴 여행이다. 바울은 마게도냐 지방에서 헬라(그리스)로 내려가 세 달 동안 제자들을 격려한 뒤 배를 타고 수리아(시리아)로 돌아가려는 계획을 세운다. 그런데 유대인들이 자신을 해치려고 공모한다는 소식을 접한 바울과 전도팀은 마게도냐를 거쳐 돌아가기로 작정하였고, 그때 동행했던 사람들의 명단이 기록되어 있다. 믿음의 형제들이 마게도니아로 가는 길에 바울과 함께 한 것이다.

> ¹소동이 그친 뒤에, 바울은 제자들을 불러오게 해서, 그들을 격려한 뒤에, 작별 인사를 하고, 마케도니아로 떠나갔다. ²바울은 그 곳의 여러 지방을 거쳐가면서, 여러 가지 말로 제자들을 격려하고, 그리스에 이르렀다. ³거기서 그는 석 달을 지냈다. 바울은 배로 시리아로 가려고 하는데, 유대 사람들이 그를 해치려는 음모를 꾸몄으므로, 그는 마케도니아를 거쳐서 돌아가기로 작정하였다. ⁴그때에 그와 동행한 사람은 부로의 아들로서, 베뢰아 사람 소바더와 데살로니가 사람 가운데서 아리스다고와 세군도와 더베 사람 가이오와 디모데, 그리고 아시아 사람 두기고와 드로비모였다. ⁵이들이 먼저 가서, 드로아에서 우리를 기다리고 있었다.

**_행 20:1-5, 새번역**

바울 일행이 해안가의 도로를 통해 베뢰아로 향하는 길에서 테르모필레를 지나갔을 가능성이 있다. 그는 아마도 신앙의 동지들과 함께 이 길을 걸었을 것이다. 험한 산을 넘어야 하는 긴 외로움과 고통의 나날들, 포기하고 싶은 순간이 오고 무명의 삶에 대한 설움과 두려움으로 몸서리칠 때, 이 복음의 용사들은 테르모필레에 세워진 기념비(헤로도토스가 언급한 비석)를 보았을 수도 있다. 그가 그 비석을 보았든 보지 못했든 상관없이 그의 걸음은 하나님나라를 위한 것이었고, 하나님께서 인정해주시니 무명한 자 같을지라도 유명한 자라는 확신으로 기쁨이 충만했을 것이다. 그래서 고린도에 쓴 두 번째 편지에 이 구절을 썼을 것이다.

"우리는 이름 없는 사람 같으나 유명합니다"(고후 6:9).

나도 그 마음으로 걸음을 뗀다. 하나님나라는 일상을 성실하게 살아가는 자들의 것이다. 심령의 가난함을 가지고, 외롭고 고되더라도 우리의 지극히 평범한 일상을 하나님께서 말씀하신 그 한 방향으로 끝까지 걸어가는 것이 성실한 신앙의 태도이다. 하나님나라는 그런 사람들의 것이다. 하나님나라는 그들을 결코 이름 없는 자라고 말하지 않으신다. 유명한 자다. 이것이 오늘을 살아가는 그리스도인들에게 큰 위로가 된다.

### † 메테오라에 오르기 전의 바쿠스

다시 버스를 탔다. 테살로니키로 향하는 국도를 타고 두 시간여 이동했다. 가는 동안 걱정했던 비는 의외로 적었다. 구름이 점차 물러가더니 파란 하늘이 슬슬 보이기 시작했다. 오전 내내 걱정했던 날

메테오라로 가는 길에서 만난 구름에 덮힌 산의 풍경.

씨는 좋아져 결국 하늘은 가을처럼 청명해졌다.

드디어 메테오라의 초입에 도착했다. 우리를 반겨주는 것은 묵직하게 서 있는 바위들이었다. 파란색의 하늘이 높이 서 있는 바위들과 더불어 땅에 있는 인간들을 압도하려는 듯 거대하게 느껴졌다. 메테오라의 수도원에 오르기 전에 식당으로 들어갔다. '금강산도 식후경'이라는 속담은 현실적이다. 일단 먹어야 여행도 즐겁다. 때로는 배가 불러야 묵상도 깊어진다.

순례팀에게 그리스 음식은 대체로 만족이었다. 터키 음식은 향신료 냄새 때문에 먹기가 곤욕인 이들이 많았다. 그러나 그리스 음식은 한국인의 입맛에 상당히 맞는 것 같다. 우리가 찾은 식당의 이름은 바쿠스Vakhos였다. 가만 보니 바쿠스Bacchus라는 신의 이름을 딴 식당이었다. 나는 바쿠스라는 상호명을 보는 순간 우리나라의 피로회복 자양강장제가 생각났다. 음식은 역시 지친 영혼에게 활력을 준다는 의미로도 해석했다. 바쿠스는 디오니소스와 마찬가지로 포도주의 신이요 농사의 신으로 알려져 있다. 디오니소스의 로마식 표현이라고 해석하는 자료도 있다. 하지만 사실 먹는 것 앞에서 그런 깊은 의미는 그다지 중요하지 않다.

이곳은 양고기를 잘하는 집으로 유명하다. 순례팀은 대부분 터키에서의 경험 때문인지 양고기보다 닭고기를 선택했다. 그러나 양고기 몇 조각을 맛본 몇몇 분들이 아예 자신의 닭고기 접시와 양고기를 시킨 이의 접시와 맞바꾸는 일까지 일어났다. 그만큼 양고기 요리가 맛이 있었다.

점심을 풍성하게 먹고 일찍 밖으로 나왔다. 여기에서도 동네 개들은 늘어지게 낮잠을 자고 있다. 날씨는 우려했던 것과 달리 화창해졌다. 날씨가 화창해지니 멀리 있는 바위들의 색감이 또렷하여 웅장한 맛을 더해주었다. 한 장의 멋진 사진 같았다. 카메라를 들어 한 컷 찍어보았다. 하지만 늘 그렇듯, 아마추어가 사진을 찍어 만족스러운 결과를 얻기란 쉽지 않다.

PART 4

# 하나님나라가
# 있는
# 장소를 걸었네

하나님을 만나면,
그리고 그분과 동행하면
세상은 더 이상 두려운 곳이 아니다.

# CHAPTER 14

# 메테오라,
# 하나님을 만나는 높은 장소

메테오라는 높은 절벽 위에 수도원들이 세워진 장소를 말한다. 철저히 외부와 차단되었고, 수도사들은 세상과 차단된 공간에서 하나님을 만나기 위해 고독으로 나아갔다.

　버스에 올라타자마자 커튼을 걷었다. 창으로 들어오는 기이한 암석들과 절벽들의 모습은 탄성을 자아내기 충분했다. 꼬불꼬불한 길을 올라갔다. 얼마나 올라갔을까? 중간쯤에서 버스에서 내렸다. 거대한 암석들에 둘러싸여 그 무게가 느껴질 정도로 압도되는 느낌이 들었다. 높이 솟은 암석 산꼭대기에 수도원이 세워져 있다. 아니, 수도원이 공중에 매달려 있는 것 같았다. 모두 그 수도원을 보면서 같

은 생각이었을 것이다. '어떻게 저곳에 수도원을 세웠을까?' '건축 자재며 설계며, 어떻게 했을까?'

수도원은 사실 우리에겐 낯설다. 수도원은 사제들과 수녀들과 수도사들이 외부와 차단하고 하나님을 만나기 위한 장소이다. 이곳에서 공동체를 이루며 산다. 그래서 수도원은 규칙을 만든다. 규칙에 따라 일정 시간엔 반드시 모여 기도하며 예배한다. 같이 살기 위한 노동과 숙식이 이루어진다. 그런 점에서 수도원은 공간 배치가 중요하다. 함께 모여 예배드리고 기도하는 영적 공간과 수도사들의 개인적인 삶을 위한 생활 공간, 함께 식사하며 노동하는 공동 생활 공간으로 이루어져 있다. 철저한 금욕과 은둔의 삶, 규칙으로 이루어진 규정화된 삶이 수도의 삶일 것이다. 그들의 금욕과 은둔은 오로지 하나님을 만나기 위한 수단이다.


## † 관계와 욕구를 끊는 은둔

금욕은 그리스어로 아나호레인αναχωρειν이다. 가족관계나 인간관계 또는 인간적 욕구를 끊는 것을 말한다. 또 다른 하나는 은둔이라고 번역되는 그리스어 에레미아ερημια이다. 문명화된 삶의 방식을 벗어나서 홀로 살아가는 것을 말한다.[19]

---

**19** 최형걸, 《수도원의 역사》, 살림(2011), 23–24쪽.

이렇게 금욕과 은둔의 삶을 강조하던 중세의 수도원이 세월이 흐르면서 일상의 공간으로 내려왔다. 도시 한복판에 수도원을 짓고 그곳에서 수도 규칙들을 지키며 생활한 것이다. 약간은 세속화된 것이다. 중세의 수도원은 그렇게 하여 훗날 대학이 되고 교회가 되었다. 세상의 권력자들은 이들 종교권력과 축적된 재산을 탐하기 위해 수도원을 노략했다. 때때로 세상과 결탁한 수도사들은 성직을 매매하며 종교의 암흑기를 형성하기도 했다.

모든 역사가 그렇듯, 교회의 역사도 형성과 타락과 개혁의 역사이다. 금욕과 은둔의 장으로서 수도원이 형성되었지만 점차 재산이 축적되어가고, 친권력적 성향은 타락으로 이어졌다. 이후 자정(自淨)과 개혁(改革)의 소리가 끊임없이 이어졌다. 이는 결국 종교개혁으로 이어졌고, 종교개혁은 경건주의운동과 부흥운동으로 이어졌다. 종교개혁은 사실 원래의 모습으로 돌아가자는 운동이다. 수도원은 교회의 역사 속에서 끊임없이 회복을 부르짖었다.

수도원이 되돌아가야 할 원래의 모습은 무엇일까? 세상에 수도원이 존재했던 이유는 다른 게 아니라 금욕과 은둔의 장소가 필요했기 때문이다. 그곳에서 주님을 만날 수 있다고 보았다. 주님을 만나는 것, 그것이 수도원의 존재의 이유다. 물론 하나님의 장엄한 역사가 수도원에서만 발견되는 것이 아니라 할지라도, 수도원은 오랜 세월 동안 하나님을 만나는 금욕과 은둔의 장소였다.

오늘날 우리도 하나님을 만나기 위해 애를 쓴다. 하지만 세상에서 하나님의 신비의 세계, 그 장엄한 영광을 마주할 만한 장소를 찾기가 쉽지 않다.

한국에도 수도원이 있다. 한국의 수도원들은 오랜 전통과 웅장한 느낌은 없지만 대개 소박하다. 외부와 어느 정도 단절되어 하나님을 찾는 공간으로는 충분하다. 일전에 포천에 있는 작은 수도원을 방문한 적이 있다. 일주일을 그곳에서 지내며 침묵 가운데 하나님의 말씀을 묵상하며 보냈다. 고요와 적막 속에 하나님과의 시간을 보내기 위해 애를 썼던 것이다. 하지만 말이 외부와 차단이지 사실 핸드폰은 여전히 켜져 있고 그곳에서 나갈 궁리만 했다. 그래서 모름지기 수도원은 메테오라처럼 절벽 같은 곳이거나 광야 한복판에 있어야 한다. 철저히 외부와 차단되어 하나님을 만나기 충분한 곳에 있어야 적합한 것이다. 그러나 우리나라에는 그런 곳이 드물다.

어떤 분들은 하나님의 음성을 듣기 위해 굳이 그런 장소로 들어가야만 하느냐고 반문한다. 물론 하나님은 우리의 일상에서 역사하신다. 우리 가정과 일터를 찾아오시고 문을 두드리신다. 그러나 우리가 복잡한 현실에서 하나님의 음성을 듣기 어려운 건 사실이다. 사람들은 세상이 공허한 것 같다고 주변을 시끄럽게 만든다. 어떤 이는 조용한 것이 싫다고 하루 종일 그냥 TV를 틀어놓고 산다. 잠시 전철을 타고 가는 일정 중에도 이어폰을 귀에 꽂고 핸드폰에 시선을 고정한다. 조용하고 광야 같은 삶을 견디지 못하는 것이다. 너무 바쁘다. 너무 시끄럽다. 우리는 그럴수록 더 진중하게, 어둠 속에 앉아 있는 것처럼, 때로는 폭풍 속에서도 잠잠히 그 음성을 기다려야 한다. 그러나 그럴 수가 없지 않은가? 일터로 가야 하고 자녀들을 돌봐야 한다. 뿐만 아니라 오늘날 우리는 어디로 가든 최대한 빨리 가려고 한다. 느리고 잠잠한 것을 견디지 못하고 가만히 있지 못한다. 문제가 닥치면 빨리 해결하려고 하고, 고통이 찾아오면 벗어나기 위해 발버둥친다. 하나님께서 이 문제를 왜 내게 주셨는지, 내게 닥친 고통의 의미도 묻지 않은 채 오로지 벗어나기 위해 혈안이 된다. 그러다보니 어둠속의 신비를, 풍랑과 고난이 주는 신비를 알지도 못한 채 신앙생활을 한다며 살아가고 있다. 말하자면 하나님의 현존과 상관없이 살아가는 것이다. 그러나 어둠 속에서 잠잠히 하나님의 빛을 기다리고, 고난과 무거움이 주는 은혜를 직면하는 삶이야말로 하나님의 음성을 듣는 삶이 아닐까?

우리는 하나님의 음성이 희귀한 시대를 살아가고 있다. 그러다보니 자연히 하나님과도 멀어졌다. 메테오라 수도원을 찾아오니 지금 우리의 부끄러운 영적 위치를 발견하게 된다.


## † 메테오라, 산 정상의 수도원

메테오라에는 수도원이 많은데, 모두 바위 산 위에 있다. 저기에 어떻게 저런 수도원 건물들을 세웠을까? 그곳의 모든 수도원들을 가보고 싶었지만, 시간과 여유가 아쉬웠다.

메테오라Meteora는 단어 자체가 그리스어로 '공중에 떠 있다'는 뜻이다. 하지만 바위 위에 있는 수도원들은 마치 하늘에 매달려 있는 것 같다는 생각이 들었다. 마치 침몰하는 타이타닉 호가 수직으로 선 채 바다에 빠질 때의 모습처럼 하늘로 솟구친 거대한 배 모양의 바위도 있다. 풍화작용과 여러 차례의 지진으로 그런 모습이 되었다고 한다. 이곳엔 그런 바위 산 위에 세워진 수도원들이 많다. 대 메테오론 수도원The Holy Monastery of Great Meteoron, Megalo Meteora을 중심으로 발람 수도원The Holy Monastery of Varlaam, 성 니콜라스 아나파우사스 수도원The Holy Monastery of St. Nicholas Anapausas, 루사노 수도원The Holy Monastery of Rousanou, 성 트리니티 수도원The Monastery of Holy Trinity, 아기오스 스테파노스 수도원The Holy Monastery of St. Stephen 등이다. 이 수도원들은 대체로 1300년대에 지어진 것으로 추정된다. 처음 세워진 것은 성 아타나시오스가 지은 대 메테오론 수도원이다. 성 아타나시오스는 삼위일체를 확립한 유명 교부가 아니라 그보다 후대에 살았던 동명이인의 존경받는 수도사였다.

두꺼비처럼 묵직하게 앉은 바위에 밧줄이 매달려 있다. 이 밧줄의 쓰임새는 무엇일까? 궁금하여 고개를 들어 밧줄의 끝을 찾아보았다. 밧줄은 바위 위의 수도원과 연결되어 있다. 수도자들이 밧줄을 이용하여 수도원에 오르내렸던 것이다. 수도원으로 가는 길은 그렇게 험난하다. 그럼에도 불구하고 수도사들은 수도원으로 올라가기 위해 어쩌면 생명을 걸었을 것이다. 그 밧줄은 마치 하나님을 찾기 위한 생명줄로 보였다. 어쩌면 기도의 줄이 아니었을까.

그 밧줄은 사실상 생명줄이었다. 음식이나 물품을 조달하는 데 사용되는 밧줄도 있기 때문이다. 사방이 뚫려 있고 어디로도 갈 수 없는 절벽이라 외부로부터 음식이 조달되지 않으면 굶어 죽을 수밖에 없었다. 지금은 관광객을 위해 만든 계단이 있기는 하지만, 절벽 위의 수도원들은 초기엔 오직 밧줄에 의지해 들어갈 수 있고 음식과 생필품을 얻을 수 있었다. 그렇다면 하나님을 만나기 위해서 이곳보다 더 좋은 곳이 있었을까? 하늘과 가까운 데다 세상과 차단된 고독의 장소인 탓이다.

이 수도원들은 역사에서 몇 차례 몸살을 겪는다. 오스만 투르크의 침입과 함께 많은 사람들이 이곳을 찾게 되면서 수도자들이 신앙을 지키기 위해 다른 곳으로 이주해야 했던 적도 있었다고 한다. 물론 지금도 수도사들이 이곳에서 생활하며 경건훈련을 하고 있다. 그래서 아무 때나 함부로 들어갈 수 없다. 관광객은 방문하려는 수도원의 방문시간을 미리 체크해야 한다.


## † 성 스테판 수도원을 방문하다

메테오라로 가려면 차로 오르는 길이 사실 가장 편하다. 그런데 수도원을 찾는 일부 젊은이들은 이른 아침부터 배낭을 메고 걸어서 산을 오른다. 우리 순례팀은 제한된 방문시간 때문에 그날 유일하게 방문 가능한 성 스테판 수도원Saint Stephen's Holy Monastery에 입장할 수 있었다. 스테판 수도원으로 가는 길에 잠시 빗줄기가 떨어졌다. 맑은 날씨를 기대했지만, 오히려 잠깐씩 몰려오는 먹구름이 그림 같은 풍경을 보여주었다. 구름이 바위산의 자연색을 왜곡시키지 않고, 도리어 아주 선명하고 분명한 색채를 눈으로 보게 했다. 신기하다. 우리 인생에도 밝은 해만 떠오르면 좋겠다 싶은데, 그러면 재미가 없다. 어느 정도 먹구름이 몰려오기도 하고 빗줄기가 내려야 인생의 색채가 분명하게 보이기도 하는 것이다.

성 스테판 수도원은 예쁘고 아담하지만 겉보기에는 작은 방어막으로 외부를 차단한 작은 성 같았다. 모습이 신비 그 자체다. 작은 입구를 통해 들어갔다. 들어가자마자 한쪽 구석에 기념품 상점이 보인다. '수도원에 웬 기념품 상점인가?' 싶어 어색하기도 했지만, 수도사들의 노동 중 하나가 옛날처럼 땅을 일구고 수도원 청소를 하는 일에서 이제는 기념품이나 관광객을 맞이하는 일이 될 수도 있을 것 같다는 생각이 든다.

예배당으로 들어가는 입구에 몇 가지 문구들이 눈에 띈다.

"Lord Jesus Christ, Son of God have mercy on me."

"하나님의 아들 주 예수 그리스도시여, 제게 자비를 베푸소서."

그들이 기도할 때마다 늘 호흡을 담아 쓰는 기도문이다. 들숨을 하며 '하나님의 아들 주 예수 그리스도' 그분을 받아들인다. 날숨을 통해 '자비'를 구하며 내 안에 있는 모든 죄와 어두움을 몰아낸다.

우리 평생의 기도는 사실 이와 같아야 한다. 하나님을 인정하는 것과 그 하나님께 겸손하게 내 모든 것을 드리는 기도 말이다. 복음서에서 자비를 베풀어달라고 했던 이들처럼 말이다.

사실 이 기도는 '예수의 기도'라는 이름으로 전해 내려온 동방 교회의 전통이다. 수도사들이 호흡을 실어 주와 동행하고자 했던 기도인 것이다. 철저히 침묵으로 드리는 기도다. 이를 헤시카즘Hesychasm이라고 한다. 헤시키아Hesychia는 침묵 또는 고요를 뜻하는 것으로서, 헤시카즘은 침묵 속에서 하나님을 만나는 수단으로서 사용하는 수도방식이다. 이 기도는 침묵 속에서 혼란스러움과 분노, 두 마음을 품은 것을 물리치고 고요와 평정심 가운데로 들어가는 기도 방법이다. 헨리 나우웬은 그의 책《기도의 삶》(복있는사람)에서 헤시카즘, 이 '예수의 기도'에 대해 이렇게 말한다.

"'주 예수 그리스도여, 저를 불쌍히 여겨주소서'라는 표현 속에 모든 기도가 강하게 압축되어 있다. 이 기도는 우리를 위해 사시고 죽으시고 부활하신 하나님의 아들 예수님께 드리는 기도이다. 이 기도는 그분을 그리스도, 기름 부음 받은 자, 메시아, 우리가 기다려온 분으로 선포한다. 이 기도는 그분을 우리 주님을 몸과 마음과 영혼과 생각과 감정과 행동을 총망라한 우리 전 존재의 주님으로 부른다. 이 기도는 우리의 죄성을 인정함으로, 그리고 그분의 용서와 자비와 긍휼과 사랑과 선대를 겸손히 간구함으로써 그분과의 가장 깊은 관계를 고백한다."

이 기도는 예수를 우리 전 존재의 주님으로 부른다. 자비를 베풀어주시는 분으로 부른다. 침묵 속에서 드리기 때문에 예수의 기도는 내적인 전투가 치열하다. 이 치열함 속에서 결국 우리는 긍휼을 받아야 하는 자리로 들어간다. 살기 위해 발버둥치는 존재가 아니라 그저 내 상태를 개방하고 맡겨드리는 자리로 나아가는 것이다. 사실 모든 기도는 위에서 내려다보시는 분과 아래에서 위를 올려보는 존재의 만남이다. 원래의 자리로 돌아가는 것이기도 하다.

예배당 안으로 들어갔다. 생각보다 좁은 장소이기에 줄을 서야 했다. 들어가자마자 눈에 들어온 것은 화려한 그림들이었다. 그리스 정교회답게 예배당 안쪽은 화려한 프레스코 벽화로 둘러져 있다. 예배당으로 통하는 입구로 들어가 정면을 바라보면 천장에는 대체로 복음서의 내용들이, 벽 쪽엔 순교자들의 순교 장면과 성인들의 모습이 그려져 있다. 잔인한 고문 장면이나 순교 장면들이 당시 그리스도인들의 순교 신앙이 어떤 것이었는지를 우리에게 그대로 전달해준다. 한쪽에는 과거 성인들의 초상화가 그려져 있다.

우리에게는 화려한 이 교회의 벽화가 어색하고 낯설지만, 정교회의 프레스코화는 그 자체로 신앙교육이다. 눈으로 보게 하는 신앙교육 말이다. 이러한 그림들은 신자들로 하여금 하나님의 말씀에 몰입하도록 돕는다. 더 나아가 연합과 참여의 자리로 나아가도록 한다. 이것은 정교회의 테오시스Theosis 신학과 연결이 된다. 인간이 하나님의 영역인 신의 성품에 연합 또는 참여하는 것이다. 나는 이것을 신

化deification 또는 신비라고 말하고 싶다. 기독교의 신비mystery는 곧 무한자와 유한자의 연합이다. 무한자이신 하나님께서 유한한 인간의 몸을 입고 이 땅에 오신 것을 성육신이라고 하는데, 이는 최고의 신비다. 성찬식 또한 신비이다. 하나님께서 빵과 포도주에 임하신다. 그리고 그 성찬을 우리가 받아먹는다. 성령께서 우리 안에 내주하신다는 것 역시 신비이다. 기독교 신앙은 이와 같이 연합과 신비의 영역으로 들어가는 것이고, 신비는 인간이 하나님의 영역으로 참여하는 것을 말한다. 하나님과 연합이라니, 그 자체가 신비 아닌가? 동방정교회는 이를 테오시스, 하나님께로 나아가는 연합의 신비라고 하였다. 프레스코화는 우리를 그런 신비의 자리로 나아가게 한다.


## † 부단히 예배의 장소를 사모할 이유

예배당 안쪽으로 들어가 보았다. 예배당 안쪽의 중앙 지점은 역시 돔 형태이다. 천장에 돔을 얹은 곳은 하늘이 임재하는 지점이다. 그래서 그곳에는 예수 그리스도의 성화와 천사들이 경배하는 모습이 그려져 있다. 열두 사도들과 장로들이 보좌 위의 어린양께 경배하고 있다. 그야말로 하나님의 임재로 충만한 천상의 예배 장소이다.

우리는 하늘을 보고 있다. 예수의 시선은 아래에 있는 우리를 향해 있다. 이 공간은 하늘과 땅이 만나는 곳이요, 예수와 우리의 시선이 맞닿는 장소이다. 그래서 어디든 예배의 자리는 하나님이 현존하시는 장소이다. 예배를 통해서 우리는 하나님의 임재를 맛보며 하나님의 현존을 경험한다. 그리고 지치고 갈급한 영혼의 소생과 회복을 경험한다. 우리는 한시라도 하나님의 임재와 현존의 자리를 찾지 않으면 영혼의 깊은 목마름과 배고픔이 더해져 굶어 죽게 된다. 영혼이 타들어가는 광야에서 말라 죽는 것이다. 우리가 부단히 예배의 장소를 사모하고 사수해야 하는 이유가 여기에 있다. 영혼의 회복이 있는 자리를 잊지 않기를 바란다.

천장에는 예수님을 중심으로 복음서의 저자들이 그려져 있다. 그 저자들 다음에는 복음서의 이야기들이 신학적으로 체계적이고 정확하게 그려져 있다(297쪽의 사진). 성화만을 그리는 수도사가 있다고 하니 나름의 방법이 있을 것이다. 지금 이곳의 벽화들은 보완하는 중이다. 그림들을 보니 흥미롭다. 제단 정면 천장에는 예수께서 십자가에 달리시기 전날 밤, 성만찬, 그리고 겟세마네에서의 기도 장면이 그려져 있다. 가룟인 유다가 예수님을 팔아넘기는 장면까지 아주 소상하게 표현하였다. 그리고 십자가에 달리신 예수 그리스도의 모습이 보인다. 예수님이 십자가에 달리시기 전날 밤과 십자가를 지신 후의 그림 사이에 장황하게 그려놓은 장면들이 독특하다. 십자가에 달리신 예수께서 부활하시어 죽은 이들을 일으키시는 장면도 있다. 빛난 옷을 입고 가운데 서신 이는 다름아닌 부활하신 예수이시다. 사람들이 돌관에서 예수의 손을 붙잡고 뛰쳐나온다. 부활의 능력을 표현한 것이다.

예수의 발 아래에는 천사가 땅 아래 있는 이들에게 무엇인가 속삭이는 장면과 함께 몸에 수의를 감은 이들이 일어나고 있다. 이는 옥에 있는 영들에게 부활의 소식을 선포하시는 장면 혹은 죽은 이들에게 복음이 전파되는 장면일 것이다.

베드로전서는 부활하신 예수께서 죽은 이들에게 복음을 선포하시는 장면을 기록해놓았다.

> 그리스도께서도 단번에 죄를 위하여 죽으사 의인으로서 불의한 자를 대신하셨으니 이는 우리를 하나님 앞으로 인도하려 하심이라 육체로는 죽임을 당하시고 영으로는 살리심을 받으셨으니 _벧전 3:18-19

> 이를 위하여 죽은 자들에게도 복음이 전파되었으니 이는 육체로는 사람으로 심판을 받으나 영으로는 하나님을 따라 살게 하려 함이라
>
> _벧전 4:6

또한 기억에 남는 그림은 제단에서 반대편에 위치한 스데반의 순교 장면이다. 스데반이 군중 가운데에서 무릎을 꿇고 있다. 그의 손은 하늘을 향해 있다. 시선은 보좌 위에 계신 하나님과 그 우편에 계신 예수 그리스도를 향한다. 사람들은 성 밖에서 스데반을 향해 돌을 던지고 있다. 이 그림을 유심히 살펴본 이유는 스데반의 순교 장면과 더불어 사울의 모습이 어떻게 묘사됐는지 궁금해서다.

그림 속에 사람들의 옷을 들고 앉아 있는 이가 있는데 그가 사울이다(행 7:58). 그는 사형을 집행하는 이들의 옷을 맡았고, 스데반의 죽음을 보며 마땅히 여겼다(행 8:1). 내 느낌 탓일까? 이상하게도 이 그림에서 사울의 표정이 뭔가 마뜩치 않다는 것처럼 보였다. 오히려 스데반의 죽음을 슬퍼하는 것 같다. 예수께서 택한 그릇으로서 일평생 복음을 전하며 하나님나라의 확장에 쓰임받게 될 위대한 인생의 서막을 알리려는 듯, 그는 한적한 곳에 다소곳이 앉아 있다.

† 하나님을 만나면 세상이 두렵지 않다

화려한 프레스코화를 올려다보고 있으려니 고개가 아팠다. 천장만 바라보다가 외국인들의 발을 밟기도 하여 연신 목을 굽혀 낮은 목소리로 'Sorry'를 내뱉었다. 결국 더는 안 되겠다 싶어 좁은 문을 통해 밖으로 빠져나갔다.

좁은 문은 예배당에서 중요한 요소이다. 세상에서 살다가 예배당 문을 통해 하나님의 현존의 장소로 들어온다. 예배를 통해 하나님을 만나고, 하나님나라의 능력과 회복을 경험하고 다시 그 문으로 나간다. 축도가 마치고 문이 열리는 순간, 우리가 살아가야 할 세상이 보인다. 그 문을 나서며 하나님의 백성답게 살아갈 결단을 한다. 나는 예배를 마치고 예배당을 나올 때 같은 기분을 느끼며 수도원 밖으로 나왔다. 멀리 세상이 보였다. 아름다웠다. 산 위에서 내려다보는 도시 풍경이 장관이다. 하나님을 만나면, 그리고 그분과 동행하면 세상은 더 이상 두려운 곳이 아니다. 하나님께서 함께하시기에 하나님의 나라가 된다.

메테오라는 하나님을 가까이 만나는 곳을 상징한다. 우리가 하나님을 가까이할 때 하나님은 우리를 가까이하신다(약 4:8). 또한 메테오라는 우리 내면에서 침묵으로 치열한 전투를 경험하는 곳이다. 결국 하나님의 방법이 나의 방법을 이기고 승리하여 삶에서 대전환이 일어나는 장소이다. 나는 그곳에서 치유와 회복을 꿈꾸며, 마침내 하나님나라가 내 안에, 그리고 이 세상에 회복될 것을 소망했다.

소핑아

불가리아

스콩페

북마케도니아

카발라

테살로니키

알렉산드로 폴리스

그리스

라리사

# CHAPTER 15

# 데살로니가,
# 믿음과 소망과 사랑 중에서

성 스테판 수도원을 돌아보고서 버스에 올라탔다. 메테오라의 웅장함에 넋을 잃었다가 겨우 정신을 차리고, 그 길로 4시간여 버스를 타고 서쪽으로 달려 라리사Larissa라는 도시에 도착했다. 디바니 팰리스 라리사Divani Palace Larissa 호텔에서 하룻밤을 지냈다. 이제는 짐을 내리고 풀고 다시 묶는 일에 익숙해졌다. 이곳에서 저녁 식사를 하였다. 식사 후 잠깐 소화를 위해 운동할 겸, 그리고 좋은 카페가 있는지 알아볼 겸 밖으로 나갔다. 호텔 바로 옆에 근사한 고대 야외극장이 있었다. 이 극장은 시에서 관리하는 것 같다. 지금까지 보았던 야외극장보다 규모는 작았지만 굉장히 오래된 것 같다는 느낌을 받왔다. 아쉽게도 들어가 볼 수는 없었다. 이 극장을 중심으로 젊은이의 거리를 연상시키는 카페며 작은 바Bar들이 있었다. 길거리에 작은 테이블이 설치돼 그곳에 앉아 커피나 맥주를 즐기는 이들이 많았다. 라리사는 아기자기한 모습이 특징인 도시 같다. 카페와 바 안은 젊은이들로 북적인다. 직장인들 같기도 하다. 하지만 저녁 8시만 넘어가면 그리스의 거리는 한적해진다.

## † 정통성을 강조한 교회의 자부심

근처에 큰 그리스정교회가 있었다. 예배를 드리고 나오는 젊은이들이 보였다. 정교회의 사제들도 여기저기 보였다. 그리스정교회와 로마 가톨릭은 동서방의 교회 분열 이후에 앙금이 많이 남아 있다. 그 앙금이 결국 서로 다른 전통을 만들었고, 서로 자신들의 정통성과 우위성을 입증하기 위해 애를 썼다. 그리스정교회Orthodox Church, 正敎會는 이름 자체가 주는 의미대로 정통성을 나타낸다. 진리, 올바름이라는 뜻의 'Orthodox'가 교회 앞에 붙음으로써 정통성과 바른 믿음을 보이는 교회로서의 자부심과 당당함을 느끼게 한다. 정교회 사제들은 로마 가톨릭 사제들과 여러 부분에서 모습이 다른데, 가장 큰 차이는 정교회 사제들이 덥수룩한 수염을 기르는 것이다. 이유는 잘 모르겠다. 좌우간 라리사 거리에서 수염 기른 정교회 사제들을 자주 볼 수 있었다.

호텔에서 나와 고대 야외극장을 조금 벗어나 북쪽으로 걸어 올라 갔다. 시원한 바람이 불었지만 그렇다고 반소매 티셔츠를 입고 다녔 다가는 감기에 걸리기 쉽다. 얇은 옷이라도 단단히 입고 바람을 쐬 며 걷기에 좋을 뿐이다. 조금 더 올라가니 새로운 카페 거리가 보였 다. 그중 마음에 드는 카페를 골라 들어가도 좋겠다 싶었다. 나는 좀 더 올라가 보았다. 도시에서 관리하는 유적지 같은 곳이 있는데, 근 처에 큰 주차장과 카페가 있다. 나는 포트레스 카페Fortress Cafe에서 커피 한잔을 마셨다. 멀리 어두컴컴한 정교회 건물이 보였다. 도시 에서 관리하는 라리사의 유적지는 조명으로 멋을 입었다. 다시 숙소 로 돌아왔다. 메테오라와 성 스테판 수도원을 다녀온 기억을 수첩에 정리하고 잠을 청했다.

다음날 눈을 뜨니 수요일 아침이다. 작은 강당을 빌려 예배를 드 렸다. 성지에서 드리는 예배는 그 자체로 은혜요 감동이다. 예배 후 에는 짐을 버스에 싣고 해변도로를 따라 북쪽으로 올라갔다. 테살로 니키Thessaloniki, 데살로니가로 향하는 여행을 시작한 것이다. 무려 447킬 로미터나 된다. 버스로 8시간이나 이동하게 될 것이다. 감기로 인한 몸 상태 때문에 버스에 타자마자 잠을 청했다.

한두 시간여 지나서 문득 눈이 떠졌다. '여기가 어디쯤일까?' 구 글 지도를 검색하여 현재 위치를 살피니 우리 버스는 에게 해변을 따라 북쪽으로 달리는 중이었다. 왼쪽을 보니 마치 그리스의 등뼈 같은 역할을 감당하는 높은 산맥이 솟아 있다. 오른편으로는 해변이 보인다. 정면에 멀리 보이는 높은 봉우리는 신비롭게도 구름에 가려지고 만년설이 덮고 있어 멋있기 그지 없었다. 그 산의 이름이 바로 신들의 산이라고 불리는 '올림포스Mount Olympus, 해발 2919미터'다. 마케도니아 주에 있으며 우리가 가려는 테살로니키에서 100킬로미터 정도 떨어진 곳에 있다. 신들이 사는 산이라는 명성에 신비감을 더해주려는 듯, 올림포스 산은 구름에 둘러싸여 있을 때가 많다고 한다. 내가 잠시 지나가던 때에도 올림포스 산은 그 신비로운 면모를 과시했다. 사도 바울도 마게도냐에 있는 공동체를 둘러볼 목적으로 가는 선교여행에서 올림포스 산맥을 넘었을 것이다. 내가 본 그 험한 산을 넘지 않았을지라도, 당시 사도 바울의 여행은 쉽지 않았을 게 분명하다. 차가 없었을 때, 배 말고는 제대로 된 교통시설이 없었을 때 그의 여행은 고난 자체였을 것이다. 복음이 무엇이기에 그들은 그런 수고를 감내하고 다녔을까?

사도 바울에게 복음은 고난과 함께 누리는 것이었다. 감옥에 갇히거나 매를 맞는 것도 그의 복음의 열정을 가로막지 못했다. 훗날 바울은 그의 영적 아들인 디모데에게 이렇게 고백했다.

오직 하나님의 능력을 따라 복음과 함께 고난을 받으라 _딤후 1:8

그는 디모데에게 "복음과 함께 가장 좋은 것을 취하라"든지 "복음과 함께 사람들의 존경받는 자리를 얻으라"고 말하지 않았다. "복음과 함께 고난을 받으라"고 했다. 내 삶을 이 말씀에 비추어보니 너무 부끄럽다. 나는 목사이지만, 고난 받는 것은 솔직히 부담되고 싫다. 문제가 크다. 바울이 데살로니가로 들어가 복음을 전했을 때, 그리고 그곳에 교회가 세워졌을 때도 그에겐 오직 고난뿐이었다. 그래놓고 그는 복음으로 인해 받는 환난을 즐거워하라고 말한다. 그래서인지 데살로니가의 그리스도인들은 예수로 인해 받는 고난과 환난 앞에서 즐거워했다. 끝까지 믿음을 지켰다. 그들의 믿음의 소문이 마게도냐와 아가야 지방에 퍼져갔다.


## † 화이트 타워와 알렉산더의 동상

테살로니키에 들어왔다. 확 트인 에게 해변이 보인다. 테살로니키는 BC 315년 경 마케도냐의 카산드로스Kasandros가 건설한 도시다. 지금은 그리스에서 두 번째로 큰 도시이며 마케도니아 지방의 중심 도시이다. 도시 이름은 알렉산더의 누이이자 그의 왕비인 테살로니카의 이름을 따서 지었다고 전해진다. 파도가 그리 높지 않은 에게 해의 특성 탓에 바다는 잔잔한 호수공원 같았다.

이곳에는 이 도시의 랜드마크로 화이트 타워White Tower라고 불리는 탑이 있다. 이 탑은 도시의 방어 기지로 쓰일 목적으로 오스만 제국에 의해 세워졌으며, 20세기 초에는 투르크 족에 의해 교도소로 사용되었다고 알려져 있다. 1980년대에 이르러 방어 목적에서

ㅇ
알렉산더 대왕과 그의 애마 부케팔라스의 동상.

벗어나 비잔틴 박물관으로 개조되었다. 굳이 들어가 보지는 않았다. 화이트 타워를 지나 해변 공원을 따라 걸었다. 운동하는 사람들이 보인다. 관광객들은 사진을 찍느라 여념이 없다. 길거리의 악사들은 기타를 들고 연주를 하고 있다. 음악 소리가 잔잔한 에게해처럼 마음을 평온하게 한다. 10여분을 걸었다. 뜨거운 햇볕도 그리 문제가 되지 않았다. 하늘은 구름한 점 없었다. 푸르다 못해 아예 파랗다. 전형적인 지중해 날씨다. 멀리 거대한 동상이 보인다. 대제국의 대왕이 말을 타고 천하를 호령하는 것 같은 모습이다. 넘치는 박력으로 그 앞에 서 있는 것조차 부담이 될 정도다. 말은 금방이라도 달려 나갈 것처럼 앞발을 하늘로 뻗었고 꼬리는 들려 있다. 이것은 알렉산더 대왕Alexander III Magnus의 동상이다. 대왕이 타고 있는 기세등등한 말은 그 유명한 부케팔라스Bucephalus다.

알렉산더 대왕의 동상이 왜 여기에 있는 것일까? 알렉산더 대왕은 BC 356년 북방 마케도니아의 왕, 필리포스 2세의 아들로 태어났다. 그는 어린 시절 아리스토텔레스Aristoteles, BC 384-322의 가르침을 받았다. 나는 대 철학자 아리스토텔레스가 이곳에서 살았고, 근처에 아리스토텔레스 광장이 있다는 것도 이때 처음 알았다.

기원전 336년 필리포스 왕이 암살되자 알렉산더가 즉위한다. 그 후 BC 335년에 아리스토텔레스는 아테네로 돌아왔다고 전해진다. 알렉산더는 아버지 필리포스 2세가 이루다 만 페르시아 정복 원정을 시작했다. 이곳에 알렉산더의 동상이 세워진 이유를 정확히 알

수는 없지만 그 의미는 알 것 같다. 거대한 동상이 세워진 이곳에서부터 알렉산더의 세계 정복의 열정이 시작되었기 때문이다. 이곳에서 알렉산더와 그의 말 부케팔라스는 힘찬 도약을 했을 것이다. 게다가 알렉산더가 페르시아를 정복하고 대제국을 건설하면서 헬라 제국의 찬란한 문화가 꽃피게 된다. 동방의 오리엔트 문화와 헬라 문화가 만나게 됐다. 역사는 이를 헬레니즘Hellenism이라고 부른다. 헬레니즘이 중요한 이유는 로마시대에서 성경의 신약시대까지 큰 영향을 끼쳤기 때문이다. 프톨레미 2세 때 히브리어로 기록된 구약 성경이 그리스어인 헬라어로 번역되는 놀라운 일도 생기는데, 이 역시 헬라어가 당시 지중해 주변 국가들의 공용어였기 때문이다. 프톨레미 왕은 헬라어 번역자이면서 율법학자들이던 70명을 선발해 성경 번역작업에 착수하게 했다. 이를 70인역Septuaginta, LXX이라고 부른다. 70인 역은 기독교 선교에서 중요한 단초 역할도 감당하게 된다. 결국 알렉산더의 정복전쟁을 통해 헬라 문화가 꽃피게 되고, 그리스도께서 오시기 전 신구약 중간기의 문을 열게 되었다.

성경을 보면 사도 바울이 테살로니키에 있는 그리스도인들에게 보낸 서신이 있는데, 그것이 데살로니가전후서이다. 데살로니가 지역의 그리스도 공동체는 독특하다. 개척의 계기도 독특할 뿐 아니라 강한 은혜를 준다. 사도행전 17장 1-9절에 따르면 데살로니가 지역에는 상당한 규모의 유대 공동체가 존재했다. 바울도 유대교 회당에 참석하여 예수 그리스도의 복음을 전하는 데 힘썼다. 그 중에서 복음을 받아들이는 열매까지 얻게 된다. 경건한 헬라인의 큰 무리와 적지 않은 귀부인도 권함을 받고 바울과 실라를 따르기 시작한다. 그러나 과격한 유대인들이 시기하여 떼를 지어 사람들을 선동한 뒤 바울이 거주했던 야손의 집으로 들이닥친다. 바울은 결국 야손과 형제들에 의해 베뢰아로 가게 된다. 바울의 안전과 남아 있는 그리스도인들을 위한 조치였을 것이다.

바울은 다시 데살로니가로 돌아가고자 시도했지만 번번이 무산된다. 게다가 피신해 있던 베뢰아에서도 유대인 대적자들로 인해 바다로 내몰려 바울은 결국 아덴으로까지 피신하게 된다. 아덴으로 추방된 바울은 데살로니가에 있는 개종한 그리스도인들이 어떻게 지내는지 궁금했다. 바울은 목회자의 심정으로 바다 건너편에 있는 교회가 어떻게 살아있는지 궁금했을 것이다. 목회자들은 바울처럼 성도들에게 어려움이 찾아올 때 예배는 잘 드리고 있는지, 혹여나 시험에 들어 믿음에서 이탈하지는 않았는지 마음이 쓰인다. 그래서 심방하여 기도해주면서 어떻게든 그들이 믿음의 사람이 되고 견고하게 서 있기를 원한다. 그게 목회다. 당시 목회자 바울은 더 답답했을 것이다. 바울은 아덴에서 동료들과 만난 후 디모데를 다시 데살로니가로 보내 공동체가 어떻게 유지되고 있는지 알아보게 한다. 디모데는 결국 좋은 소식을 가지고 왔다.

5이러므로 나도 참다 못하여 너희 믿음을 알기 위하여 그를 보내었노니 이는 혹 시험하는 자가 너희를 시험하여 우리 수고를 헛되게 할까 함이니 6지금은 디모데가 너희에게로부터 와서 너희 믿음과 사랑의 기쁜 소식을 우리에게 전하고 또 너희가 항상 우리를 잘 생각하여 우리가 너희를 간절히 보고자 함과 같이 너희도 우리를 간절히 보고자 한다 하니 7이러므로 형제들아 우리가 모든 궁핍과 환난 가운데서 너희 믿음으로 말미암아 너희에게 위로를 받았노라 8그러므로 너희가 주 안에 굳게 선즉 우리가 이제는 살리라 _살전 3:5-8

데살로니가전후서는 어려움을 당한 그리스도의 공동체가 어떻게 어려움을 벗어나 믿음의 본을 보이는 소문난 교회가 될 수 있었는지에 대해 바울이 목회자로서 쓴 감사와 기쁨이 담긴 말씀이요, 험난한 세상을 살아가면서 어떻게 믿음으로 승리하며 견고한 공동체가 될 수 있는지에 대해 마음을 담아 권면한 편지이다.

## † 데살로니가 교회가 소문난 세 가지 이유
데살로니가 교회는 어떻게 믿음의 본을 보이는 소문난 공동체가 될 수 있었을까? 데살로니가전서 1장 3절에서 그 비결이 보인다.

너희의 믿음의 역사와 사랑의 수고와 우리 주 예수 그리스도에 대한 소망의 인내를 우리 하나님 아버지 앞에서 끊임없이 기억함이니 _살전 1:3

데살로니가 교회는 믿음과 사랑과 소망을 공동체 안에서 아주 구체적으로 실현하고 적용한 공동체였다.

첫째, 그리스도의 공동체는 믿음의 역사produced by faith를 이루는 공동체이다. 믿음은 행동이 증명한다. 행위가 없는 믿음은 죽은 믿음이기 때문이다. 삶이 믿음을 증명해내는 것이다. 데살로니가 교회는 삶으로 믿음을 보이는 공동체였다. 믿음을 가지고 기꺼이 살아내었다. 이러한 데살로니가 교인들의 삶은 사도 바울의 삶에서 절실하게 배워서 생긴 것이다.

바울이 데살로니가에 와서 복음을 전했을 때는 빌립보에서 온 직후였다(행 16:16-34). 빌립보에서 옥에 갇히고 매를 맞은 흔적을 보고 그들의 삶이 녹록치 않았음을 보았을 것이다. 그럼에도 불구하고 그들은 그들의 믿는 바를 전하며 살았고 행동으로 보였다. 믿음의 길에는 반드시 박해와 환란이 기다리고 있다는 것도 보여주었다. 그러니 데살로니가 교인들은 자신들에게 찾아온 어려움을 믿음의 길에서 당연한 것으로 받아들였을 것이다. 이는 우리도 마찬가지여야 한다. 말로만, 입으로만 믿는다 할 게 아니라 믿는 이로서 구체적으로 현실을 살아내는 삶이 필요하다. 특히 오늘 같은 시대에서는 우리의 믿음을 행동으로 보여야 한다. 믿는 대로 살아야 하는 것이다. 믿는 그대로 사는 것은 다름 아니라 예수 그리스도의 모습을 그대로 보여주는 것이다. 믿음의 행동과 역사는 거기에서 나온다.

둘째, 그리스도의 공동체는 사랑의 수고prompted by Love를 이루는 공동체다. 모든 사랑은 수고를 감내한다. 수고하는 헌신이 없는 사랑은 사실 사랑이라고 볼 수 없다. 그리스도께서는 기꺼이 수고하심으로 사랑을 이루셨다. 그 절정이 십자가 사건이다. 십자가는 사랑의 완전체요 결정체이다. 사랑을 입으로만 하지 않으시고 기꺼이 자신을 내어준 수고를 하셨기 때문이다. 그리스도의 공동체는 예수 그리스도께서 하셨던 십자가의 수고를 감당하는 공동체이다.

디트리히 본회퍼는 그의 책《나를 따르라》에서 마태복음 5장 산상수훈을 강해하며 이렇게 적고 있다.

"이 빛 속에서 제자들은 선한 행실을 보여야 한다. 예수는 말한다. '너희가 아니라 너희의 선한 행실이 드러나야 한다.' 이 빛 속에서 볼 수 있는 선한 행실이란 어떤 것인가? (중략) 한마디로 말하면 예수 그리스도의 십자가를 지는 것이다."

예수 그리스도께서 하신 사랑의 수고대로, 우리 역시 그리스도의 십자가를 지는 삶을 감당해야 한다. 그것이 바로 사랑의 수고이다.

셋째, 그리스도의 공동체는 예수 그리스도에 대한 소망의 인내endurance inspired by hope in our Lord Jesus Christ를 이루는 공동체이다. 여기에서 소망은 인내를 이루어내는 것이다. 소망이 있으면 인내하기 때문이다. 그런데 막연한 소망이 아니다. 우리 주 예수 그리스도로 말미암아 약속하신 아주 구체적인 소망, 즉 구원의 소망이다. 다시 오시겠다고 하신 그 약속 때문에 생긴 소망이다. 이것이 그리스도인에게는 확실한 소망이다. 그리스도인이 인내하며 하루를 살아가는 이

유도 이 소망에 근거한다. 이 소망이 있다면 우리는 지하 동굴에 들어간들 두렵지 않다. 이 소망이 있다면 앞이 꽉 막힌 것 같은 터널 속에 들어갈지라도 살 수 있다. 데살로니가 교인들에게 이 소망이 있었다. 이 소망은 환란이 와도 견고하여 흔들리지 않도록 붙들어주었다. 결국 믿음과 소망과 사랑이 데살로니가 교회를 붙들어준 것이다. 이들에 대한 바울의 고백은 이렇다.

> 6또 너희는 많은 환난 가운데서 성령의 기쁨으로 말씀을 받아 우리와 주를 본받은 자가 되었으니 7그러므로 너희가 마게도냐와 아가야에 있는 모든 믿는 자의 본이 되었느니라 8주의 말씀이 너희에게로부터 마게도냐와 아가야에만 들릴 뿐 아니라 하나님을 향하는 너희 믿음의 소문이 각처에 퍼졌으므로 우리는 아무 말도 할 것이 없노라 _살전 1:6-8

"너희 믿음의 소문이 각처에 퍼졌으므로 우리는 아무 말도 할 것이 없노라." 참 멋진 말이다. 데살로니가 교회의 믿음의 소문이 각처에 퍼져서, 힘들고 환란 가운데 있는 많은 그리스도의 공동체들에게 위로가 되고 도전이 되었다는 것이다.

오늘날 우리가 속한 교회들도 쉽지 않다. 교회가 어느덧 세상과 닮아 있다. 이념 간의 갈등이 존재하고 세대 간의 갈등이 존재한다. 빈부의 격차에서 오는 갈등, 소수자들을 향한 차별이 존재한다. 일부 대형교회의 목회지 대물림이 큰 이슈로 등장하였다. 코로나19를 더욱 확대시킨 일부 교회의 몰지각한 일도 있었다. 그런 것이 복음의 장애물이 되어 교회마다 진통을 겪고 있다. 이런 시대에 젊은이들은 교회를 떠난다. 한국교회는 이렇게 힘든 시기일수록 데살로니가 공동체처럼 좋은 믿음의 소문을 전해주어야 한다. 복음으로 살아가는 삶에 얼마나 큰 능력이 있는지, 믿음으로 살아갈 때 하나님께서 어떻게 갚아주셨는지를 알려주어야 한다. 하나님의 말씀대로 살아가는 것이 결코 손해가 아니라는 것을 보여주어야 한다. 이것이 믿음의 소문을 끼치는 삶이며 교회를 깨우고 성도들에게 도전을 준다. 이것이 하나님나라를 세워가는 방식이다.

나태주 시인이 최근 시집을 냈다. 《너의 햇볕에 마음을 말린다》(홍성사). 제목이 참 좋다. 너의 햇볕에 슬픔으로 젖은 내 마음을 말린다는 의미이다. 공동체란 서로의 햇볕으로 서로의 슬픔과 상처로 젖은 마음을 말리는 것이다. 한국교회가 믿음의 소문이 퍼져가는 공동체가 되기를 소망해본다. 믿음과 소망과 사랑이 충만해질 때 우리에게서 발산하여 나오는 그리스도의 영롱한 햇살 같은 빛이 한국교회 안에서 어둡고 얼룩진 곳을 밝히고, 슬픔과 탄식으로 젖어 있는 성도들의 눈물을 말리게 되길 바란다.

알렉산더 대왕의 동상 아래에서 주변을 둘러보았다. 테살로니키 해변에서는 바울의 열정을 발견할 수 없었다. 사실 공허해 보이기도 했다. 이곳에서 사도 바울의 흔적을 찾는다는 것 자체가 물론 말도 안 된다. 하지만 이 또한 마음의 문제이다. 이곳 테살로니키는 무역이 활발한 대도시이다. 여기저기에 그리스정교회들이 보인다. 차들도 바쁘게 움직인다. 이곳은 유럽풍의 건물과 광장으로 인해 지금까지 본 그리스의 도시들 중에서 가장 유럽 같은 도시다. 광장과 잘 닦여진 도로, 고풍스러운 건물들이 이곳이 얼마나 역사적이고 중요한 도시인지를 보여준다. 게다가 에게해의 호수 같은 잔잔함이 그곳에 여유로움을 더해주었다. 사도 바울의 눈물의 흔적이나 감격의 흔적은 보이지 않았지만, 분명 이 도시 아래에 스며들었을 것이다.

한때 천하를 호령했던 대제국 대왕의 동상을 뒤로하고 걸어 나왔다. 그를 기념하는 동상 앞에 광장이 펼쳐져 있었다. 알렉산더를 기념하는 도시라니, 이 도시는 헬라의 문명을 전해주고 넓혀준 알렉산더는 최소한 기억할 것이다. 로마의 장군들은 누구나 알렉산더를 흠모하였다고 한다. 그러나 하나님나라의 확장을 위해 눈물을 뿌리며 애쓴 바울과 전도팀은 잊은 것 같다는 서글픈 마음이 들었다. 데살로니가 지역에서 복음을 받아들인 영혼을 보며 감격했을 바울과 전도팀의 마음, 그리고 유대인들에게 쫓겨 도망가야 하는 상황에서 하나님의 뜻을 물을 수밖에 없는 비통함까지 고스란히 마음에 담으며 광장을 걸었다. 비록 이곳에 바울의 유적지는 우리 눈에 보이지 않을지라도, 그리스도의 공동체를 공동체답게 만드는 믿음의 역사와 사랑의 수고와 소망의 인내, 이 세 가지는 마음에 담아본다. 아쉬움을 추스르고 버스에 올랐다.

## † "주 예수를 믿으라 그리하면"

이제 성지순례의 마지막 방문지로 가는 길이다. 그리스의 마지막 성지순례 장소는 필리피Phillippi이다. 그곳에 가기 전에 한 시간 반쯤 서쪽으로 이동하여 아폴로니아Apollonia에 들렀다가 알렉산더 비치 호텔Alexander Beach Hotel에서 하룻밤을 묵고 터키 이스탄불로 돌아갈 것이다.

테살로니키 알렉산더 기념 동상 광장에서 버스를 타고 아폴로니아로 갔다. 아폴로니아(아볼로니아)는 사도행전 17장 1절에 등장하는 장소이다.

> 그들이 암비볼리와 아볼로니아로 다녀가 데살로니가에 이르니 거기 유대인의 회당이 있는지라 _행 17:1

암비볼리는 아볼로니아에서 약 서쪽으로 48킬로미터 정도 거리에 있다. 바울은 빌립보에서 암비볼리와 아볼로니아를 거쳐 데살로니가로 이동하였다. 우리는 지금 데살로니가에서 아볼로니아로, 그리고 암비볼리를 통과하여 빌립보(필리피)로 이동하는 것이다.

아볼로니아에는 바울이 전도를 했던 것으로 추정하는 장소가 있다. 아볼로니아 비마Apollonia Bema 터이다. 이 비마 터는 큰 나무 아래에 있다. 그 아래에 작은 개울가가 있다. 나의 추측이지만, 이 개울가가 바울 시대에도 있었다면 사람들이 물을 길러 나오거나 빨래를 하고 있을 때 사도 바울과 전도팀이 비마에 올라서서 복음을 전하지 않았을까? 나는 그런 마음으로 비마 터에 올랐다.

나는 목사가 되었지만, 대중들 앞에서 큰소리를 외치거나 높은 곳에서 큰 소리로 말하는 이벤트 같은 행동은 상당히 부끄러워하며 살아왔다. 그러나 이곳에서는 반드시 해보고 싶은 게 있었다. 마치 내가 바울이 된 것처럼, 그 열정을 온 몸으로 느껴볼 마음으로 비마 터에 올라가 이렇게 외쳐보았다.

"주 예수를 믿으라!"

용기를 냈다. 같이 간 순례팀이 아멘으로 화답해주었다.

사도 바울이 이 비마 터에서 복음을 전했을 때 어땠을까? 사도행전 16장은 사도 바울과 전도팀이 빌립보에서 당한 일을 다루고 있다. 빌립보에서 바울과 실라는 실컷 얻어맞고 감옥에 갇힌다. 온 몸이 멍투성이었을 바울과 실라는 사도행전 17장 1절이 말해주는 것처럼 그 꼴을 하고서 아볼로니아로 왔을 것이다. 복음을 전하는 그들의 열정은 둘째 치고 사람들은 거지꼴에 상처투성이인 그들을 보며 뭐라고 생각했을까? "예수 믿으면 밥이 나오냐? 떡이 나오냐?"고 하지 않았을까? "당신들 차림을 보니까 예수가 인생에 별 도움이 안 될 것 같다"고 놀리지 않았을까? 그러나 바울과 전도팀은 "듣든지 아니 듣든지" 전했을 것이다. 아볼로니아의 비마 터가 우리에게 주는 은혜는 그런 것이다. 고난을 받아도, 듣든지 아니 듣든지 예수만 존귀케 하는 삶이 무엇인지 보여주는 은혜 말이다.

순례팀원들은 나처럼 한 사람씩 비마 터에 올라가 바울처럼 외쳐
보며 바울의 열정을 마음에 담는 시간을 가졌다. 비마 터 아래의 동
판에는 사도행전 17장 말씀이 헬라어와 영어로 기록돼 있었다.

¹그들이 암비볼리와 아볼로니아로 다녀가 데살로니가에 이르니 거기 유
대인의 회당이 있는지라 ²바울이 자기의 관례대로 그들에게로 들어가
서 세 안식일에 성경을 가지고 강론하며 ³뜻을 풀어 그리스도가 해를 받
고 죽은 자 가운데서 다시 살아나야 할 것을 증언하고 이르되 내가 너희
에게 전하는 이 예수가 곧 그리스도라 하니 _행 17:1-3

이곳에서 조금 걸어 나오면 옛 로마인들의 공동 목욕탕이 있다.
로마인들은 역시 어디를 가나 야외극장과 목욕탕을 만들었다.

아볼로니아에서 다시 차를 타고 20여분 북서쪽으로 이동하여 스
트르몬Sterimon 강을 건너면 암피폴리Amfipoli, 암비볼리가 나온다. 이곳에
굉장히 오래된 사자상이 있다고 한다. 사자상이라고 해서 광화문의
해태 정도를 상상했다. '오래돼 봤자겠지. 그리고 사자상이 크면 얼
마나 웅장하겠어?' 하지만 첫 인상부터가 압도적이었다. 크기가 어
마어마하다. 높이는 약 15미터 정도 되는 것 같다. 사자상은 BC 4세
기 트로이의 창건자 라오메돈의 무덤 비이다. 이 사자상이 어떤 의
미가 있을까? 굳이 의미를 부여하자면, 어쩌면 사도 바울과 전도팀
이 데살로니가로 향했을 때 이 사자상을 보고 지나갔을지도 모른다

는 것.

조금 억지스럽지만, 사실 성지순례 여행이란 현지에서는 하찮게 보이는 돌들도 성스럽게 여기고 의미를 되새겨보는 것이다. 예수께서 걸어가셨을 법한 곳을 거닐면서 은혜를 경험하고, 보셨을 법한 곳을 바라보며 잔잔한 감동을 느끼는 것이다. 그리스에선 바울이 전도여행을 하면서 느꼈을 그 마음을 우리도 느끼며 복음의 열정을 담아오는 것이다. 이것이 성지순례가 주는 깨달음이요 유익일 것이다. 그것은 오직 이곳에서만 느낄 수 있다.

일주일 동안 광야의 삶에서
믿음의 삶을 살기 위해 발버둥치는 이들은
분명 주일이 기다려질 것이다.

CHAPTER 16

# 빌립보,
# 하나님나라의 시민권

암비볼리에서 동쪽으로 47.6킬로미터를 차로 이동하였다. 우리가 정차한 곳에는 그리스 유네스코에 등재된 고대 필리피 야외극장Ancient Theatre of Philippi과 유적지가 있다. 지금은 이곳을 필리피Philippi로 부르지만 한국인에게 익숙한 지명은 빌립보일 것이다. 이곳은 BC 356년 마케도니아의 필리포스 2세가 건설한 도시다. 자신의 이름을 따서 필리피로 정한 것이다. BC 42년 무렵에는 로마가 점령하여 '작은 로마'라고 불릴 만큼 큰 도시였다.

제럴드 호든은 그의 주석서《WBC 빌립보서》에서 필리피가 역사 속에서 관심을 받은 것은 AD42년에 벌인 로마 내전Roman Civil War

때문이라고 밝히고 있다. 필리피는 시저Julius Caeser, BC 100-44의 암살을 주도했던 브루투스Marcus Junius Brutus, BC 85-42와 카시우스Gaius Cassius Longinus, BC 85-42의 연합군과 옥타비아누스Octavianus, BC 63 - AD 19와 안토니우스Marcus Antonius, BC 83-30의 연합군이 맞붙은 전쟁터로 유명해졌다.[20] 그 후에 악티움Actium에서 옥타비아누스가 안토니우스를 패배시키고 스스로를 아우구스투스Augustus라고 칭(稱)하였다. 옥타비아누스가 황제가 된 이후 필리피에 퇴역군인들을 정착시켰다. 이 시기에 이곳을 콜로니아 아우구스타 이오스 이탈리쿰 필리펜시스Colonia Augusta Ius italicum Philippensis라고 명명했다. 필리피는 로마의 속국이지만 퇴역군인들을 정착시키기 위한 곳이었던 셈이다. 그래서 주로 로마인들이 살고 있었다. 이들은 이 도시를 자랑스럽게 생각하였다. 로마의 관습을 지키며 그 법률을 따라 사는 것을 자랑으로 삼았다. 가히 작은 로마라고 불릴만한 도시였다. 그러니 자연스럽게 이들이 가지고 있는 '로마의 시민권'은 자랑 중의 자랑이었다.


† 진정 자랑할 시민권은

시민권 하니까 빌립보서에 등장하는 말씀 한 구절이 생각날 것이다. 빌립보서 3장 20절이다.

---

**20**  제럴드 호든, 《WBC 빌립보서》, 솔로몬(1999), 38-39쪽.

> 그러나 우리의 시민권은 하늘에 있는지라 거기로부터 구원하는 자 곧 주 예수 그리스도를 기다리노니 _빌 3:20

"우리의 시민권은 하늘에 있는지라." 참 멋진 표현이다. 하나님나라의 시민권자가 우리의 정체성이다. 이 구절은 '그러나'라는 앞 구절과 뒤의 내용이 상반될 때 쓰는 접속사로 시작하고 있다. 실제로 18-19절에 심각한 내용이 전개되고 있다.

> [18]내가 여러 번 너희에게 말하였거니와 이제도 눈물을 흘리며 말하노니 여러 사람들이 그리스도의 십자가의 원수로 행하느니라 [19]그들의 마침은 멸망이요 그들의 신은 배요 그 영광은 그들의 부끄러움에 있고 땅의 일을 생각하는 자라 _빌 3:18-19

바울은 눈물을 흘리며 고백한다. 십자가의 원수 된 삶을 일일이 나열하면서 말이다. 누구를 지칭하는 말일까? 그리고 십자가의 원수 된 삶이란 무엇일까? 십자가의 원수라고 지칭하는 이들은 빌립보서 3장 2절에서 '개들, 행악하는 자들, 몸을 상해하는 일을 하는 자들' 같은 세 부류의 사람들이다. 이들은 '유대 그리스도인'이었을 것이다. 유대인이면서 그리스도인이란 어떤 사람일까? 예수 그리스도의 십자가의 보혈은 믿지만, 안식일, 할례처럼 유대 공동체가 지켜온 율법의 행위도 있어야 구원을 얻게 될 것이라는 믿음을 가진

자들이다. 바울은 이들을 십자가의 원수 된 자들, 십자가의 값진 보혈을 무의미하게 만드는 자들이라고 불렀다. 우리는 이들을 '명목상의 그리스도인Almost Christian'이라고 말한다. 이들의 특징은 무엇일까? 그들의 결국은 멸망이다. 그들의 신(神)은 배stomach다. 배부름 같은 저급한 욕망을 우상으로 삼는 자들을 말한다. 저급한 욕망과 먹고 사는 문제에 지나치게 집착하는 사람들이다. 그들의 영광이 부끄러움에 있다는 말은 욕망에 집착하는 것을 말한다. 당시 사람들은 성공을 재물을 많이 쌓아두는 것뿐 아니라 성적인 욕망을 채우는 것을 통해서도 과시했다. 그리고 땅의 일을 생각했다. 땅의 일을 생각한다는 것은 현실의 문제에만 몰두하며 사는 것을 말한다.

그리스도인이지만 욕망에 집착하고 먹고사는 문제에 몰두하며, 하늘의 일을 바라보는 것이 아니라 현실적인 일에만 목매어 살고 있다면 명목상의 그리스도인인 것이다. 바울은 명목상의 그리스도인들에게 십자가의 원수 된 삶에서 돌아오라고 눈물을 흘리며 권면했다. 명목상의 그리스도인에서 우리라고 자유할까?

그리스도인이라면서 믿음으로 살지 못하고, 욕망에 집착하며 먹고 사는 문제와 현실의 문제에 매어 염려하며 근심하며 사는 이유는 다른 데 있지 않다. 여전히 죽음의 문제가 해결되지 못했기 때문이다. 간단히 말해 죽지 않기 위해서이다. 믿음 없는 삶의 깊은 동기는 반드시 죽음과 연결되어 있다. 욕망과 현실의 문제를 포기하거나 내려놓지 못하는 이유는 사실 죽음 때문이다. 돈 문제를 내려놓으면 죽을 것 같아 두렵다. 이성교제를 내려놓으면 진짜로 죽을 것 같다. 성공에 집착하고 명예에 집착하는 것을 내려놓기까지가 너무 힘들다. 왜? 죽을 것 같기 때문이다. 죽음은 이렇게 우리의 깊은 곳에 뿌리를 내려 썩어질 것들에 집착하게 만든다.

그러나 그리스도인은 어떤 존재인가? 죽음의 문제가 이미 해결된 사람들이다. 더 이상 죽음의 문제가 우리를 넘어뜨리지 못한다는 사실을 믿는 존재이다. 이게 어떻게 가능한가? 예수 그리스도께서 십자가에서 죽으셨고 살아나셨다. 죽음의 문제를 해결하셨다. 무덤의 문을 박차고 일어나셨으며 죽음을 이기셨다.

[55]사망아 너의 승리가 어디 있느냐 사망아 네가 쏘는 것이 어디 있느냐 [56]사망이 쏘는 것은 죄요 죄의 권능은 율법이라 [57]우리 주 예수 그리스도로 말미암아 우리에게 승리를 주시는 하나님께 감사하노니 [58]그러므로 내 사랑하는 형제들아 견실하며 흔들리지 말고 항상 주의 일에 더욱 힘쓰는 자들이 되라 이는 너희 수고가 주 안에서 헛되지 않은 줄 앎이라

_고전 15:55-58

이 예수 그리스도를 우리가 주로 고백하는 순간, 예수와 함께 십자가에서 우리의 모든 육신의 욕망과 죄가 못 박혀 죽는 경험을 한다. 그리고 내가 사는 것이 아니라 예수께서 내 안에 사는 귀한 경험을 한다. 이 경험을 한 그리스도인은 무엇을 먹을까, 무엇을 마실까,

몸을 위하여 무엇을 입을까 염려하지 않는다. 견실하며 흔들림 없는 믿음의 삶을 살아간다. 이게 부활을 사는 법이다. 오로지 먼저 그의 나라와 그의 의를 구한다. 이것이 하나님나라 백성의 삶이다.


## † 하나님나라의 식민지 된 백성

사도 바울은 십자가의 원수 된 이들의 삶에 대해 눈물로 고백한 후 새로운 삶의 대안을 제시한다.

"그러나! 우리의 시민권은 하늘에 있는지라!"

십자가의 원수 된 자들의 삶이 어떠한지 나열한 뒤, '그러나'라는 접속사를 사용하여 그것과 반대되는 삶이 무엇인지를 우리에게 알려준다. 바로 하늘에 있는 시민권, 다시 말하면 "우리는 비록 땅에 발을 딛고 살아가지만 하늘에 속한 자들이다"라고 선포해주는 것이다. 여기에서 시민권으로 쓰인 단어가 헬라어로 폴리튜마πολίτευμα이다. 도시라는 뜻인데, 특히 빌립보처럼 퇴역한 군인들이 모여 사는 도시를 말한다. 로마의 속국이지만, 작은 로마로서 자부심 있게 살아가는 빌립보 같은 도시이다. 로마의 법을 지키며 그 나라의 언어와 삶의 관습을 유지하며 살아가는 도시가 바로 폴리튜마인 것이다. 그러므로 하늘의 시민권자란 하나님나라의 포로 된 백성들, 그 나라의 식과 법을 따르는 존재들이다.

하나님나라 폴리튜마의 시민으로서, 우리는 얼마나 그 나라의 관습과 언어를 사용하며 살기 위해 애쓰고 있는가? 그 나라를 얼마나 자랑스러워하고 그리워하며 사는가?

이 시대의 탁월한 윤리학자 스탠리 하우어워스Stanley Hauerwas는 그의 책《하나님나라의 나그네 된 백성Resident Aliens: Life in the Christian Colony》에서 좀 더 적나라하게 '하나님나라의 식민지 된 백성'이라고 말한다. 그리스도인은 식민지의 백성이 맞다. 하나님나라에 정복당한 백성이다. 그리스도인도 분명 땅에 발을 딛고 살아가는 존재다. 현실의 문제를 고민하지 않을 수는 없다. 세상의 걸음에 발을 맞춰 살아갈 수밖에 없다. 그런 반면, 우리는 하늘에 속한 시민들이다. 하나님나라의 시민이라는 확고한 정체성이야말로 우리가 믿음을 유지하며 담대하게 살아가도록 해준다. 그래서 우리는 비록 땅에 발을 딛고 살아가는 존재이지만 하늘을 품으며 산다.

하늘을 품으며 땅에서 살아가는 하나님나라의 백성들은 살아가고 있는 곳에서 성실하게 사는 의무를 가진다. 담대하게 정직을 선포하며 공의롭고 정의롭게 살아간다. 죽음의 문제가 해결된 사람들이기 때문이다. 죽음의 문제가 해결된 우리는 먼저 그의 나라와 그의 의를 구하는 삶을 살아야 한다. 그럴 때 모든 것을 더해주시리라 약속하신 말씀을 기억하고 믿어야 한다. 그것이 믿음이다. 우리가 하나님나라를 구하는 삶을 살아갈 때 망하지 않을 것이라는 믿음, 하나님께서 책임져주실 것이라는 믿음 말이다. 그리스도인은 그 담대한 믿음이 있어야 한다. 사도 바울에겐 이 믿음이 있었다. 그래서 담대하게 그리스도의 복음을 증거하며 살아갔다.


## † 빌립보 교회와 바실리카 흔적

버스에서 내려 제일 먼저 눈에 들어온 것은 고대 필리피 야외극장Ancient Theatre of Philippi이었다. 이 극장의 용도는 무엇이었을까? 반듯한 대리석 벽돌로 깔끔하게 정돈된 무대와 계단 모양의 객석이 조화를 잘 이루고 있다. 오케스트라Orchestra라고 불리는 무대가 중앙에 위치하고 객석이 반원으로 둘러싸 있는, 그리스식 야외극장의 일반적인 모습이다. 일반 야외극장과 다를 바가 없지만 아담하면서도 깔끔해 보였다. 상상해 보건대, 이 무대에서 연기자들은 춤을 추거나 연극을 했을 것이다. 반원 모양의 객석은 위에서 아래를 내려보게끔 만들어졌다. 이것은 목소리가 바람을 타고 무대 아래에서 객석 위로 전달되는 방식이다. 탁월한 음향장치 역할을 한 것이다. 혹은 연설을 하거나 정치적인 선동을 할 때도 훌륭한 기능을 했을 것이다. 때로는 검투사들이 치열하게 싸우거나 죄인들과 그리스도인들을 공개 처형하는 장소로 쓰기도 했다. 그리스도인들이 죽었던 야외극장이라면 그리스도인 순례객에게 관심의 장소가 아닐 수 없다.

야외극장을 빠져나오자 독특한 모양의 유적지가 눈에 들어왔다. 넓은 공간에 대리석 돌과 기둥들이 촘촘히 세워져 있다. 기나긴 세월의 흔적들이 보인다. 멀리 필리피의 고대 도시 유적들이 한눈에 들어왔다. 지금도 유적을 발굴하는 중이다. 제일 먼저 만난 것은 대리석으로 깔린 고대 도시의 도로이다. 바닥에는 마차가 다닌 흔적이 있다. 이 길은 어디로 향하는 것일까? 바울도 이 길을 지나갔을 것이다. 도로가 이어지는 곳에 굉장히 큰 광장Forum이 있다. 고대 필리피의 아고라Agora이다. 대부분은 무너져 형체를 알아볼 수 없지만, 수로 시설과 대리석으로 규모있고 질서있게 세워진 건물의 흔적이 보였다.

사도 바울의 동역자인 누가는 마게도냐의 첫 성 빌립보 교회의 시작을 이렇게 말하고 있다. 사도행전 16장 11-12절이다.

11우리가 드로아에서 배로 떠나 사모드라게로 직행하여 이튿날 네압볼리로 가고 12거기서 빌립보에 이르니 이는 마게도냐 지방의 첫 성이요 또로마의 식민지라 이 성에서 수일을 유하다가 _행 16:11-12

바울 일행은 드로아에서 배로 사모드라게로 직행하고 이튿날 네압볼리로 가서 빌립보에 이른다. 이곳은 마게도냐 지방의 첫 성이며 로마의 식민지라고 밝힌다. 여기에 빌립보 교회가 세워진 것이다.

앞에서 밝혔다시피 이곳에서 발견되는 웅장한 교회의 터는 대부분 비잔틴 시대에 세워진 바실리카Basilica의 흔적이다. 이곳에는 세 곳의 바실리카가 있다. 필리피 고대도시에 들어오기 전에 있는 바실리카를 '바실리카 A'라고 한다. 광장을 가로질러 아고라를 지나면 웅장한 건물이 나오는데 그곳이 '바실리카 B'이다. 그중에 가장 인상 깊게 본 교회당 흔적을 소개하고 싶다. 팔각형의 바닥에 모자이크가 새겨진 팔각(형)교회Octagonal Church이다.

옛 도로 위를 걸어서 아고라를 지나면 옛 도시의 안쪽으로 들어가는 길이 나온다. 도시 안쪽에 웅장한 교회 터가 나온다. 유적지 관리를 잘 해놓았다. 자연재해로 유적들이 상하지 않도록 지붕을 얹어놓았다. 바실리카를 소개하는 안내판에 따르면 이곳은 초기 기독교 바실리카Early Christian Basilica로 불린다. 이제 와서 하는 이야기이지만, 그리스의 특징 중 하나는 안내판들이 대부분 그리스어와 영어로 되어 있는데, 영어는 읽을 수도 해석할 수도 없도록 난해한 문맥과 문장으로 되어 있다. 심지어 아폴로니아 비마 터에는 성경구절도 틀리게 써놓았다. 좀 불편하다. 어떤 이들은 이렇게 불편한 여행이 그리스 여행의 매력이라고도 말한다. 하지만 불편한 것은 불편한 거다. 안내판에서 발굴된 모자이크와 그 역사적 의미들을 읽어보고 싶었지만, 그냥 내 언어의 한계라고 치부하기로 했다.

예배당 바닥의 모자이크에는 새들과 나무들과 기하학적인 상징들Geometric moti과 함께 포르피리오스 감독Bishop Porphyrios의 이름이 새겨져 있다. 포르피리오스 감독은 언제였는지는 몰라도 빌립보 교회의 목회자였을 것이다. 보존을 잘한 덕분에 모자이크는 선명했고 교회 터 밖에 있는 세례단은 원래 모습을 거의 유지하고 있다. 가운데에 계단 형식의 제단 같은 단이 있다. 전형적인 비잔틴 시대의 바실리카이다. 그런데 비잔틴 시대엔 왜 교회 건물을 바실리카라고 불렀을까? 교회사가 후스토 곤잘레스Justo L. Gonzales는 그의 책《일요일의 역사A Brief History of Sunday》를 통해 비잔틴의 교회가 바실리카라고 불렸던 이유는 당시 교회당이 기본적으로 공공건물의 기본 도면을 모방했고, 이 공공건물은 황제 바실레우스Basileus의 소유였기에 전통적으로 바실리카로 불렀다고 한다.

바울이 세운 초대교회는 거의 대부분 가정집에서 시작했다. 빌립보에 세워진 초대교회는 추측컨대 루디아의 집에서 시작되었을 것이다. 우리가 그리스 성지순례기간 동안 반드시 염두에 두어야 할 것은 다름 아니라, 바울의 교회 개척은 건물을 세우는 것이 아니었다는 점이다. 그는 사람을 세웠다. 복음으로 변화된 한 사람을 세우는 것, 그리고 그 한 사람이 또 한 사람을 복음으로 세우는 것이다. 이것은 일종의 운동movement이다. 우리는 이렇게 세워진 하나님의 백성들이 모여서 교회 공동체를 이루고 삶의 구석구석에서 하나님의 뜻대로 그분의 방식대로 살아가는 것을 '하나님의 나라'라고 말한다. 그리고 그 하나님의 백성들이 물이 바다를 덮는 것처럼 많아져 온 세상이 하나님의 말씀으로 충만해지는 것, 하나님의 방식과 뜻대로 운행되어가는 것이 비전이다. 이것이 하나님나라의 확장이요 하나님나라의 운동이며, 혹은 겨자씨 운동, 누룩 혁명이라고 말할 수 있다. 그래서 바울은 건물이 아니라 하나님나라에 집중했다.

이렇게 가정에서 시작된 작은 교회는 비잔틴 시대에 이르러 규모

가 커지게 된다. 황제의 명에 의해 도시 중심에 바실리카가 세워진
다. 바실리카 공간은 하나님께 예배드리는 장소와 인간의 일상 영역
으로 이원화하여 구분되기 시작했다. 가운데에는 돔을 얹어 정교하
게 건축했는데, 돔을 통해 빛이 내려오게 하였다. 돔을 중심으로 그
아래 공간이 지어졌는데, 중심 공간의 바닥에는 모자이크로 신비와
아름다움을 입혔다. 그곳은 신비의 영역이고 예배하는 공간이다.

　모자이크가 있는 중앙 공간은 처음에는 원형이나 사각형으로 만
들어졌다. 하지만 신학이 발달하면서 중심 공간은 대체로 팔각형
으로 지어지기 시작했다. 이를 팔각형 구조물Octagon complex라고 하
는데, 팔각형 구조물은 비잔틴 건축의 초기 양식이다. 필리피에
서 만난 바실리카도 가운데 공간 모양이 팔각형이다. 이 공간에 가
서 모자이크만 보고 오면 아무 의미가 없다. 조금만 뒤로 물러서서
건물의 전체 형태를 보아야 팔각형 구조가 한눈에 들어온다. 이곳
이 바로 아름다운 모자이크로 팔각형을 그린 대표적인 팔각(형)교
회Octagonal Church이다. 나는 안내판의 옥타곤이라는 단어를 보고서
이 예배당이 팔각형으로 되어 있음을 미리 알 수 있었다.

　그런데 왜 팔각형일까? 후스토 곤잘레스는 여덟째 날이 주는 의
미에 집중한다. 안식 후 첫 날로서 여덟째 날은 예수께서 부활하신
날이며 새로운 창조가 시작되는 첫날이다. 소망의 날이며 재창조
의 기쁨과 설렘이 있는 날인 것이다. 그날이 우리가 주일로 지키는
일요일이다. 아우구스티누스Augustinus, 354-430의《하나님의 도성City of

○
팔각형의 바닥 공간 일부.

God》에서 여덟째 날과 관련하여 다음과 같이 고백한다.

"일곱째 시대는 우리의 안식일이 되리라. 그날에는 해가 지지 않
겠고 그리스도의 부활로 거룩하게 된 주의 날, 여덟째 영원한 날이
시작되리라. 그날은 영혼의 영원한 쉼은 물론이고 육신의 영원한 쉼
의 원형이다."

예배학자 주승중은《은총의 교회력과 설교》라는 그의 책에서 순
교자 유스티누스Justinus Martyr, 100-165의 글과 초대교회의 문헌들을 통

해서 제8일(주님의 날)은 새 창조의 날이며 기쁨의 절기였음을 강조한다. 필리피의 바실리카가 예배당 중심 공간에 팔각형 구조물을 설치한 것과, 초기의 교회가 세례를 주고받는 세례단을 팔각형으로 만든 것이 이해가 된다. 팔각형의 공간에서 예배드리는 모든 이들이 제8일의 새 창조와 부활의 의미를 알고 경험하게 하기 위해서였다. 부활은 새롭게 되는 날이며 재창조의 날이다. 작은 부활절로서 주일은 우리가 그리스도 안에서 살아나는 날이자 새롭게 되는 날이며 소망과 설렘의 날이다.

## † 오늘날 주일에 회복할 것은

그런데 오늘날 교회는 어떤 장소가 되고 있을까? 소망과 설렘의 장소요 재창조의 능력이 임하는 장소가 되는가? 우리는 주일조차 너무 바쁘다. 하루 종일 봉사하고 섬기느라 정신이 없다. 예배조차 정신없이 드리고 교회 공간을 빠져나가기 위해 애를 쓴다. 어떤 이는 축도도 끝나기 전에 서둘러 예배당을 빠져나간다. 주일에도 쉬지 못하고 직장에 나가 일을 해야 하거나 자격증과 진로를 위해 버둥거린다. 안타깝게도 오늘날 주일은 더 이상 우리에겐 재창조의 날이 아니다.

그러면 무엇을 회복해야 할까? 후스토 곤잘레스는《일요일의 역사》에서 초기교회가 여덟째 날로서 주일을 어떻게 지켰으며 어떤 날이었는지를 소개해주고 있다. 콘스탄티누스 황제 이후로 주일은 기쁨의 날이었다. 기쁨의 날이기에 지나치게 엄격하게 살거나 금식도 못하게 하였다. 심지어 기도할 때 무릎도 꿇지 않도록 하였다. 위대한 왕이신 하나님의 양자가 되는 기쁨을 누리는 날이기 때문이다.

이로 보건대 우리가 먼저 회복해야 할 것은 기쁨이다. 주일에 드리는 예배에서 충분한 기쁨을 누려야 한다. 이 기쁨을 누리려면, 사실 일상에서 치열한 삶을 살아야 한다. 그래야 가능하다. 일주일 동안의 광야의 삶에서 믿음의 삶을 살기 위해 발버둥을 치며 사는 이들은 분명 주일이 기다려질 것이다. 전쟁 같은 일상을 살다 보면 신앙의 공동체가 그리워진다. 형제자매들이 그립다. 영적 충전의 장소인 예배당이 무척이나 그리워진다. 그래서 주일에 예배당에 가면 감격스럽고 눈물이 나고 기쁨이 넘친다. 주일은 우리의 영혼이 새롭게 되는 날이며 회복과 은혜가 넘치는 날이기 때문이다. 디트리히 본회퍼는 그의 탁월한 책인 《신도의 공동생활Gemeinsames Leben》에서 공동체가 함께 드리는 예배의 기쁨을 이렇게 고백한다.

"주의 제자인 요한계시록의 요한도 밧모 섬에 홀로 유배되어 있으면서 '주의 날에 영으로'(계 1:10) 그의 공동체와 함께 드리게 될 천상의 예배를 찬미한다. 그가 본 일곱 촛대는 그의 교회들이며 일곱 별들은 교회의 천사들이다. 그는 그 중심과 모든 것 위에 인자 예수 그리스도가 부활하신 분의 거대한 영광 속에 서 계신 것을 본다. 요한은 그분의 말씀으로 힘을 얻고 위로를 받는다. 이것이야말로 추방당한 자가 주님의 부활의 날에 참여하게 될 천상의 공동체. 다른 그리스도인이 신체적으로 '함께 있다는 것'은 신자들에게 '비할 수 없는 기쁨과 힘의 원천'이 된다."

진정한 회복과 재창조로서 주일을 경험하기 위해 '잠시 멈춤'도 필요하다. 우리가 주일에 경험하는 기쁨은 인생을 향유하는 여유 속에서 발견한다. 하지만 오늘 우리는 너무 바쁘다. 안식은 말 그대로 쉼이지만 현대인은 쉬지 못한다. 일상에 눌려 살고 여유가 없으니 불안하고 분노 가운데 산다. 그러니 더욱 안식이 필요하다.

오늘날 우리가 누릴 수 있는 진정한 안식은 하나님을 믿고 신뢰하는 데서 비롯된다. 급하게 돌아가는 일상에서 잠깐 멈추고 예배를 드리려면 일상에서도 우리의 삶을 붙드시는 하나님, 우리를 책임지시며 굶게 내버려두지 않으시며 보호하시는 하나님을 믿어야 한다. 그래야 예배가 가능하다. 반대로 말하면 하나님을 믿을 때 우리는 진정한 안식을 누릴 수 있다. 예수 안에 있을 때 우리는 진짜로 쉴 수 있다. 이 안식을 우리가 왜 누려야 할까? 그 속에 하나님의 역사하심을 발견하는 기쁨이 숨어 있기 때문이다. 쉬지 못하는 우리에게, 기쁨을 잃어버린 채 살아가는 우리에게 예수께서는 이렇게 당부하신다.

수고하고 무거운 짐 진 자들아 다 내게로 오라 내가 너희를 쉬게 하리라

_마 11:28

잠시 멈추자. 우리가 가야 할 곳은 오직 예수 그리스도의 품이다. 그 안에 진정한 안식이 있고 기쁨이 충만하다.


## ✝ 귀신 들린 여종을 만난 곳

옥타곤 바실리카(팔각 교회)를 떠나 필리피의 옛 도시를 한 바퀴 둘러보았다. 처음에 출발했던 아고라 터에 다시 오게 되었다. 이곳에서 사도 바울에게 빌립보 사역의 가장 큰 위기가 찾아온다. 사도행전 16장 16-23절이다.

16우리가 기도하는 곳에 가다가 점치는 귀신 들린 여종 하나를 만나니 점으로 그 주인들에게 큰 이익을 주는 자라 17그가 바울과 우리를 따라와 소리 질러 이르되 이 사람들은 지극히 높은 하나님의 종으로서 구원의 길을 너희에게 전하는 자라 하며 18이같이 여러 날을 하는지라 바울이 심히 괴로워하여 돌이켜 그 귀신에게 이르되 예수 그리스도의 이름으로 내가 네게 명하노니 그에게서 나오라 하니 귀신이 즉시 나오니라 19여종의 주인들은 자기 수익의 소망이 끊어진 것을 보고 바울과 실라를 붙잡아 장터로 관리들에게 끌어 갔다가 20상관들 앞에 데리고 가서 말하되 이 사람들이 유대인인데 우리 성을 심히 요란하게 하여 21로마 사람인 우리가 받지도 못하고 행하지도 못할 풍속을 전한다 하거늘 22무리가 일제히 일어나 고발하니 상관들이 옷을 찢어 벗기고 매로 치라 하

여 [23]많이 친 후에 옥에 가두고 간수에게 명하여 든든히 지키라 하니

_행 16:16-23

이곳 어딘가에서 사도 바울과 전도팀은 기도할 곳을 찾아 헤매다가 귀신 들린 여종을 만났다. 아마 길거리에서 점을 쳐주고 돈을 받는 여인이었고 이것은 그의 주인에게 좋은 수입원이 되었을 것이다. 한마디로 이 여인은 귀신에 매이고 돈에 매이고 사람에게 매인 존재였다. 이 여인이 바울을 따라다니며 괴롭히자 귀신을 쫓아내준다. 이 일이 문제가 된다. 온전케 된 여인의 주인이 자신의 수입이 끊어지자 바울과 실라를 장터로 끌고 간다. 아마 지금 내가 서 있는 아고라의 어느 지점일 것이다. 혹은 이 도시의 어느 비마 터일 수도 있다. 사람들은 사도 바울과 전도팀을 고발하였다. 옷을 벗기고 매로 쳤다. 도시 근처 옥에 가두고 든든히 지키라고 간수를 붙였다. 이제 탈출은 쉽지 않다.

마게도냐인이 환상 중에 바울을 불렀고, 바울은 성령에 의지하여 서방을 향한 선교지 중 첫 성읍인 빌립보에 발을 들였다. 그러면 성령께서 이들의 발걸음에 함께해주셔야 하는 것이 아닐까? 그런데 복음을 전하다가 매를 맞는다. 감옥에 갇힌다. 바울과 실라는 이 황당한 상황을 어떻게 해석했을까? 거듭 강조하지만, 삶의 모든 문제는 늘 해석에 달려 있다. 인생에서는 당면한 문제를 어떻게 해석하느냐가 중요한 것이다. 해석에 따라 인생은 깊은 어둠과 우울과 분

노로 살아가거나, 반대로 은혜와 감격 속에 살아간다.

아고라 터에서 2분여 거리에 바울과 실라가 갇혀 있던 감옥으로 추정되는 장소가 있다. 개인적으로 필리피에 방문하면 꼭 한번 눈으로 보고 싶은 곳이 이 감옥 터였다. 아고라에서 바울과 실라는 사람들에 의해 재판에 넘겨진 뒤 감옥으로 들어갔다. 옷도 찢기고 온 몸에 멍이 들고 상처받으며 감옥에 갇히는 신세가 되었다. 삶의 모든 문제에 대해 해석을 하였다면 반드시 결단해야 하는데, 바울은 감옥에서 어떤 결단을 했을까?

24그가 이러한 명령을 받아 그들을 깊은 옥에 가두고 그 발을 차꼬에 든든히 채웠더니 25한밤중에 바울과 실라가 기도하고 하나님을 찬송하매 죄수들이 듣더라 _행 16:24-25

기도하고 찬송하기로 결단한 것이다. 그들은 감옥에 갇혔지만 인생을 절망이나 낙심 가운데 내버려두지 않았다. 오히려 하나님께 기도하며 찬송하였다. 기도와 찬송은 해석에 따른 결단이었고 능력이 되었다. 이것이 바로 그리스도인들이 삶을 해석하는 방식이다. 그럴 때 우리에게 펼쳐진 인생이라는 감옥 문이 열린다.

이에 갑자기 큰 지진이 나서 옥터가 움직이고 문이 곧 다 열리며 모든 사람의 매인 것이 다 벗어진지라 _행 16:26

바울과 실라가 갇혔을 것으로 추정되는 감옥 터는 생각보다 작았다. 성인 5명 정도 들어가면 꽉 찰 좁을 공간이었다. 이곳이 감옥으로 추정되는 이유가 무엇일까? 현지 가이드가 설명하기를, 이곳은 곡식이나 물을 저장하는 창고 같은 곳이었다. 여기서 벽화를 발견했는데, 사도행전 16장 24-25절의 내용을 담은 그림이었다. 그래서 이곳이 그 감옥이 아닐까 추측하게 된 것이다. 그렇게 추측할 수 있는 성경 구절이 사도행전 16장 33-34절이다.

> ³³그 밤 그 시각에 간수가 그들을 데려다가 그 맞은 자리를 씻어 주고 자기와 그 온 가족이 다 세례를 받은 후 ³⁴그들을 데리고 자기 집에 올라가서 음식을 차려 주고 그와 온 집안이 하나님을 믿으므로 크게 기뻐하니라 _행 16: 33-34

감옥 바로 위에 간수장의 사택이 있는 것처럼 보이는 이곳의 구조 때문이다. 좌우간 이곳이 바울과 실라가 갇혔던 감옥이라는 근거는 확실치 않다. 그곳이 어디였든, 비록 감옥에 갇혔을지라도 멈추지 않았던 바울과 실라의 기도와 찬양 소리는 이 도시 어딘가에서 울려 퍼졌을 것이다. 인생이라는 감옥, 현실이라는 감옥에 갇혀 사는 우리가 지금 당장 무엇을 결단해야 하는지를 알려주는 그 사건이 여기 어딘가에서 일어났다. 그 위대한 사건과 발걸음이 천년을 넘어 이곳에 선 나에게 전해지고 있으니, 큰 은혜와 도전이 된다.

# † 하나님을 섬기는 여인을 기념한 곳

옛 필리피의 고대도시를 뒤로하고 쭉 뻗은 아스팔트를 걸었다. 오른 편에 높은 산이 보였다. 그곳은 고대 아크로폴리스라고 한다. 발걸음을 옮겨 아담하게 정리가 잘된 동방정교회로 향했다. 루디아기념교회Lydia Church이다. 이 교회는 말 그대로 사도 바울과 빌립보 교회를 위해 헌신적으로 사역했던 여인 루디아를 기념하는 곳이다.

> 13안식일에 우리가 기도할 곳이 있을까 하여 문 밖 강가에 나가 거기 앉아서 모인 여자들에게 말하는데 14두아디라 시에 있는 자색 옷감 장사로서 하나님을 섬기는 루디아라 하는 한 여자가 말을 듣고 있을 때 주께서 그 마음을 열어 바울의 말을 따르게 하신지라 15그와 그 집이 다 세례를 받고 우리에게 청하여 이르되 만일 나를 주 믿는 자로 알거든 내 집에 들어와 유하라 하고 강권하여 머물게 하니라 _행 16:13-15

루디아기념교회는 아담하고 아기자기하게 생겼고 잔디밭과 정원이 잘 관리되어 있다. 교회당 앞쪽에는 하천이 흐르고 있다. 그곳에 루디아가 세례를 받았다고 여겨지는 세례단Lydia Baptistery이 있다.

마게도냐의 첫 성 빌립보에서 나온 첫 개종자 루디아는 어떤 여인이었을까? 사도행전은 두아디라Thyatira 시(市)에 있는 자색 옷감 장사이며 하나님을 섬기는 여인이라고 소개한다. '하나님을 섬기는 여인'이라는 말은 이 여인이 유대인이었을 가능성을 알려준다. 하지만 이 여인은 바울에게 세례를 받았다. 당시 비유대인이 개종할 때 세례를 베푼 관행에 비추어보면 바울에게 세례를 받은 이 여인이 유대인이 아니었을 가능성도 배제할 수 없다. 게다가 루디아<sub>Lydia 또는 리디아</sub>는 인명(人名)이라기보다 사실 지명(地名)이다. 말하자면 리디아 출신 여자 내지는 '리디아 댁'(宅)인 것이다. 이 여인이 염색 산업이 발달했던 소아시아 서쪽 리디아 주(州)의 두아디라 시(市)에서 자색 옷감 장사를 했던 것이다. 그가 바울을 만나 개종하게 된다. 루디아는 자신의 집을 교회로 사용하도록 내어놓았을 것이다. 그리고 소아시아 두아디라를 오고가며 빌립보의 그리스도인들을 섬겼을 것이다.

루디아기념교회 안으로 들어가 보았다. 바닥의 모자이크에 바울의 전도여행 모습을 그려놓았다. 예배당 내부는 화려한 프레스코화로 채웠다. 바울이 마게도냐의 첫 성 빌립보에서 루디아를 만나 세례를 베푼 내용이 그려져 있다. 예배당 가운데에는 동그란 세례단이 놓여 있다. 유아세례나 세례식을 위한 예배당으로 사용된 것을 알 수 있다. 예배당의 중앙 천장은 동방정교회의 전통을 따라 돔을 얹은 형식인데, 천장 돔에 사방으로 설치된 스테인드글라스에서 자연스러운 채광이 예배당을 밝혔다. 그 아래 중앙에는 예수께서 세례를 받으시는 장면이 그려져 있다. 예수께서 세례를 받으시고 기도하실 때 하늘이 열리고 성령이 비둘기 같이 임하여 그 위에 강림하고 계시는 것 같다.

○

루디아기념교회의 화려한 천장 프레스코화와 스테인드글래스.

너는 내 사랑하는 아들이라 내가 너를 기뻐하노라 _눅 3:22

그림을 보고 있으니 하늘의 음성이 들리는 것 같다. 하늘이 열리고 임한 그 찬란한 빛이 연상된다. 이곳은 낮에는 굳이 전등 같은 인위적인 빛이 필요없다. 하나님의 영광스러운 빛이 어두움을 몰아내듯, 이곳에는 하늘로부터 빛이 임한다. 이곳의 세례단이 더 특별하게 여겨졌다.

세례는 우리의 죄와 어두움을 물로 씻듯 깨끗하게 하는 것이다. 죽음과 저주에 묶여 있는 옛 자아를 죽이고 예수 안에서 다시 사는 믿음을 고백하는 것이다. 신앙의 외적 표징(表徵)인 것이다. 세례를 받는 이들마다 새롭게 되는 은혜가 있고 어두움이 밝은 빛으로 바뀌는 기적이 일어나게 된다. 하늘의 빛이 임하는 것이다. 우리 일행은 그 감격을 느끼며 이곳에서 잠시 예배를 드렸다. 동그란 세례단을 중심으로 모여 찬송을 불렀다. 찬송가 288장이다. 루디아의 고백을 담은 곡 같았다.

예수로 나의 구주 삼고 성령과 피로써 거듭나니
이 세상에서 내 영혼이 하늘의 영광 누리로다
이것이 나의 간증이요 이것이 나의 찬송일세
나 사는 동안 끊임없이 구주를 찬송하리로다

찬양 소리가 마치 하늘에 닿는 듯 울려 퍼졌다. 사도 바울과 루디아를 변화시킨 능력의 복음, 빌립보에서 시작된 복음의 발걸음이 공명(共鳴)되어 온 세계로 뻗어나가는 것 같았다.


## † 역추적하는 여행의 유익

바울과 실라는 이제 걸음을 옮겨 암비볼리로, 그리고 아볼로니아를 거쳐 데살로니가로 갔을 것이다. 우리도 드디어 바울이 마게도냐에 첫 발을 내디딘 역사적인 장소로 간다. 필리피에서 약 15킬로미터 남쪽에 떨어진 곳이며 북부 그리스의 항구도시로 알려진 카발라Kavala이다.

역사적 발걸음을 시간 순서를 따라 걸어보는 것도 의미가 있지만, 역행(逆行)해보는 것도 의미가 있다. 사실 역사를 숙고한다는 것은 시간을 거슬러 올라가는 것이 아닌가. 종종 역사적 사건을 다룬 서적이나 한 인물의 전기문을 읽을 때, 또는 밀린 드라마를 볼 때 최종회부터 거꾸로 역행하듯 보는 경우가 있다. 그런 것처럼, 자주 있는 일은 아니지만, 나는 가끔 복음서나 사도행전도 거꾸로 읽어볼 때가 있다. 물론 처음부터 차근차근 읽을 때보다 긴장과 재미는 덜하지만, 역행하여 읽는 독서를 통해 인물이 주는 긴장과 관계 구도와 일어난 사건에 대한 원인을 정확하게 짚어가며 읽을 수 있는 유익이 있다. 가끔은 여태껏 한 번도 보지 못했던 대목을 찾을 수도 있다. 책뿐 아니라 사람과의 관계에서도 그렇다. 한 사람의 과거를 역으로 추적하여 들으면 그 사람에 대헤 깊이 이해할 수 있다. 그 사람이 왜 어떤 물건에 유독 집착하는지, 어떤 사람을 왜 미워하는지, 어떤 음식을 보고 눈물을 흘리는 이유까지 이해하게 된다. 예수께서 제자들에게 바다 저편으로 건너가자고 하신 까닭과, 성령께서 바울을 마게도냐로 이끄셨던 이유도 성경을 거꾸로 읽으면 바로 알 수 있다.

과거의 이야기를 거꾸로 추적하는 과정을 통해 우리는 하나님께서 주신 은혜의 순간을 마주 대한다. 하나님의 은혜의 손길은 단 한 순간도 쉰 적이 없다는 것을 저절로 깨닫게 된다. 구원을 위한 하나님의 열심을 깊이 느끼는 것이다. 이것은 나를 아는 것에서도 마찬가지다. 내 삶에 있었던 은혜의 역사를 추적하며 침묵으로 기도하는 시간을 피정(避靜)이라고 부르는데, 그러므로 피정이란 다른 게 아니다. 삶을 거꾸로 읽어가는 훈련인 것이다. 내 삶을 추적하여 되돌아보는 훈련을 통해서, 우리는 비로소 하나님의 은혜가 얼마나 큰지를 경험하고 알게 된다.

나는 사도 바울의 선교여행을 역추적해가는 이 여행에서 하나님의 은혜를 발견했다. 그에게 임한 은혜의 손길은 단 한 번도 멈춘 적이 없었다. 우리가 이 성지순례 여행 이후에 해야 할 일도 그것이다. 우리의 일상에서 은혜의 손길을 매일 발견하는 것이다. 하나님의 손길을 일상에서 더듬어보는 것이다. 삶에서 벌어지는 작은 실수에서도, 이해할 수 없는 모든 일에서도 하나님의 섬세하신 은혜를 발견할 수 있다. 하나님은 우리 일상의 모든 순간을 선물로 주실 뿐 아니라 값진 것으로 만드는 분이시기 때문이다.

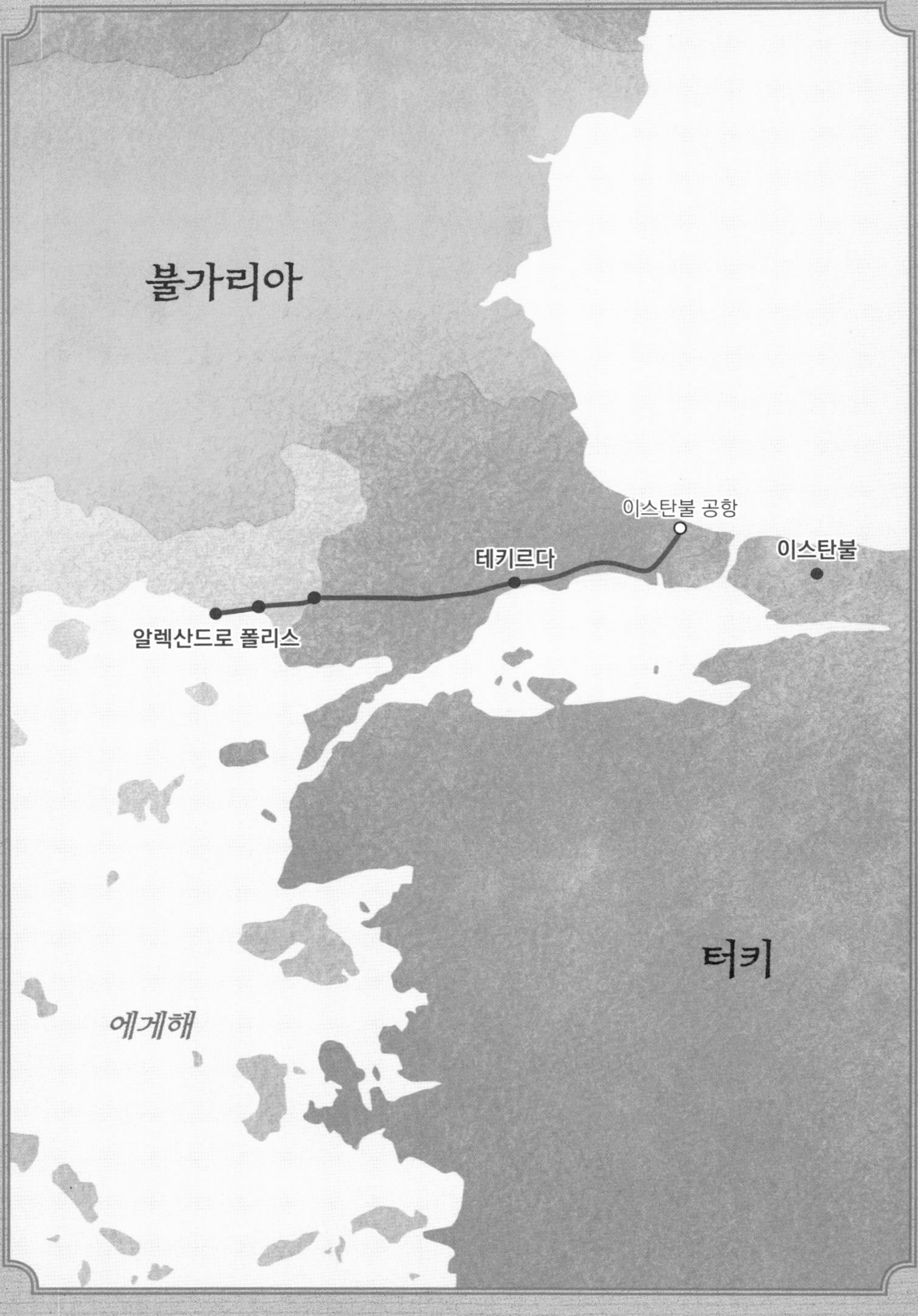
불가리아
이스탄불 공항
테키르다
이스탄불
알렉산드로 폴리스
터키
에게해

# CHAPTER 17

# 네압볼리,
# 복음의 발걸음이 시작된 곳

카발라Kavala는 로마 통치 시기에는 네압폴리스Neapolis, 네압볼리로 불렸다. 처음 카발라에 도착했을 때 작은 항구도시라는 느낌을 지울 수 없을 정도로 아기자기한 분위기를 풍겼다. 하지만 이곳은 그리스 북부 지방에서 두 번째로 큰 항구도시로 알려져 있다. 이곳에는 왜 왔을까? 사도행전 16장 9-12절에 힌트가 있다.

⁹밤에 환상이 바울에게 보이니 마게도냐 사람 하나가 서서 그에게 청하여 이르되 마게도냐로 건너와서 우리를 도우라 하거늘 ¹⁰바울이 그 환상을 보았을 때 우리가 곧 마게도냐로 떠나기를 힘쓰니 이는 하나님이

저 사람들에게 복음을 전하라고 우리를 부르신 줄로 인정함이러라 ¹¹우리가 드로아에서 배로 떠나 사모드라게로 직행하여 이튿날 네압볼리로 가고 ¹²거기서 빌립보에 이르니 이는 마게도냐 지방의 첫 성이요 또 로마의 식민지라 이 성에서 수일을 유하다가 _행 16:9-12

바울과 전도팀은 성령께서 아시아에서 말씀을 전하지 못하게 하시는 것을 느낀다. 그러자 지금의 터키 내륙 중부지역인 브루기아와 갈라디아 땅으로 들어간다. 아마도 바울과 선교팀은 비시디아 안디옥을 중심으로 교회들을 다녔을 것이다. 결국 무시아 앞에 이르러 터키 북쪽 비두니아로 가고자 했지만 예수의 영이 허락하지 않으셨다. 이해하기 어려운 대목이다. 복음을 전하는 발걸음을 성령께서 막으시다니 말이다. 물론 막으셨다는 것을 성령께서 직접 개입하셔서 막으신 신비로운 역사로 볼 수 있고, 질병이나 자연재해 같은 일로 막으신 것일 수 있다. 정치나 권력자들에 의해 그 땅에 이를 수 없는 정황상의 어려움일 수도 있다.

하지만 이 일은 사도 바울의 선교여행이 무작정 떠나는 여행이 아니었음을 알려주는 대목이고 철저히 성령의 인도하심에 순종하는 것이었다는 것을 간접적으로 깨닫게 해주는 것이기도 하다. 바울은 하나님의 은혜를 추적해가는 과정에서 매순간 하나님의 신비를 마주했고 아주 예민하게 성령의 인도를 받았다. 하지만 그 결과가 성령의 막으심이었다. 그러나 그는 그 막으심 앞에서 대항하지 않는다. 그저 순종한다. 그럼에도 불구하고 우리는 궁금하다. 성령께서는 왜 복음의 길을 막으셨을까? 이걸 어떻게 받아들여야 할까? 바울과 전도팀이 하나님나라와 복음을 위한 일에 헌신하고 달려가다 뜻밖의 대상을 만난 것이다. 대적자들도 아니고 무신론자들도 아니다. 바로 성령이시다. 성령께서 막으시는 것이다. 어떻게 이해해야 할까?

사실 우리 삶에도 바울이 겪은 것과 비슷한 일을 경험할 때가 있다. 하나님나라를 위해 헌신하였지만 펼쳐보지도 못한 채 열정을 접어야 하는 일이 생긴다. 계획을 모두 뒤로 미루거나 멈춰야 할 때가 생긴다. 그리스도인은 이 모든 것을 하나님께서 막으셨다고 믿는다. 그리고 기다린다.


## † 카발라, 바울이 이방에 첫발을 내민 곳

그리스도인의 모든 삶은 선교적이다. 그래서 그리스도인은 하나님께서 부르신 곳으로 떠난다. 그곳에서 충성스럽게 살아간다. 예수 그리스도의 복음을 삶으로 입으로 전하면서 말이다. 직장이든 가정이든 학교든, 그리스도인은 있는 곳에서 예배의 삶을 살아가며 말씀대로 살아간다. 기도하며 하늘을 향해 부르짖는다. 우리가 부르짖어 기도하는 그곳에 하늘의 하나님께서 임하신다. 하나님의 뜻이 하늘과 땅에서 이루어진다. 이를 우리는 '하나님나라'라고 한다. 그리스도인의 삶은 일체가 하나님나라의 확장을 위한 선교적 삶이어야 하는 것이다.

선교적 삶을 살아갈 때 기도는 그리스도인이 궤도를 수정하는 데 중요한 역할을 한다. 기도를 통해 우리는 무엇에 볼모로 잡혀 있는지, 혹시 허망한 데 굴복하지는 않았는지 되돌아볼 수 있다. 기도를 통해서 우리는 무엇에 더욱 집중해야 하는지, 어디로 가야 하는지를 깨닫게 된다. 그러므로 선교적 사명을 지닌 그리스도인은 무엇을 하든지, 어디에 있든지 먼저 기도해야 한다. 그때 하늘의 아버지는 우리의 기도에 친히 응답하신다. 하지만 이 응답이라는 것이 우리의 생각과 바라는 대로의 응답은 아니다. 물론 하나님 아버지는 자녀가 바라는 대로 응답해주시는 좋은 분이시지만, 우리가 선교적 삶을 살아갈 때 방향의 수정을 위해서, 때로는 전혀 다른 방식으로 응답하기도 하신다. 아예 응답하시지 않는 경우도 있다. 막연히 기다려야 할 때도 있다. 그러나 이 모든 것은 응답의 방편이다. 그러므로 하나님의 기도 응답을 바란다면, 가장 중요한 것은 우리의 순종이다.

사실 기도의 응답보다 중요한 것은 내가 순종할 마음이 있는가이다. 바울은 기꺼이 순종했다. 그가 생각한 방향이 아니라 할지라도, 미지의 땅으로 가는 길이라 할지라도 순종했다. 그리고 확신했다. 하나님의 부르심이라고 말이다. 이것은 지금을 사는 우리에게도 필요한 깨달음이요 태도이다. 우리도 기도의 응답을 받았을 때는 이를 위해 우리를 부르신 줄로 인정하며 거침없이 나아가야 한다. 당신은 기도하고 있는가? 그리고 순종할 마음이 있는가?

결국 바울은 그리스 쪽으로 방향을 틀어 드로아로 내려갔다. 그곳에서 바울은 한 마게도냐 사람이 건너와서 우리를 도우라는 환상을 보았다. 바울은 즉시 마게도냐로 방향을 수정했다. 하나님께서 그들에게 복음을 전하기 위해 부르신 줄로 믿고 그 길로 간 것이다. 부르심 앞에서 그는 지체하는 법이 없었다. 곧장 드로아에서 배를 타고 떠나 사모드라게로 직행하여 이튿날 네압볼리로 가고 거기서 빌립보에 이르렀다. 빌립보는 마게도냐의 첫 성이다. 카발라는 바울 일행이 배를 타고 도착한 빌립보의 항구도시이다.

카발라에 들어섰다. 작고 아기자기한 항구도시 느낌이 난다. 버스에서 내려 도시를 가로질러 언덕을 올라가니 교회가 보인다. 바울 도착기념교회이다. 흥미롭게도 이 교회 마당에는 사도 바울이 이 도시에 첫 발걸음을 내딛는 장면을 그린 모자이크가 있다. 모자이크 옆엔 사도행전 16장 9-12절이 그리스어로 새겨져 있는데, 그림의 의미를 소개하려는 것 같다.

그림 속의 바울은 큰 성읍 앞에서 잠깐 휴식을 취하고 있다. 그런데 한 군인이 서서 손가락으로 반대편을 가리키며 바울을 보고 있다. 바울에게 도와달라고 요청한 마게도냐인 같아 보인다. 바울은 하나님의 말씀을 품에 안고 오른 발은 배에, 왼발은 육지에 딛고 있다. 그다지 역동적인 느낌을 주는 그림은 아니지만 바울은 아주 비장한 표정으로 정면을 주시하고 있다. 확신에 찬 그의 표정을 한눈에 볼 수 있다. 모자이크 벽화 앞에는 커다란 돌 세 개가 놓여 있는데, 사도 바울이 네압볼리로 들어올 때 밟았다고 추정하는 돌들이다. 물론 사실인지는 알 수 없다. 사도 바울이 밟은 첫 돌이 확실하다면 감히 이런 곳에 둘 수 있겠는가? 그저 기념과 상징으로서 의미는 충분하다고 보았다. 순례팀이 그 돌에 발을 얹고 사진을 찍을 무렵, 나는 교회 안으로 들어가 보았다.

시끄러운 도시 한 가운데 있는 그리스정교회이지만 내부는 조용했다. 홀로 기도하고 예배하는 이들을 위해 사진 찍는 것은 금하고 있었다. 장의자에 앉아 주변을 보니 기도의 제목을 가지고 왔는지 조용히 침묵으로 기도하는 이들이 보였다. 낯선 이방인이 들어오니 경계하는 듯, 한 노인이 나를 쳐다보았다. 나는 그저 경계를 풀어주는 의미로 미소를 띠며 인사했다. 노인은 어색하게나마 눈으로 답례를 해주었다.

하나님의 말씀을 듣고 있는 사도 바울이 왼쪽 발로 네압볼리를 밟고 있는 그림을 비롯해 성화들이 여기저기 걸려 있었다. 사도바울도착기념교회는 내부 벽 전체가 정교회에서 일반적으로 보게 되는 화려한 장식이 아니라 단순히 하얀색으로 칠해져 있어, 예배자들의 이목을 자연스럽게 정면에 있는 목조 제단에 집중시켰다. 카발라에 있는 사도바울도착기념교회는 유럽 기독교 역사의 첫 출발점을 기리는 교회답지 않게 아담하고 작았다. 게다가 인적조차 드물다.

바울도착기념교회 마당에 있는 모자이크 그림.

### † 무엇이, 어디가 처음인가?

첫 발걸음은 늘 중요하다. 역사에서 가장 관심 있고 중요하게 보는 것은 "무엇이 먼저인가? 첫 시작은 누가 했는가?"이다. 그것을 확인하기 위해 사료(史料)를 찾는다. 그래서 역사는 곧 사료전쟁이다. 사료를 찾아내는 것뿐 아니라 잘 정돈하여 가치있게 사용하는 것이 역사학의 중요한 과제이다. 교회사도 마찬가지다. "무엇이 처음인가? 어디가 처음인가?"를 찾는 것은 중요하다. 카발라와 네압볼리는 그런 의미에서 교회사에서 중요한 곳이다. 바울이 이방 선교에서 첫 발걸음을 디딘 곳일 뿐 아니라 성령께서 친히 지정하여 선교의 문을 열어주신 곳이기 때문이다. 그래서 바울이 유럽 선교의 첫 문을 연 네압볼리 방문은 그야말로 교회 역사에서 가장 중요한 역사적 사건이다.

그러면 한국 선교 역사에서 최초로 복음의 문을 연 시점과 장소는 언제 어디였을까? 궁금하다. 몇 년 전에 한국 교회사 탐방을 위해 부산을 방문했다. 그곳에서 흥미로운 이야기를 들었다. 일반적으로 우리는 외국의 선교회 파송 선교사들이 한국 땅을 처음 밟은 일자와 장소를 이렇게 기억한다.

"1885년 4월 5일 부활주일 아침, 언더우드와 아펜젤러 선교사가 제물포항에 선교의 첫 발을 디뎠다."

그러나 부산에서는 그렇게 기억하지 않는다. 언더우드와 아펜젤러, 이 두 선교사들이 이 땅에 첫 발을 디딘 곳은 제물포가 아니라 사실은 부산이라는 것이다. 제물포와 부산이 똑같은 선교사를 기념하고 있는 셈이다. 이들은 1884년 12월 미국 샌프란시스코를 떠나 그해 1월에 일본 요코하마에 도착한다. 그리고 1885년 3월 나가사키를 출발하여 한국으로 향한다. 그리하여 그해 4월 2일 부산에 기착(奇着)하였다. 이것이 부산 지역의 개신교계가 선교사들이 한국 선교의 첫 발걸음을 디딘 곳이 부산이라고 보는 이유이다. 매우 잠깐이지만 선교사들이 부산에 머물렀다는 증거를 보이기 위해, 현재 부산 광복동에는 한국 기독교의 역사의 출발점을 알리는 표지석을 세워 기념하고 있다. 좌우간 지역마다 선교사들이 자신의 지역에 첫 발을 내디딘 사건을 기억하는 것은 훌륭한 일이다. 부산과 제물포, 그리고 카발라의 공통점은 항구도시라는 것이다. 하나님께서는 복음의 관문과 길을 바다를 열어 만들고 인도하셨다. 하나님의 은혜다. 그들의 첫 발걸음 때문에 지금의 우리가 있는 것이다.

묵상의 시간이 길었다. 서둘러 교회 밖으로 나가 순례팀이 모인 곳으로 뛰어갔다. 순례팀은 시원한 음료를 마시고 있었다. 갈증을 해소한 뒤 하나 둘 버스에 올라탔다.

사도 바울은 아마도 이곳에 큰 의미를 두지 않았을 것이다. 언더우드와 아펜젤러처럼 이곳에서 오래 있지 않고 바로 빌립보 지역으로 들어갔을 것이다. 그러나 부산이 두 선교사를 기념하듯, 성지순례에서는 스친 돌 하나도 역사가 되고 의미가 된다. 파란 하늘도 구름이 잔뜩 낀 먹구름도 좋은 묵상의 소재가 된다.

여행은 어떤 대상과의 만남을 통해 나 자신을 역추적하는 과정이며, 어떤 장소에 서 보는 것을 통해 자신을 새롭게 돌아보는 일이다. 특히 성지순례는 우리 신앙의 뿌리와 현재를 보게 해준다. 이 성지순례 기간에 나는 특히 사도 바울을 자주 만났다. 사도는 하나님께서 지어주신 거룩한 사명과 직분을 받은 자이며, 바울은 우리와 성정(性情)이 같은 인간이다. 그를 만나 거울에 비추듯 내 삶을 고스란히 비추어볼 수 있었다. 나는 그가 거닐었던 발자취를 따랐고 그가 섰던 장소에도 서 보았다. 장소에 서 보는 것으로 나 자신을 새롭게 돌아본 것이다. 나는 그 장소에서 사도 바울이 느꼈을 회한과 두려움, 경솔함과 가벼움, 때로는 낙심마저 느꼈으나, 결국 기쁨과 믿음을 경험하였다. 내 현실의 부끄러움과 탄식과 어두움이 그대로 내 눈에 들어왔지만, 변화의 가능성과 함께 희미하게나마 희망의 빛을 붙잡을 수도 있었다. 감나무와 상수리나무가 베임을 당해도 그 그루터기는 남아 있는 것같이, 하나님의 나라는 여전히 남아 있는 이들을 통해서 이루어가실 거라는, 하나님의 분명한 뜻과 능력도 마주하게 되었다. 그리고 다시 한국으로 돌아가 내 삶의 장소에서 '살아볼 담대함'을 얻었다. 성지순례를 통해 하나님나라의 확장이라는 사명으로 나를 이끄시는 하나님의 시간을 마주하였다.

## † 예민한 국경을 넘어 그리스에서 다시 터키로

우리는 카발라를 떠나 이스탄불로 향했다. 동쪽으로 약 139킬로미터 떨어진 곳에 위치한 알렉산더 비치 호텔에서 하루를 머물렀다. 이 호텔은 알렉산더 해변이 근처에 있어서 생긴 이름이다. 이제는 에게해를 더 볼 기회가 없겠다는 생각이 들었다. 그래서 다음날 이른 아침, 호텔 근처 해변가를 거닐어보려고 호텔을 나왔다. 해변으로 가는 길에 동행한 목사님 한 분을 만났다. 이미 해변을 다녀오신 모양이다. 인사를 했더니 핸드폰으로 찍은 사진 한 장을 보여주셨다. 특별할 게 없어 보이는 섬 사진이었다.

"함 목사님, 이 섬이 무슨 섬인지 아십니까?"

"아니요. 뭔가 특별하게 보이는 섬은 아닌 것 같은데요?"

"저도 몰랐는데, 구글 지도google map로 살펴보니 이 섬이 바로 사모드라게Samothraki더군요."

"아! 바울이 잠깐 머물렀던 그 섬이요?"

사도행전 16장을 보면 성령이 아시아에서 말씀을 전하지 못하게 막으시는 것을 경험한 바울과 전도팀은 곧바로 무시아로 간다. 그런데 그곳에서도 비두니아로 가는 것을 예수의 영이 허락하지 않는다. 결국 드로아로 내려가 그곳에서 밤에 환상을 본다. 마게도냐 사람이 '건너와서 우리를 도우라'고 청하는 환상이다. 그래서 그는 드로아에서 배를 타고 '사모드라게 섬'으로 직행한다. 이튿날 네압볼리로 갔다. 거기서 빌립보에 이르니 그곳이 마게도냐의 첫 성이었다.

멀리 있는 사모드라게 섬을 보고 있으니 감동이 밀려왔다. 여기는 정말 살아있는 성서의 땅이구나! 평범하게 보이는 섬도 사도 바울의 복음의 열정이 그대로 살아 있는, 그리고 지금도 숨 쉬고 있는 곳이 분명하다. 이곳이 그야말로 복음을 향한 심장이 강하게 뛰고 있는 곳임을 확인할 수 있었다. 바울의 열정이 빌립보로, 데살로니가로, 그리고 고린도로 흘러 지금 내가 살고 있는 이곳 대한민국까지 온 것이라 믿는다.

마지막 일정이 다가왔다. 오늘은 그리스와 터키 국경을 넘는다. 국경을 넘는 것은 설레는 일이면서 불안함이 느껴지는 일이다.

청년시절에 몇 달간 태국으로 여행을 다녀온 적이 있다. 군 제대 후 쉼을 목적으로 떠난 여행이었지만, 그곳에서 하나님의 역사를 눈으로 보고 태국이라는 땅에도 하나님을 섬기는 이들이 있음을 보고 온, 말 그대로 선교여행이었다. 태국에 도착할 무렵 내가 지내기로 한 곳에서 2시간 정도 거리에 있는 핫야이Hot Yai에서 과격파 무슬림과 경찰 사이에 무력 충돌이 있었다. 핫야이는 태국에선 말레이시아와 가까운 국경의 도시다. 국경지대는 민감하고 예민한 곳이다. 문화가 충돌하는 지점이기 때문이다. 그러니 국경지대에서 수상한 움직임이라도 보이면 입건될 수도 있다. 낯선 이들을 예의 주시하는 곳, 거대한 정보망으로 감찰하는 곳이 국경지대다.

우리도 사실 아주 예민하고 민감한 국경지대에서 사는 것 같다. 우리가 살아가는 세상은 보호와 감시가 구분되지 않는다. 바다가 가로막고 있는 것 같을 때는 절망과 낙심의 한숨만 가득해진다. 세상의 악한 권세자들과 죽음의 권세는 호시탐탐 우리를 노리고 있다. 차가운 경제의 바람은 칼바람처럼 매서워 우리 몸을 움츠리게 만든다. 협력해서 살아가야 할 세상은 어느덧 살기 위해 몸부림치는 치열한 생존의 장소가 되었다. 우리는 생사의 경계선, 두려움과 불안의 경계선, 좌우와 이념의 경계선에서 살고 있는 것이다. 하나님께서는 왜 우리를 '바다와 믹돌'(출 14:2)이라는 국경지대에 두신 것일까? 갈보리 산 위에, 십자가의 죽음과 삶의 경계선에 두신 것일까?

세상은 모두 하나님께서 승리를 위해 택하신 국경 같은 장소이다. 흔들리는 터전에서 믿음으로 견고함을 유지하며, 풍랑 속에서도 주를 보는 소망을 품고서 우리는 깨닫는다. '아, 이곳은 하나님께서 택하신 전쟁터로구나.' 그 속에서 하나님의 말씀대로 살아가는 것이 우리에게 가장 큰 능력이라고 믿고 살아가야 한다. 그럴 때 풍랑의 한복판에서 함께하시는 하나님을 만나게 될 것이다. 그 속에 살 길을 내시고 구원의 문을 여시는 하나님을 만나게 될 것이다. 이것이 바로 세상이라는 경계에서 사는 그리스도인의 믿음이다.

약 40여분 걸려 국경지대에 들어갔다. 도로에는 무역 물품을 가득 실은 거대한 트럭들이 길게 줄을 서고 있다. 우리는 여권을 들고 버스에서 내려 관광객 출입국에 들어가, 여권 심사 부스 앞에서 줄을 섰다. 입국관리소 직원이 날카로운 눈으로 신원을 조회했다. 다시 버스에 올랐다. 군인들이 우리가 탄 버스에 실린 짐들을 꺼냈고 몇 개의 여행 가방을 꺼내 지퍼를 열고 안을 살폈다. 그것으로 부족했는지 군인 한 명이 버스에 오르더니 일일이 얼굴을 확인했다. 터키와 그리스 사이가 이렇게 좋지 않았나 싶었다. 군인이 갑자기 우리 교회 장로님 한 분에게 이렇게 물었다.

"Are you Jackie Chan?(당신은 성룡인가요?)"

처음엔 독특한 영어 발음 때문에 알아듣지 못했다. 장로님은 아니라고 말했지만, 계속 얼굴을 살피더니 왠지 '재키 챈(성룡)'인 것 같다는 확신을 가진 듯 미소를 건네며 버스에서 내렸다. 터키에서 몇 달 지내 본 적 있는 어떤 이가 말하길, 터키 사람들이 제일 잘생

겄다고 생각하는 아시아인이 '성룡'이라고 한다. 국경지대를 빠져나가는 기쁨과 동시에 재미있는 에피소드가 생긴 탓에 일행은 한참을 웃고서 터키로 들어갔다. 그리스에서는 여기저기 세워진 교회를 보다가 터키에 들어오자마자 넓은 벌판에 모스크가 눈에 들어오니 두 나라의 분위기가 확실히 다르다는 생각을 새삼 했다.

이제 이스탄불로 가서 서울로 돌아가는 비행기를 탈 것이다. 가족들의 품으로 돌아가고 삶의 자리로 되돌아갈 것이다. 그 전에 이스탄불 시내의 식당으로 갔다. 터키식 빵과 콩으로 만든 고소한 스프가 나오고 향신료가 들어간 구운 소고기 완자가 나왔다. 오랜 버스 여행 탓인지 다들 제대로 식사를 못하신다. 그래도 꾸역꾸역 먹고 있는데, 몇 명의 터키 남성들이 식당으로 들어와 물건을 팔기 시작했다. 우리 일행 중에 그것을 사는 이는 없었다. 한국인들의 태도를 본 터키인들은 결국 자기 할아버지가 6 · 25 참전 용사라고 또 말하기 시작했다. 그들의 눈에 악의는 없어보였더라도, 하여간 선조를 빌미로 물건을 팔아보려는 그들의 순수함은 알아줘야 한다.


## † 집으로 돌아가면 치열하게 선한 싸움을 하리라

이스탄불 국제공항으로 갔다. 그동안 식당에서 차려주는 밥 먹고 행복했다. 물론 짐을 싸고 풀고를 반복하며, 매일 아침마다 안전에 대해 두려움이 드는 생활을 반복한 여행이었다. 나그네의 삶이 무엇인지 절실하게 느꼈다. 물론 바울 일행과 전혀 다른 점은 호텔이라는 서비스 공간에서 지내고 편안한 버스를 타고 다닌 것이다. 말하자면 나름 고급스러운 삶이었으니 고작 그 며칠이 나그네의 삶이라고 말하긴 민망하다. 하지만 나그네의 고충과 고민이 무엇인지는 나름 절실히 깨달았다.

나그네의 삶은 늘 안정과 두려움의 경계에 놓여 있다. 따라서 분명한 기준과 목적만이 나그네의 삶의 질을 평가하는데, 우리에게 유일한 기준은 하나님의 말씀이다. 나그네의 삶은 오직 하나님께서 먹이시고 입히시는 은혜로 살아가는 것이다. 우리도 나그네다. 그러므로 하나님께서 가라면 가고 멈추라면 멈추는 게 우리에게 좋다.

드디어 집으로 돌아간다. 집으로 돌아간다는 것은 나그네의 삶을 마치는 것이다. 집으로 돌아가는 여행은 원래의 나로 돌아가는 시간이다. 집으로 가는 길은 불안보다 안정으로 가는 것이다. 이런 것을 보면 우리의 영원한 본향으로 가는 길도 어쩌면 마찬가지다. 하나님 아버지에게 가는 길은 우리 인생의 불안한 나그네 삶을 종결(終結) 짓는 것이다. 말 그대로, 세상을 벗하며 살다가 평강의 하나님께로 가는 때이다.

그러므로, 사실 그리스도인은 하나님께로 떠나는 때를 두려워하며 사는 사람들이 아니다. 그때가 곧 임할 것처럼 사는 사람들이다. 아니, 이미 임하였다고 믿고 사는 사람들이다. 다만 아직 실제로 오지 않은 그때를 끝없는 긴장 속에서 기다리며 사는 것이다. 그래서 마치 죽고 다시 사는 이들처럼 산다. 그리하여 오늘이라는 하루가 우리에게 주어진 것은 하나님의 선물이요 자비라는 것을 아는 사람들이다. 그래서 그리스도인은 하루를 살아도 주를 위하여 살며, 가장 가치있는 복음을 증거하는 선교적 삶에 투신한다. 나는 이를 종말론적 삶 또는 종말론적 가치를 따라 사는 선교적 인생이라고 말하고 싶다. 하루를 마치 마지막인 것처럼 사는 것은 삶을 아주 가치있는 것에 쓰는 것이기도 하다.

내가 터키와 그리스 성지순례를 다녀오면서 느낀 것은 무거운 것도 아니고 그렇다고 가벼운 것도 아니다. 복음을 전하며 살아간 사도 바울의 삶이 무엇에 근거한 것이었으며, 그가 무엇을 보았으며 무엇을 전했는가에 관한 것이다. 바울은 지금 당장이라도 하나님나라가 그에게 임할 것처럼 살았다. 예수 그리스도의 복음을 전하지 않고서는 견딜 수 없는 부담 속에서 종말론적 삶을 살았다. 그래서 사도 바울이 선포한 하나님나라는 지극히 종말론적이었다. 그리고 그것을 현실의 삶과 끊임없이 연결시켰다.

종말론적 삶은 무엇을 하느냐보다 무엇을 보느냐가 우선이어야 하고, 무엇을 보느냐보다 어떤 존재가 되느냐가 우선이어야 한다. 나는 성지순례를 통해 바울은 무엇보다 먼저 예배자였고 복음 전도자였다는 걸 알았다. 그는 하나님의 세계를 바라보았다. 보이지 않는 것을 실제처럼 본 것이다. 결국 그는 이 세상이 하나님의 나라가 되리라는 것, 하나님의 능력이 확장되는 것을 보았다. 그래서 그는 걸었고, 배에 오르고, 낯선 땅에 발을 내딛었다.

우리가 2주간 밟은 성지인 터키와 그리스는 바울이 복음을 전한 증거였다. 장소는 증거를 남긴다. 그리고 그 장소는 기억한다. 터키의 땅과 바다, 그리스의 아테네, 코린토스, 올림포스 산, 필리피의 모든 산과 땅이 사도 바울의 복음 전도의 발자취를 기억하고 있다. 이는 그리스도인인 우리에게도 마찬가지다.

사실 바울과 우리가 다른 점은 별 것이 아니다. 그는 복음 앞에서 자신이 어떤 존재인지 정확히 알았다. 그래서 그 복음을 그의 삶에 옮기고 누릴 수 있었다. 그러나 우리는 복음 앞에서 내가 어떤 존재인지를 묻는 질문을 피한다. 가볍게 여긴다. 그래서 복음을 누리지 못하고 갇혀 있고 두려워하고 불안해한다. 그러다보니 삶에서 복음이 아닌 다른 것에 집착하며 살아간다. 따라서 사도 바울과 내가 다른 것은 복음 앞에서 삶을 충실히 살고 있는가이다.

성지순례를 다녀오면서 사도 바울의 삶을 반추하며 스스로에게 물었다. 나는 복음 앞에서 어떤 존재인지 아는가? 그 복음을 얼마나 누리고 삶으로 살아내는가? 어쩌면 그리스도인으로서 평생 묻고 대답해야 할 질문이자 평생의 숙제일 것이다. 이를 신학자들은 종말론적 윤리를 따라 사는 것이라고 이야기한다. 쉽게 말해 종말론적 삶을 사는 것이다. 우리는 복음 앞에서 얼마나 종말론적 가치를 가지고 삶으로 살아내는가?

## † 이제 예배가 없는 곳에 예배가 있게 하는 삶을 살아가리라

아쉽지만, 이 여행에서 나는 사도 바울의 마지막 종착지였던 로마까지는 가보지 못했다. 사도 바울의 유언적 메시지는 디모데후서에서 발견된다. 그가 어떤 삶을 살았는지, 이 짧은 세 구절이 우리에게 충분히 전해준다.

> 6나는 이미 부어드리는 제물로 피를 흘릴 때가 되었고, 세상을 떠날 때가 되었습니다. 7나는 선한 싸움을 다 싸우고, 달려갈 길을 마치고, 믿음을 지켰습니다. 8이제는 나를 위하여 의의 면류관이 마련되어 있으므로, 의로운 재판장이신 주님께서 그 날에 그것을 나에게 주실 것이며, 나에게만이 아니라 주님께서 나타나시기를 사모하는 모든 사람에게도 주실 것입니다. _딤후 4:6-8, 새번역

이 세 구절의 말씀은 바울의 현재(6절), 과거(7절), 그리고 미래(8절)를 담고 있다. 그는 자신이 제물이 된 삶을 살았다. 제물이 된 삶이란 하나님께 온전히 드려진 삶, 다시 말해 예배자의 삶을 살았다는 것이다. 복음 앞에서 그는 예배자였다.

나는 대학생 시절에 한 선교사님을 만났다. 오지의 땅, 아무도 믿는 이들이 없는 낯선 이방 땅에서 고군분투하며 복음을 위해 사는 청년 선교사였다. 그 분에게 물었다

"선교사님은 이렇게 척박한 곳에서 어떻게 선교를 하세요?"

그 분이 답했다.

"선교는 예배가 없는 곳에 예배가 있게 하는 것이에요 그래서 저는 이 땅 구석구석을 밟으며 예배를 드립니다. 예배가 없는 이곳에서 예배를 드리며 살아가는 것입니다. 저는 그게 선교라고 생각해요"

잔잔하게 도전이 되고 감동이 되었다. 맞다! 선교는 다른 게 아니다. 예배가 없는 곳에 예배가 있게 하는 것이다. 사도 바울은 자신이 예배의 제물이 되는 것을 실천하였다. 그리스도인은 모두 산 제물이다. 하나님께서 기뻐 받으실 거룩한 산 제물 말이다. 그렇다면 하나님나라의 확장은 다른 것이 아니다. 예배가 없는 곳에 예배가 있게 하는 것, 하나님의 다스리심과 말씀에 복종하는 이들이 있어서 예배드리는 일이 많아지는 것, 이것이 하나님나라의 확장이다. 그래서 우리는 예배가 없는 곳에서 예배가 있게 하는 삶을 살아야 한다. 우리가 돌아가야 할 직장과 가정, 그리고 학교에서 예배자로 살아야 하는 것이다. 그리고 바울처럼 선한 싸움을 싸워야 한다.

바울은 선한 싸움을 하고 달려갈 길을 마치고 믿음을 지켰다고 한다. 바울이 말한 선한 싸움은 무엇일까? 흥미롭게도 바울은 이 선한 싸움, 이른바 달려갈 길을 경주에 대비(對比)하였다. 달리기를 하는 것처럼 선한 싸움을 하였다고 말해도 좋을 것이다. 그런데 어디를 봐도 사도 바울은 이 싸움의 결과를 말하지 않는다. 그는 결과에 집중하지 않은 것이다. 예를 들어 "이 선한 싸움에서 내가 우승하였다"라고 쓰거나 "선한 싸움에 아깝게 패배하였다"라고 승패의 결과를 쓰지 않은 것은 결과에 집중하지 않았다는 뜻이다. 하지만 우리는 너무나 승패에 관심이 많다.

사도 바울이 집중한 것은 "오직 내가 이 선한 싸움을 싸웠다"는 자체에 있다. 진정한 싸움은 본질적으로 선하고 싸울 만한 가치가 있는 것에 집중하는 것이다.[21] 그는 이 싸움을 마친 모든 이들에게 의의 면류관이 예비돼 있음을 시사하여, 치열하게 선한 싸움을 싸우는 모든 그리스도인에게 위로가 되었다. 주께서 다시 오시기를 사모하는 모든 이들에게 의의 면류관이 예비되었다는 사실은 바울뿐 아니라 지금 여기에서 예배드리는 삶을 사는 모든 이들에게 큰 격려가 된다.

성지순례를 마친 우리는 사도 바울의 삶과 소망을 그대로 이어받아 우리의 삶의 처소로 되돌아가 그곳에서 철저히 예배드리는 삶을 붙들며 선한 싸움을 치열하게 싸울 것을 결단했다. 사도 바울이 치열한 복음의 발걸음을 네압볼리에서 시작하였듯, 나도 이곳 이스탄불에서, 그리고 곧 밟게 될 한국 땅에서 내가 걸어야 할 복음의 발걸음을 다시 걸을 것이다.

---

**21** 윌리엄 바운스, 《WBC 목회서신》, 솔로몬(1999), 1090쪽.